CHEERS

与最聪明的人共同进化

HERE COMES EVERYBODY

技术领导力的要素

Staff Engineer

[美]威尔·拉森 著
Will Larson
王统祥 李梦阳 张鸿 译

浙江教育出版社 · 杭州

你对“技术领导力”了解多少?

扫码加入书架
领取阅读激励

扫码获取全部测试题及答案，一起了解“技术领导力”

- “要想领导，必先追随”，这种说法正确吗？（ ）

  A. 正确

  B. 不正确

- 作为技术负责人，你应该把项目最难的部分留给自己，其余部分交给团队吗？（ ）

  A. 应该

  B. 不应该

- 你影响高管的能力，决定你的影响力。这种说法对吗？（ ）

  A. 对

  B. 错

扫描左侧二维码查看本书更多测试题

推荐序一

像工程师一样思考

韦青
微软（中国）公司首席技术官

何为工程师？首先我们要理解何为工程。按照《说文解字》的解释，“工”有巧饰的意思。南唐文字训诂学家徐锴说：“为巧必遵规矩、法度，然后为工。”“程”有路程、过程、步骤或者规程的含义。“工”与“程”二字结合起来，就是按照一定的流程、标准和规则精巧地创造有价值的器物和培养能力的过程。再加上一个“师”字，强调的就不仅是做这件事的过程与结果了，还强调做这件事的人。

中国是一个工程师大国，依靠着千百万名勤勤恳恳、任劳任怨的工程师，为人类做出了众多伟大的工程成就，为百姓福祉、社会进步、民族复兴和国家兴盛做出了巨大的贡献。但我认为，工程师作为一种极具专业性的职业，并未得到应有的关注和尊重。

人们很容易凭表象把工程师理解成一群只知“苦哈哈”埋头工作、缺乏情趣之人。同时，由于社会，甚至包括工程师群体自身对工程师这种职业的偏见、轻视或者抵触，人们经常不重视工程师这种伟大职业的终身能力培养，过多地把心思放在对工程师职称的计较上，有时甚至会为应该称某人为工程师还是高级工程师而争得面红耳赤。殊不知，工程师是一种值得一个人终身追求的“职业”，为人类做贡献则是这种伟大职业的职责。一名工程师可以因为对社会做出的贡献而获得应有的“职称”，但是反过来，如果有了职称而没有实现对社会的贡献和自身能力的终身培养，那么这种职称反而会成为阻碍自身发展甚至破坏自身职业成长的枷锁。

“卓越工程师系列”的两位作者，一位是来自优步、雅虎等顶尖企业的工程主管威尔·拉森，他是享誉世界的工程师，他通过《技术领导力的要素》与《工程管理的要素》（*An Elegant Puzzle*）两本书告诉我们，一名工程师的成长路径是怎样的。一名优秀的工程师，绝不会仅靠努力工作就能实现自己的追求；一名优秀的工程领导，也绝不会仅凭拥有一个看似耀眼的头衔就能够管理好工程项目与团队。

对一名工程师而言，对技术的掌控力和对技术趋势的洞察力是其最基本的技能。除此之外，所有人应有的“软实力”，比如待人接物、组织建设、协调沟通、推广交流和应对复杂与不确定性的本领与实践，也是一名工程师不可或缺的基础能力。为什么？因为工程师也是人，或者说，工程师首先是人。

在本系列的第三本书《软件设计的要素》（*The Essence of Software*）中，作者丹尼尔·杰克逊（Daniel Jackson）向工程师们提出了一个尖锐的问题：为什么有些软件设计得一鸣惊人，而有些却一败涂地？软件是一个复杂的巨系统，这本书以系统化的视角和以人为本的价值观，为软件设计者提供了一个全新的变革性视角。

在我看来，要想成长为一名优秀的工程师，首先要学会如何做人。人都做不好，如何做好一名工程师？

其次，要有科学精神和技术能力。想要高效解决复杂系统性问题，预见尚不存在的“结构”，做到跨越性创新，工程师思维是一个可以安心依靠的利器。

工程师不只要做事，而且要务实且有效地做事。工程方法与科学精神和技术能力构成一个有机的整体，相辅相成，唯一的不同是侧重点不同。科学重在永无止境地探索，不怕犯错，永远在改错的路上；技术重在能力的提高，不断利用科学知识的进步和工程实现的结果拓展技术能力的边界；而工程方法则是在有限的条件下灵巧、务实地实现人类的共同目标。

那么如何“务实”，如何“灵巧”，如何“探索”，如何“提高”？这就是湛庐文化“卓越工程师系列”图书希望给读者带来的答案。

要是由我来总结，我可以说这套书是由两名始终在工程一线的工程师写下来的实践之学，不是让我们照搬照抄的，而是拿来借鉴和体悟的。如同近来大火的《奥本海默》电影中的一句台词：“……理论只能把你带到这么远……”剩下的都是工程的实践，但实践是最难的，因为它要变成一种习惯。

悟性就在你的脚下。

推荐序二

葆有创造力，让技术领导的职业路径更通畅

塔尼娅·莱利（Tanya Reilly）
Squarespace公司首席工程师

威尔·拉森的第一本书《工程管理的要素》传递了一份焦虑和不安。我无意冒犯，这本书确实富有远见，我也推荐大家阅读。但这本书的受众是公司管理者，而我只是作为办公室内“管理者阅读小组”的一员来阅读它。由于我不是一位管理者，而是一位首席工程师，因此我不确定自己是否真正适合阅读它。

对选择了“技术领导”职业生涯的工程师来说，专注于提高技术水平说明你并没有真正了解如何做技术领导。随着我们的行业越来越成熟，各种问题层出不穷。已经有越来越多的公司意识到，它们需要那些“见过世面”的工程师来推动技术战略、领导跨团队和跨公司的项目，以及通过树立优秀的工程标杆来提高大家的技术水平。任何行业的蓬勃发展都离不开能够学习的资源和团体，这就要求技术领导的职业路径必须具有创造性。

我们拥有很多与技术相关的图书，也参加过不少交流会和研讨会，但至

少从“高级工程师”开始，只有技术是远远不够的。要想在技术领导的位置上获得成功，你通常需要阐释商业需求、明确沟通方向、化解迫在眉睫的危机、说服团队达成一致，或者具有很好的影响力。工程师的书架上很少有这方面的书，他们通常会阅读商业或管理类图书，然后从中挑选出与技术决策、架构设计等相关的，有时也顺便挑选出一些不用直接授权就能使用的技术。目前，“管理者阅读小组”是我们拥有的最好的学习小组。

目前，基本上没有针对高级工程师工作内容的相关学习资料，人们很容易对这份工作感到迷茫。被提拔到“高级软件工程师”以上级别的工程师往往会发现，他们在驾驭一个没有明确定义的新角色。因此他们需要努力理解“有影响力”这个神秘的概念，明确自己在做正确的事，并努力适应评价标准的反馈制度（这种制度通常以季度或年度为评价周期）。当然，他们有时也会感到孤立无援。

管理者也不是不知道高级工程师的迷茫，他们只是不知道如何为自己的大部分高级工程师提供支持。当你期望人们根据你的报告在重大问题上投赞成票时，你怎么保证自己的报告没有问题？对于那些即将成为组织中其他成员榜样的工程师，你应该期望他们具备哪些技能和表现？还有一个你不得不面对的问题：这些工程师此前应该写过多少代码？

各家公司之间并没有通用的职业阶梯，职位的名称也不一样。这就是当威尔推出 staffeng.com 网站，并将多种职位统称为“主管 +”（staff-plus）时我们这些从业者感到很欣慰的原因之一。虽然目前仍有很多不同的头衔，但至少在谈论各种职位时，我们还能有一个通用的名称。我注意到，已经有人在使用“主管 +”这一称呼，而以前我们要表达“高级”以上的级别时，往往不得不先解释这些职位或头衔是什么意思。

staffeng.com 网站一经推出立刻在美国科技界大火。一个全新的网站能迅速成为某个领域的权威网站，这种情况是前所未见的。威尔就“主管工程师”职位给出了定义和说明，对如何成为一名主管工程师提出了明确的建议，并给出了高效完成主管工程师工作所需要的一些理论，他将这些理论统称为“机构层按摩疗法”（org-level chiropractics）。他擅长抓住一个熟悉但模糊的话题，围绕它画一个清晰的圆，并向其他人解释一些他们一直在关注却未能透彻理解的东西。我建议我们的小组在初建时也考虑这些意见。本书中的多个访谈表明，通往主管和其他职位的途径有很多。本书采访的对象包括主管工程师、首席工程师、团队负责人、架构师技术负责人、技术顾问等，我说过这些头衔很容易混淆。通过阅读本书，大多数读者应该能找到自己的方法，我希望这些方法行得通。

本书正是主管工程师目前所需要的作品，我很高兴威尔将这些内容写成了一本书并将其出版。和《工程管理的要素》一样，这本书以生活经历为基础，给出了清晰、实用的指导建议。这一次，“主管 +”工程师也是本书的受众之一。无论你是想知道自己应该从事何种工作的主管工程师，还是在职业道路上面临抉择的中级工程师，或者是为高级工程师提供成功机会的经理，你都会在这本书中发现闪光点和智慧点。

软件工程的成本每年都在增加，而且短期内不会减少。正如威尔所说，主管工程师“需要为公司技术发声”。我们对模范工程师技能和行为的要求将直接影响我们的代码编写、算法部署、决策评价和所认可的模式。

我很高兴技术层的管理者终于给出了这方面的指导。我希望以后能读到更多此类图书和内容，它们是专门为曾经在“管理者阅读小组”中感到不适的我们编写的。

中文版序

“局内人”视角，工程师的思考内核

当我下定决心写《技术领导力的要素》和《工程管理的要素》时，我真心希望有人愿意花时间阅读它们。到目前为止，这两本书已经售出超过10万册，但在书中的思想影响整个软件工程行业之前，我们还有很长的路要走。

我能够清晰地看到，中国、中国的软件工程师和中国的企业家将对未来的软件行业产生深远的影响。在参与优步进入中国市场（随后退出）的项目运营时，我本人第一次清楚地认识到这一点。我们非常努力地提升优步打车软件在该领域的竞争力，但最终还是败给了滴滴团队。随着中国在创造独角兽科技公司方面的作用越来越大，以及中国在风险投资领域所产生的影响不断提升，我的这一认识也越发深刻。这两本书中的思想如果能够在塑造中国未来方面发挥微若星火的影响，我便心满意足了。

《工程管理的要素》和《技术领导力的要素》完全不同。《工程管理的要素》侧重于介绍我在优步和Stripe快速扩张期间管理和领导工程师时获得的经验。这本书记录了我在那段职业生涯中发现的有价值的思维模式和方法。如果你是一名工程领导，尤其是一名工程经理，我认为这本书对你来说很有用，可以帮助你思考公司和工程组织是如何运作的，以及作为参与者，你该如何改进它们。

《技术领导力的要素》的重点在于，我在深耕这个行业的过程中遇到的那些重大难题：有些人希望一直做工程师，并不想成为工程经理，很显然，他们的职业发展之路在很大程度上是语焉不详的；很多人并不想成为工程经理，但最终还是选择了这条转型之路；很多人对高级工程师受重视的原因存在误解，并将自己的职业生涯构建在这种误解之上。本书给出了我本人对高级工程师职业发展的见解，并且通过我对业内知名公司经验丰富的“主管 +”工程师的访谈，呈现更为全面的观点。

很多介绍技术转型和职业生涯的作品，采用的是与多家公司有过短暂合作的顾问的视角。这类作品的价值在于作者经验的广度：作者的咨询经验能够帮助读者在相对较短的时间内认识许多不同的公司。此外，在我看来，咨询顾问的视角属于“局外人”视角，因为他们只是短暂接触过每一家公司。

“局外人”的观点自有其价值，内部人士的观点同样如此。作为深入项目的“局内人”，你要对项目全权负责；你既是系统的开发者，也是使用者，因此你必须在这两个方面做好平衡。《工程管理的要素》和《技术领导力的要素》能够集结成册，离不开我与两家颇具代表性的硅谷初创公司优步和Stripe的“深入接触”。在我供职期间，这两家公司都是美国高价值的私营公司。这两家公司的快速扩张期就好比一个工程实验室，即使你的公司处于起步阶段，你在这个实验室里学到的经验教训，对你的公司来说也很有价值。

这两本书的内容也离不开我的“实践者”视角。尽管我对“工程师和工程组织取得成功的决定因素”有着十分清晰的认知，但我并不想兜售“成功梦”。我想分享的是我学到的方法及背后的原理。这两本书不是理论手册，也不是成功指南。它们是我的一手经验，是我的心得感悟，以及我通过访谈从其他高级管理者那里“借来”的他们的一手经验。

虽然这两本书是我专门为软件工程师和工程经理写的，但我没想到，其他岗位的人也会认为这两本书很有价值。我收到过产品经理、营销人员、招聘人员和许多其他行业从业者的反馈，他们介绍了书中的观点和建议如何化解他们工作中的难题，以及怎样帮助他们与工程师更顺畅地合作。你不需要拥有软件工程或计算机科学背景，只要你对编写软件和发展工程组织的艺术感兴趣，就可以读一读这两本书。

多年来，一些读者指出，这两本书里提到的情况并没有反映他们的具体情况，这是必然的。在一家快速发展的公司工作与在一家小公司、停滞不前的公司或走下坡路的公司工作，体验必然不同。任何内容都有其局限性，但希望你能从中找到有价值的部分。

如果幸运的话，我们今天的一小部分经验最终会成为未来软件工程行业最为普遍的做法。虽然软件工程师这一职业不再处于婴儿期，但相比大多数职业，它刚刚进入青春期。机械工程师、律师、医生，以及其他许多行业的从业者，比我们拥有更多实践经验。本着这种精神，我并不希望你全盘接受书中的所有观点，如果它们能对你有所启发，能帮助你形成更为清晰的认知，那便是我写作这两本书的最大意义。我们只有真诚地交流复杂的想法，检验哪些想法对我们自己真正有效，并不断完善自己对“如何成为有效的工程领导者”的理解，才能推动软件工程行业向前发展。

STAFF ENGINEER

序言

重塑技术领导的认知，并为之努力奋斗

当人们问起我的第一本书《工程管理的要素》的写作情况时，我的回答是我用了十年时间完成上半部分，用了半年时间完成下半部分。创作有时是一项挑战，当写到最终版时，我想修改的地方还有很多，但创作本身就是个体的高光时刻。作为作者，我应该提醒其他人远离写作，但我没有这样做。就我本身而言，我还想再写一本书。

问题是我应该写什么呢？在将来的某个时刻，我可能会对工程管理有更多发言权，但现在我绝对没有。我做管理者的时间比做研发的时间多，因此绝对有人比我更适合编写高效开发类的书。我希望将来能写一本基础设施工程类的书，但在接下来的几年里，我会尽量少想这方面的事情。

最终，我要回归两个核心问题：当前对我具有挑战的领域是什么？如果我认为有一本书可以推动技术行业向积极的方向发展，那么这本书的主题应

该是什么？主管工程师是这两个问题的答案。在大多数职业中，随着资历的增长，人们会越来越明确自己的角色，但根据我的经验，许多工程师在第一个主管角色中就迷失了方向。我看到有一些人追求主管工程师这一职位长达十年甚至更久，在得到这个职位后，才发现自己看不上这个职位或无法胜任这项工作，这是一件很可怕的事情。

除了深入研究如何得到这个职位并做好这项工作之外，我还认识到，不同的人在得到“主管 +”职位之前会有不同的经历。我的一些很有才华的同事也在努力突破高级工程师职位的限制，但他们在每一次尝试的过程中都会遇到一些制度上的障碍，这些障碍会减慢其晋升速度。

开始撰写本书时，我首先列出大纲。看着大纲，我发现自己无法独自完成这本书。于是，我做了一系列采访，这使我了解到人们如何成为“主管 +”工程师的精彩故事，知道了他们在晋升后如何经营这些职位。我将这些故事与自己支持、提拔和雇用“主管 +”工程师的经验结合在一起，最终完成了这本书。

我希望本书能帮助你改善对技术领导的认知，并为之努力奋斗。

STAFF ENGINEER

目 录

01 认清“主管+”工程师四大原型，攀登适合你的职业阶梯

主管工程师真正该做两件事：一件是提供指导和赞助，另一件是成为“黏合剂”。

在大多数科技公司中，一位新入职的软件工程师会在 5 ～ 8 年内晋升为高级软件工程师。然后，公司不会要求他必须进一步晋升。进一步晋升属于意料之外而非意料之中，这也是许多工程师进入工程管理部门的机会。

在过去的几年里，你可能已经阅读了大量介绍工程管理的书，包括卡米尔·福尼尔（Camille Fournier）的《管理之路》（*The Manager's Path*）、朱莉·卓（Julie Zhuo）的《硬核晋升》（*The Making of a Manager*）、拉拉·霍根（Lara Hogan）的《弹性管理》（*Resilient Management*），以及我自己的《工程管理的要素》。工程管理的职业之路通常并非一帆风顺，但你可以借助职业发展指南稳步前行。

你是否既想发展事业，又不想成为工程经理？许多公司在你面临这个问题时，会很兴奋地告诉你，他们有双轨制的软件工程师职业发展规划：一个发展方向是工程管理，另一个发展方向是技术领导（见图 1-1）。技术领导包括主管工程师和首席工程师等。走上技术领导这条道路标志着一种进步，但想要实至名归并真正发挥作用，你仍有很多工作要做。

本书将最常见的头衔进行了标准化处理，这些头衔包括初级工程师、中级工程师、高级工程师、主管工程师、首席工程师和特聘工程师。本书将后三种头衔统称为“主管 +”。许多公司可能暂时只有其中一部分头衔，随着公司团队的壮大，头衔也会增多。只有技术领导类头衔的公司几乎都使用“主管”这一称呼，少数公司会使用其他称呼，但这种情况很少见。

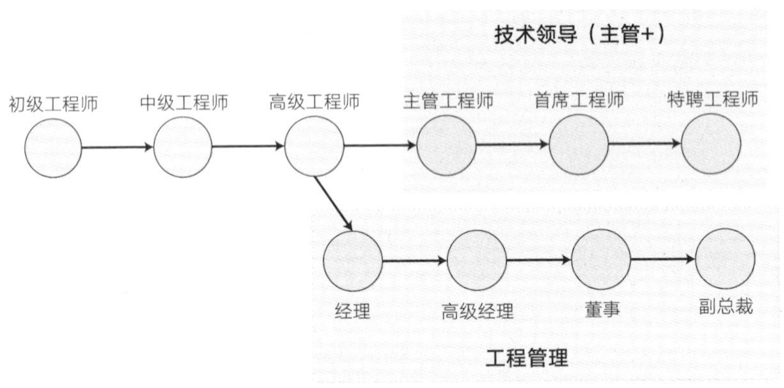

图 1-1　典型的双轨制软件工程师职业发展规划

技术领导类职位的定义比较模糊，从而使得关于“主管 +”的一些看似很简单的问题实际上很难回答。如果你是一名高级工程师，想晋升为主管工程师，你应该培养哪些技能呢？仅提升技术能力就足够了吗？大多数人为获得这些职位做出过哪些努力？你的经理应该如何帮助你？他应该发挥什么作用？你会喜欢做主管工程师，还是会为了得到一个不适合你的职位而努力数年？这本书会告诉你以上这些问题的答案。

由于这些职位的界定模糊不清，我也无法过多地依靠自己的经验来写这本书。幸好，行业内有十几位“主管 +”工程师很乐意分享他们获得该职位的经验和体会，他们的智慧使这本书更深入、更全面且视角更为多样。

如果你已经在“主管 +”职位上，我希望本书能为你走上管理之外的其他领导之路赋能增效。如果你想得到“主管 +”职位，我希望本书能给你实打实的帮助。

你可以从头到尾阅读这本书，也可以挑选你感兴趣的部分阅读。

本书各章的主要内容如下：

- 第 1 章介绍“主管 +”职位的工作为何会因公司而异，以及它为什么很重要。
- 第 2 章介绍“主管 +”的工作具体应如何开展。
- 第 3 章介绍如何在当前工作的公司获得一个“主管 +”职位。
- 第 4 章介绍何时跳槽、如何跳槽才能获得“主管 +”职位。
- 第 5 章收集了一些“主管 +”工程师的访谈故事，讲述他们做了哪些工作，以及他们是怎样获得这些职位的。

每家公司都对“主管 +”有自己的看法，有些看法可能与你的经验不符。如果出现这样的情况，选择与自己有共鸣的部分阅读即可。

“主管 +”工程师四大原型

大多数公司对主管级工程师都有一套单一的、既定的标准，即所谓的“职业阶梯”。每个人都能从明确的标准中受益，但这套标准更适用于群体而非个人。这点对“主管 +”工程师来说尤甚，他们的职业发展之路往往被名称背后的不同角色所掩盖。

当我与越来越多的人聊起“主管 +”工程师在公司里的作用时，我发现他们的经验越来越清晰地汇聚成四种不同的模式。大多数公司只重视其中的一到两种模式，而这一到两种模式只存在于拥有数百名或数千名工程师的公司里。少数公司没有任何技术领导模式，它们会让公司里有经验的工程师担任工程管理职位。在文学作品中，反复出现的角色模式被称为角色原型，如“英雄”或“骗子”。我将频繁出现的“主管 +”工程师模式总结为以下四种常见的原型：

- 技术主管负责给特定团队提供方法和执行方面的建议。他们通常与一位经理紧密合作，有时也会在重点领域与两到三位经理合作。一些公司也有与技术主管类似的技术经理职位，他们有时也负责人事管理工作。

- 架构师负责重点领域的发展方向、产品质量和执行方法。他们对技术限制、用户需求和如何领导团队都有深入的了解。

- 问题解决者负责深入挖掘所有复杂的问题，并找到适当的解决方法。他们中的一些人长期专注于某一特定领域，另一些人则在领导的指导下研究多个热点领域。

- 技术公关负责传达高管的意见，借助其影响范围和权威运营特别复杂的团队。他们拓展了大规模的组织中领导者的管理带宽（leadership bandwidth）①。

虽然以上这种分类方法更注重实用性而非完整性，但到目前为止，我已经能够把接触过的每一位“主管 +”工程师都归入其中。不可否认的是，有些人的职位比其他人的职位更容易分类。

技术主管，主管工程师的起步

一位技术主管典型的一周日程表示例见图 1-2。相关信息由戴安娜 · 波贾尔（Diana Pojar）、丹·纳（Dan Na）和丽图·文森特（Ritu Vincent）提供。

① 指一个管理人员可以有效管辖的范围。——编者注

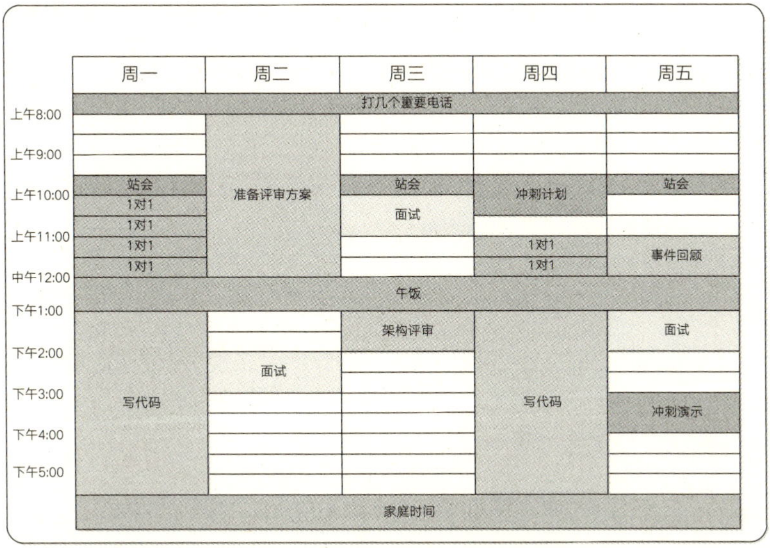

	周一	周二	周三	周四	周五
	打几个重要电话				
上午8:00		准备评审方案			
上午9:00					
	站会		站会	冲刺计划	站会
上午10:00	1对1		面试		
	1对1				
上午11:00	1对1			1对1	事件回顾
	1对1			1对1	
中午12:00	午饭				
下午1:00	写代码		架构评审	写代码	面试
下午2:00		面试			
下午3:00					冲刺演示
下午4:00					
下午5:00					
	家庭时间				

图 1-2　技术主管的一周日程表示例

技术主管是最常见的原型，他们通常领导一个或多个团队。他们能够轻松处理一定范围内的复杂任务，协助团队解决问题、疏通难点。技术主管通常很了解团队背景，能够维护团队必需的、许多跨团队和跨职能的人际关系。他们是团队产品经理的亲密伙伴，也是需要调整团队发展路线图时第一个被召唤的人。

在职业生涯早期，技术主管通常会负责团队中最复杂的技术项目，虽然这些项目默认是由整个团队来负责的。之后技术主管写代码的工作在不断减少，他们这样做既是为了培养团队，也是为了腾出时间去做那些能使团队的影响力不断增加的工作。虽然写代码的工作减少了，但他们仍然了解团队的技术愿景，并通过协调复杂的关系使团队达成一致。

对很多人来说，技术主管这一职位也是他们作为主管工程师的起步。有几个原因共同导致这一结果：

- 首先，技术主管这一职位最初往往出现在那些有较强团队理念的公司中，这在采用敏捷方法论的公司中很常见，且大多数公司都会尝试采用敏捷方法论；
- 其次，技术主管的日常工作与高级工程师的日常工作非常相似，这相当于一个过渡性的职位；
- 最后，也是最重要的，一个团队中平均每 8 名工程师就需要一个技术主管。

综上可知，技术主管比其他原型更常见。

有些公司将技术主管作为一个头衔，而另外一些公司则将之作为一个职位。在四种“主管 +”原型中，技术主管是承担了主管工程师大部分工作的那种，但是这一职位往往并不具有主管工程师应有的影响力。实际上，你会发现一些不是主管工程师的人的工作内容与主管工程师的工作内容差不多。主管工程师不仅是一个职位，它集职位、行为、影响力和团队认可于一体。

架构师，工作内容复杂又是公司取得成功的关键

一位架构师典型的一周日程表示例见图 1-3。相关信息由乔伊·埃伯茨（Joy Ebertz）、凯蒂·西尔 - 米勒（Katie Sylor-Miller）和基薇·麦克明（Keavy McMinn）提供。

架构师这一职位在很多公司已经成为过去式，但对于那些身处“主管 +”级别的人员而言，架构师角色仍然存在。架构师负责公司内部特定技术领域的工作，包括应用程序接口（Application Programming Interface，API）设计、前端堆栈、存储策略和云基础设施等。就某一领域而言，架构师这一职位的工作内容既复杂又是公司取得成功的关键。

	周一	周二	周三	周四	周五
上午8:00		准备评审方案			有关潜在收购的技术讨论
上午9:00	组织会议			团队会议	
上午10:00	1对1		面试		
	1对1			1对1	
上午11:00	1对1			1对1	事件回顾
	1对1			1对1	
中午12:00	午饭				
下午1:00	评审本周需要评审的方案并给出反馈意见		架构评审	与试点团队一起制订新的存储后端集成计划	面试
下午2:00		面试	分享评审笔记		面试
下午3:00		对企业不久之后上市的相关事宜进行紧急同步			
下午4:00					
下午5:00					
			家庭时间		

图 1-3　架构师的一周日程表示例

有人认为架构师的工作是独自架构系统，然后将设计结果交给其他人去实施，这一认识并不全面。虽然有时的确会出现这种情况，但架构师的工作在大多数情况下并不是这样。有影响力的架构师会深入了解业务需求、用户目标和相关技术的限制条件。他们在自己关注的领域内，通过真知灼见甄别并选择有效的方法，然后发布实施。这些工作都是他们凭借自身良好的判断来进行的。

设置架构师这一职位的通常是规模较大的公司、拥有特别复杂的代码库或耦合代码库的公司，以及因最初冲刺产品市场而积累了技术债务①的公司。有些公司要求架构师深入研究代码库，有些公司则明确规定架构师不能编写代码，这两种模式均会使公司从中受益。

① 技术债务是指为短期的利益故意做出欠佳的技术决策，这些决策从长期来看会导致一些损失。——编者注

问题解决者，团队中值得信赖的代理人

一位问题解决者典型的一周日程表示例见图 1-4。相关信息由伯特·范（Bert Fan）和纳尔逊·埃尔哈格（Nelson Elhage）提供。

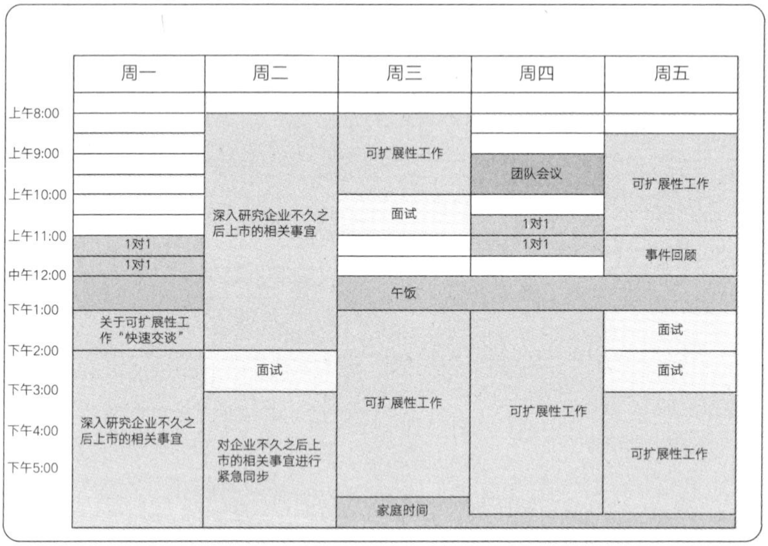

周一 周二 周三 周四 周五

上午8:00 上午9:00 上午10:00 上午11:00 中午12:00 下午1:00 下午2:00 下午3:00 下午4:00 下午5:00

周一：1对1；1对1；关于可扩展性工作“快速交谈”；深入研究企业不久之后上市的相关事宜

周二：深入研究企业不久之后上市的相关事宜；面试；对企业不久之后上市的相关事宜进行紧急同步

周三：可扩展性工作；面试；午饭；可扩展性工作；家庭时间

周四：团队会议；1对1；1对1；可扩展性工作

周五：可扩展性工作；事件回顾；面试；面试；可扩展性工作

图 1-4　问题解决者的一周日程表示例

问题解决者是团队中值得信赖的代理人，他们深入了解棘手的问题，努力钻研，直至问题解决。当公司领导认为这个问题很重要，但解决问题的方法不明确、执行起来风险很高时，他们就会向问题解决者寻求帮助。

大多数主管级人员都要做大量的组织管理工作，问题解决者通常处理那些已经被确定为优先事项的问题，因此他们的团队工作相对较少。此外，一旦问题得到解决，他们通常就会停止工作，这会让人产生一种“工作暂停”感。这时就需要“好好先生”出面，安抚那些留下来维护“已解决”的问题的工作人员。

有些公司将个人而非团队视为计划和权限的最小单位，问题解决者在这些公司中最常见。在这种公司中，问题解决者通常会取代技术主管的位置。传统的公司在成立初期不太可能有这种职位，通常要等公司慢慢壮大后，或公司成立时间很长、已经有自己的技术资产时，才会设立这种职位。

技术公关，“黄金之手”

一位技术公关典型的一周日程表示例见图 1-5。相关信息由米歇尔·布（Michelle Bu）和里克·布恩（Rick Boone）提供。

	周一	周二	周三	周四	周五
					有关潜在收购的技术讨论
上午8:00	准备工作	深入研究企业不久之后上市的相关事宜			
上午9:00	组织会议		新员工培训工作	团队会议	
上午10:00	1对1		面试		
	1对1			1对1	
上午11:00	1对1			1对1	事件回顾
	1对1			1对1	
中午12:00	午饭				
下午1:00	关于可扩展性工作的“快速交谈”		方案评审	季度计划会议	面试
下午2:00		面试			面试
下午3:00		对企业不久之后上市的相关事宜进行紧急同步	预算审查		
					可扩展性工作
下午4:00					
					更新可扩展性工作计划
下午5:00	可扩展性工作		可扩展性工作		
			家		

图 1-5　技术公关的一周日程表示例

技术公关在四种“主管 +”原型中最不常见，通常当一个公司拥有数百名工程师时，才会需要技术公关。技术公关类似公司高管的角色，但没有直接的管理责任。里克·布恩将该角色比作《权力的游戏》（*Game of Thrones*）

中国王的“黄金之手”以及《白宫风云》(*The West Wing*)中的幕僚长里奥，这类角色通常会借用高层领导的权威来进行管理。当然，在借用领导权威的同时，他们也需要与领导的方法、理念和价值观保持高度一致。

技术公关会参加领导层会议，并通过帮助领导解决重大问题来扩大其影响力。这个层面上的问题绝不是纯粹的技术性问题，通常会涉及商业、技术、人力、文化及流程。技术公关经常钻研问题，整合资源，将具体的执行工作交给最合适的团队，然后去处理下一个问题。这个职位的优点是只需处理基本问题，缺点是永远有处理不完的问题。

优先考虑能让你充满活力的职位

当你考虑自己适合哪种职位时，应该首先考虑哪种职位能让你充满活力，然后再考虑公司里有哪种职位。

所有公司都需要能够胜任技术主管职位的工程师，因此你很容易获得一个类似的主管工程师职位。那些更注重个人发展的公司往往在成立初期就开始培养问题解决者，而那些专注于扩展业务的公司即使考虑培养问题解决者，也是在公司发展后期才考虑。在快速成长的科技公司中，架构师和技术公关通常分别在公司有 100 名和 1 000 名工程师时才会设置，在此之前根本不存在。具有多种文化基因的公司通常会更早地培养这些角色，当然也有些公司从不设立这些职位。

要想在这些职位上取得成功，你必须始终尽职尽责。了解什么样的职位能让你充满活力，这一点很重要。技术主管和架构师倾向于多年来与相同的人一起解决相同的问题，形成清晰的团队意识和共同的目标。他们的工作重点有时会是公司的首要任务，他们的工作有时做得是那么顺利、出色，因此高管们有时会忘记他们的存在。

问题解决者和技术公关则习惯处理一个又一个问题，他们通常在特定时间内与同事有更多事务性互动。他们与行政部门的优先事项息息相关，很可能因解决了令领导层焦头烂额的问题而得到公司的认可。此外，虽然他们名义上和其他同事在同一个团队，但他们的工作与团队的重点工作通常很少有交集或者根本没有交集，因此他们的团队意识往往有限。

每一个职位都有人喜欢，有人讨厌。这些工作有人认为值得付出，有人认为令人绝望，有人认为振奋人心。虽然选择适合自己的职位很重要，但也别忘记，在你三四十年的职业生涯中，你还有很多时间，可以去尝试各种职位。

既要关注团队需求，又能发挥自身优势

> “主管 +”工程师的工作在很大程度上取决于团队的需求和个人的长处。根据我的经验，“主管 +”工程师的职责会随着时间的推移而逐渐改变。在通常情况下，他们的工作重点是那些对公司有战略价值的项目和工作，同时，他们还会推动技术发展，提升团队水平。
>
> ——**戴安娜 · 波贾尔**

任何一个在聚会上被亲戚逼问过“软件工程师的工作内容到底是做什么”的人都知道，这个问题很难回答。随着时间的推移，你可能已经给了亲戚一个令人信服的答案。但当同事问起“主管工程师是做什么的”时，很多人的大脑还是会一片空白。

最简单的回答是“主管工程师继续做他们作为高级工程师时在做的大部分事情，包括建立关系、编写软件、协调项目”。但是，这个答案具有误导性。主管工程师当然也做这些工作，但这些工作以前是他们工作的核心，而现在只是辅助性工作。他们的日常工作因职位不同而略有差异，但所有职位都要做下面这些工作：设定技术方向、提供指导和赞助、为组织决策提供工程视角、研究和探索，以及塔尼娅·莱利所说的成为“黏合剂”。

设定技术愿景，将影响力最大化

> 当我能为某个领域设定技术愿景，并让人们朝着这个愿景奋斗时，我感觉自己的影响力达到了极点。我想，大家都希望自己的代码架构能变得更好，或者至少能得到某些改进。我发现人们总是想得到更好的东西，至于这样东西是什么，他们并不清楚。我喜欢帮助这类人确定目标、了解目标，并给出一个如何实现目标的总体规划，即使这个目标从未实现也没关系。
>
> ——乔伊·埃伯茨

主管工程师需要为公司技术发声。技术无法发声，这时就需要有高调的支持者。那些成功推动技术发展的人都很务实且深思熟虑，他们不会把每一个单独的决策看作成败攸关的转折点，而会更加关注长期的发展趋势。技术兼产品经理应该经常考虑这类问题，而且一定会受益颇多。

有些“主管 +”工程师会负责 API 设计之类的特定领域，有些“主管 +”工程师会在一个大的领域内整合并调整技术和方法。设定技术方向时，应更多地去理解并解决公司真正的需求和问题，而不是优先考虑个人感兴趣的技术和方法，这一点适用于所有的职位。在初级职位上，你可能会试图影响决策，使之倾向于自己的技术选择；在高级职位上，你首先要对业务和组织负责，其次才是对自己负责。

为他人提供指导和赞助，助力实现公司目标

> 当我在一个团队中工作时，我最受激励的时候就是我赞助的人宣布他们成功地交付了一个项目的时候，或是我成功地帮助一个设计团队建立并调整了一个非常重要的课题模型的时候。是这些团队而不是我在日复一日地完成这些艰难的工作，他们建立并维护自己的技术模型，我需要这些团队的支持才能取得成绩。更重要的是，公司是以这些成绩是否有助于实现公司的目标来评价我的工作成果的。
>
> ——米歇尔·布

个人英雄主义的领导方式一度非常流行，它以领导者为核心，认为其决策改变了公司的未来。不过，关于个人英雄主义的故事大多是由公关团队刻意设计的。除了个人英雄主义，你还可以通过培养周围的工程师来改变公司的长期发展轨迹，这样更加实际。让周围的人得到成长的最好方法是建立起积极的导师制度和赞助制度。

有人在自己的职业发展之路上看到了人们对导师的要求，因此试图刻意划掉这一项。这样做很不光彩，因为指导是“主管 +”职业生涯中最有意义

的活动之一。分享你的经验和建议，同时建立一种持续的联系，以便了解接受指导者的情况，这项工作很有意义。高效的主管工程师会给予团队成员适度的指导和更多的赞助：为了你的利益，帮助、提升并支持你周围的人。如果你还没有读过，可以读一读拉拉·霍根的文章《赞助是什么样子的？》（*What Does Sponsorship Look Like?*），这篇经典之作介绍了赞助者（sponsorship）[①]和导师（mentorship）之间的不同之处。

为组织决策提供工程视角

> 我经常在更高级别的工程讨论中拥有一席之地，这些讨论的层级已经超越了具体的项目和团队。我们经常召开主管工程师会议，讨论关于跨团队的技术性和非技术性问题。
>
> ——丹·纳

高效的组织会简化例行决策的流程。一个很好的例子就是通过审查合同可以了解潜在的企业客户。起初，有一些产品团队和工程团队可能不支持签署合同，后续的审查过程会牵扯更多利益相关者。不要太担心，随着时间的推移，对的人会适时地出现在对的地方。

即使是那些善于做例行决策的公司，面对突发情况也会进退两难。这种决策往往既注重时效又至关重要，可是在做出决策之前，要把合适的人聚在一起很困难。在进行常见的组织架构调整时，如果没有有价值的投入，结果

① 这里的赞助者指在你开展主管工作过程中对你有重大帮助的人，比如决定你的晋升、为你提供资源的人，这些人多为你的领导或支持你的企业高管。——编者注

可能没什么作用。同样，那些不常设置的职位，例如高管或创业公司中的“主管 +”工程师等，这些职位可能每年都只招聘一个人，公司无法从重要的角度来评估候选人的情况也很常见。对一些公司而言，路线图规划也属于这类工作。

“主管 +”工程师经常会在意想不到的情况下被拉入决策会议中，这时，他们就能为决策带来工程背景和个人观点，观点输入对重要的决策有重要影响，可能会改变决策的结果。他们这时也可以描述工程愿景，否则决策者可能会忽略它。请记住，“主管 +”工程师这时候代表的是整个工程的利益，而不只是自己的利益。

要么探索发展，要么消亡

> 就目前我担任的职位来说，我整天都在做“主管 +”工程师的工作，但在之前的技术领导角色中，我做了很多不同的事情。
>
> ——丽图 · 文森特

爬山算法（hill-climbing）是一种简单的优化算法：假设你站在某座山上，你想去山顶，你在目前所站的地方环顾四周，找出了附近的最高点，然后你走到这个点再环顾四周，又找到附近的最高点，以此类推，你最终会到达山顶。但是，这种算法有一个问题：假如是在大雾天，因为你看不到很远的地方，所以很可能当你到达你以为的附近的最高点后，其实在你看不见的地方还有一个更高的点。

虽然爬山算法不能解决所有问题，但它的确非常有效，许多公司也都试图采取这种方法来解决问题，例如：一个消费类公司在努力支撑企业经营；一个成熟的公司在追赶规模较小的竞争者发布产品的节奏；当前的业务很重要，因此即使业务的增长率在走下坡路，你也很难优先考虑发展其他新业务。

从长远来看，一家公司要么学会探索发展，要么逐渐消亡，这是一个不容忽视的难题。而想要学会探索发展，仅仅指派一个精通爬山算法的团队去做探索性工作还远远不够，因此许多公司采取了多种方法。这些公司会找到几个值得信赖、拥有多种技能的人（其中一个通常为主管工程师），然后给这些人分配一些资源，并在几个月后检验他们的工作成果。

影响公司发展的并非总是商业问题，可能是任何模糊不清又至关重要、公司系统不能解决的问题。它可能会将你的基础设施成本降低一个数量级，可能会是一个需要 6 个月而非 3 年的多区域战略，也可能是你突然意识到主数据库的磁盘空间只够用 3 个月却不能升级到更大的空间。根据我的经验，在快速发展的创业型公司中，这类问题既会导致严重后果又无法完全避免。

探索是一家公司所能做的最有回报也最有风险的工作之一，开展这项工作需要取得多个组织的信任，还需要获得足够的尊重。**请牢记，如果你失败了，那也只是问题本身所致，而不是你个人有什么问题。**

成为“黏合剂”

塔尼娅·莱利曾写过一篇精彩的文章，名为《成为“黏合剂”》（*Being Glue*），它抓住了成为一位成功的主管工程师的一个核心要素，即做一些必要但往往被忽略的工作能够助力团队进步，推进工作。这些工作并不耀眼，但有影响力的公司往往有一名或多名主管工程师在幕后工作，他们负责推进重要的工作事项，并确保按时完成。

主管工程师还需要写代码吗

在结束关于主管工程师职位的讨论前，应礼貌地回答主管工程师聚在一起时常问的一个问题——你还有时间写代码吗？答案是肯定的，当然这也要视具体情况而定。

拉斯·卡萨·威廉姆斯（Ras Kasa Williams）说道：

> 我仍然会定期写代码，当然比团队中的其他工程师写得少。重要的是我坚持“手不离键盘”的工作方式，只有这样才能确保我做出的技术策略以及其他宏观层面的决策，是以团队其他成员的实际经验为基础的。

凯蒂·西尔-米勒介绍说：

> 我是一名前端架构师，但最近我主要在写SQL代码，因为我在做大量的数据分析工作。为了找出需要改进的地方，以及对性能和业务指标影响最大的问题，最近我一直在研究性能指标。为了帮助团队清除障碍或做一些性能小测试，我会不时地写一点JavaScript或PHP代码。

乔伊·埃伯茨认为：

> 你的职级越高，工作中写的代码就越少。当然，不同于人事经理，你的工作仍然有很强的技术倾向，你可能至少会做一些编码工

> 作。但职级越高，你的工作就越侧重于指导和培养你周围的人乃至更多的人、通过打造公司的公众技术品牌来组建你的团队、关注那些应当予以改进的比较大的技术趋势、为团队或公司设定技术愿景，以及为技术债务项目争取资源。

大部分人仍会写一些代码，但他们此时所写的代码比自己职业生涯早期所写的要少。你可能某一周一直在写代码，但这并不是常态。如果有人经常在写代码，这表明他在做一些让他自己感到舒适但并不重要的事。虽然你自己写的代码少了，但你会查看其他同事写的代码，做大量的代码审查工作。

缓慢转变角色，持续产生影响

“主管 +”工程师的工作有一个统一的主题，那就是时间跨度更长。在职业生涯的早期，你的工作节奏很容易依赖软件开发的快速反馈周期——编写、测试、发布、重复，而你在“主管 +”这个级别所做的大部分工作会需要数周、数月甚至数年的反馈周期。第一次担任“主管 +”工程师时，这些更长的时间跨度可能会超出你的想象，令你沮丧。作为一名“主管 +”工程师，你会在某个时间段感觉自己一事无成——这很正常！你一定要坚持下去，不要放弃。

这种影响可能会持续很长时间。虽然与我交谈过的每个人都希望偶尔能有更多的时间来写代码，并承认他们有时会担心自己没有完成多少工作，但没有一个人后悔自己转变为现在的角色。

头衔很重要但并非无所不能

如果一直待在高级工程师的舒适圈中，你可能会犹豫是否应该为获得“主管 +”头衔而努力：这需要投入大量的时间和精力，同时也需要大量的运气，这是值得付出的吗？

答案是非常明显的，一切都是值得的！通常来说，取得“主管 +”头衔有以下 3 个优点：

- 使你摆脱非正式的资历评价标准。
- 使你拥有一席之地。
- 能帮助你升职加薪。

得到“主管 +”头衔其实还有第 4 个潜在的优点，那就是，这个头衔赋予你更多项目选择的权力。但你也应注意到，增加的权力会带来更加重大的责任。

头衔帮你摆脱非正式的资历评价标准

当我与纳尔逊·埃尔哈格讨论是否应该允许“主管 +”工程师承担新的工作时，他认为：

> 使用“允许”这个词可能不是很准确，但很有趣。因为大多数情况下并没有明文规定什么样的人应该得到什么样的职位，更多依赖非正式的资历评价标准。

许多科技公司声称它们追求民主，能为有才华的员工创造条件，使之顺利晋升至高层。这些公司对个人能力并没有统一的评价标准，因此它们开始依靠埃尔哈格所说的“非正式的资历评价标准”。虽然人们普遍认为使用这些标准可以客观地评估个人的一些想法和观念，但由于该标准的非正式性，难免会导致评价结果掺杂评价者的各种偏见，而且评价者经常将“信心”与“能力”混淆。

“主管 +”头衔的第一个常见优点是使你摆脱非正式的资历评价标准，能够帮助我们不再在重新建立个人能力上花费力气。与我交谈过的“主管 +”工程师并不经常提及论资排辈，反而是那些与主管技术专家标准并不相符的人会经常提及这一点。

麦克明认为：

> 当你拥有一个头衔时，你就不必再在证书上花太多精力。头衔能为他人提供你的背景资料，让你从一开始就更受尊重，这点显而易见。

“主管 +”头衔允许你把之前用于证明自己的精力重新投入被评估的核心工作。如果你并没有投入太多的精力去证明自己的能力，那很好！也许你已经在当前公司工作了很久，能力已得到多次证明，无须再自证。如果你发现自己的时间都用在反复证明自己的能力上，那么获得一个头衔将为你节省很多时间，使你能够专注于工作本身。

拥有一席之地

“主管 +”头衔的第二个常见优点是使你拥有一席之地。丹·纳认为：

> 我经常在更高级别的工程讨论中拥有一席之地，这些讨论的层级已经超越了具体的项目和团队。我们经常召开主管工程师会议，讨论关于跨团队的技术性和非技术性问题。比如，在这种类型的会议上，我会很愿意讨论一些我在工程师入职过程中发现的弊端。

在做出重要决策时，通常首先会确定核心决策，然后才决定其他事项。在更高的职位上，你可以在采纳成本相对较低时，适时地提出一些意见，否则即使你的意见非常有价值，也可能因为实施起来太过麻烦而不被采纳。

助你升职加薪

小公司往往会有很多临时性薪酬，这部分薪酬是你和经理谈判的结果。在这样的公司里，如果你被提拔到“主管 +”职位，薪酬可能不会增加。然而，大多数公司在工程师的人数达到一两百时，会根据职位级别来确定薪酬，这种制度会确保你的薪酬能够随着职位的提升而增加。

在所有的公司中，薪酬最高的职位一般是执行主管和高管。随着业务的发展，公司通常会在工程管理类职位和技术类职位之间建立一种薪酬映射。这样一来，达到“主管 +”职位——有时需要是高级主管或特聘主管，而不是初级主管职位，将大大提高你的薪酬。

在你当前就职的公司中，“主管 +”工程师的薪酬与高级工程师的薪酬差别可能不大，但在某些公司中它们的确差别很大。你应该尽量去这些公司工作，这样当你有一个“主管 +”头衔时，你的收入也会随之增加。

有了“主管 +”头衔，不能仅凭兴趣去选择工作

许多人之所以担任“主管 +”职位，是相信这个职位会使自己接触一些

受人瞩目或让人兴奋的工作。从某种程度上讲这种看法没错，但最终的结果也取决于你的公司中最常见的主管原型是哪一种。例如，问题解决者往往能接触最有趣的工作，但如果一个技术主管也这样，可能会对团队不利。

在我采访过的人中，大部分都认为获得有趣工作最有效的方法就是受聘做相应的工作，比如丽图·文森特受聘启动 Dropbox 公司的产品孵化器，麦克明受聘设计 Fastly 公司的 API 战略。

但是，这种方法并不是每次都有效。有时，有趣的工作显而易见但触不可及。你对公司有很强的责任感，所以不会为了个人兴趣去承担某个项目。起初，你可能会把这些项目偷偷放到自己的待办事项中，但现在你有责任成为全公司的榜样、良好品行的标杆。因此即使这个项目对你很重要，你也会把这个机会让给其他工程师，因为他们更需要它。

头衔并没有想象中那么重要

头衔的确很重要，但不是必选项。即使你喜欢“主管 +”头衔所带来的特权与待遇，你也必须知道，正因为有这些不同的工作，才会有这些特权和待遇。米歇尔·布对追求“主管 +”头衔的人提出了以下建议：

> 如果你更想成为“主管 +”工程师，而不是从事那些让你感到充满活力的工作，那么这种工作模式很容易将你困在一个你并不想要的职位上。要成为“主管 +”工程师，特别是涉猎广泛的“主管 +”工程师，你所做的工作与高级工程师的工作应该有很大区别。想想这是不是你真正想要的工作，这一点很重要。

更高级的头衔的确会带来一些优势，对有些人来说，这些优势能够帮助其凭借赖以生存的职业走向成功。当然，许多人也发现，他们对“主管 +”

职位的渴望取代了以前的工作曾带给他们的那种兴奋感。**在你的职业生涯中，几乎每一种选择都很重要，但头衔其实并没有你想象中那么重要。**

头衔不是万能的

你偶尔会遇到这样的工程师：他认为因为自己没有某个头衔，所以才不能取得某些重大成就或把握某个重要机遇。这样的人往往会感到沮丧，他可能会说：“如果我是主管，就可以决定我们团队的技术栈。”

权力的增加的确会为你解决问题提供新方法，但如果你是在一个管理完善的公司中，你获得的权力就必然有许多约束。如果你对此有意见，并且认为头衔是唯一阻碍你的东西，那么我向你保证，专注于方法研究和技能发展比取得头衔更有用。拥有头衔能帮助你过关斩将，但它永远不会像你所期望的那样无所不能。

02 8 个建议，“主管 +”工程师职业发展的关键起点

要想领导，必先追随。

> 这是别人给过我的最好的建议，我一定要把这条建议告诉其他主管工程师。那就是存在一种误解，人们认为成为主管工程师就可以掌控自己的工作，每个人都会听你的，并按照你的意愿行事，而事实与此恰恰相反！
>
> ——凯蒂·西尔-米勒

许多工程师之所以关注“主管 +”职业之路，是因为工程经理有太多会要开，或者有太多与其他同事的合作需要进行。如果以这种心态开始“主管 +”职业之路，你可能会感到惊讶。主管工程师的职位通常比高级工程师要高一个级别，它实际上是一个不同的职位——你会花越来越多的时间去做你以前很少做或根本不会做的各种工作。

在起步阶段受挫是大多数人在“主管 +”成长之路上不得不走的弯路。这的确很难，部分原因在于你虽然做了大量工作，但回馈周期很长。当用导师制度、人脉搭建和策略这类缺乏规律的进程去替代你那深植于内心的交互式编程环境 REPL（Read-Eval-Print-Loop，读取—求值—输出—循环）时，这种迟滞的回馈在初期就可能会让你感到相当沮丧。

本章将介绍工程师如何在成长过程中少走弯路，如何成为一位“主管 +”工程师，以及在此过程中如何自我实现和对组织产生变革性影响。

“主管 +”工程师工作的 8 个建议

从为本书进行的采访以及我自己领导和指导“主管 +”工程师的经验中可知，一些工作要点与个人发展的关键点密切相关。以下这些并不是你在这个职位上要做的所有工作，但最有可能对你产生巨大影响，甚至可能在不知不觉中帮你避免断送职业生涯：

- **建议 1：充分利用你的工作时间做有意义的事。**特别是当你的工作有了突破、生活有了起色的时候。
- **建议 2：编写一份工程战略来指导你的团队工作。**这份工程战略要能支撑实现公司体系架构、技术选择以及组织结构上的商业目标。
- **建议 3：保持技术质量。**使公司的架构和软件能够随着时间的推移而始终保持较高的质量。
- **建议 4：保持权威性。**持续做一名出色的领导者。技术上的领导地位依赖于其他领导者（通常为管理型领导）的委托授权，这种领导地位的持续性取决于双方的一致性、信任感和可预测性。
- **建议 5：要想领导，必先追随。**对事情的运作方式有清晰的判断是一种强有力的领导手段，当然你也必须学会将你的愿景与同事、领导的愿景融为一体。
- **建议 6：学会永不犯错。**从“做正确的事”转变为“理解”和“沟通”。不要将你的社交资本耗费在修复因冲突而破损的关系上，要学会和持不同态度和观点的人合作。这样做还有一个好处，那就是很少会有人向上级抱怨你。

- **建议 7：为他人创造空间。**这能使你的团队更强大。
- **建议 8：建立人脉关系网。**当你举棋不定时，这些人能帮你做出决策，给予你真诚的反馈。

敏锐的读者会注意到，第 1 章讨论的两个关键概念不在上述话题中：其中一个是“提供指导和赞助”，另一个是“成为‘黏合剂’”。这两个概念当然对“主管 +”工程师很重要，已经有很多的权威文章对此进行过介绍。对于“提供指导和赞助”，请花些时间阅读拉拉 · 霍根的文章《赞助是什么样子的？》。对于“成为‘黏合剂’”，请花些时间阅读塔尼娅 · 莱利的文章《成为“黏合剂”》。这里就不再赘述了

当你在这方面进行刻意练习时，你将慢慢地从一个新晋主管工程师成长为值得信任的团队领导者。话虽如此，这些却并不是你要做的所有事情。有时你会发现，自己的角色与工程总监惊人地相似，有时你又会发现，你所做的事与之前的工作没什么差别。

如此广阔的职权范围正是这类职位富有挑战性的部分原因。如果你找不到自己关注的话题，请查看“附录”中的参考资料。

用越来越少的时间做真正有意义的事

我已经习惯于使用“充满活力”而不是“有影响力”来形容这件事。“有影响力”给人一种以公司为中心的感觉，这虽然也很重要，但“充满活力”更注重内在。我所追求

> 的激励型工作是一份能让我充满活力的工作，这也是我能够在 Stripe 公司工作这么久的原因。
>
> ——米歇尔·布

每个人的生命都是有限的，而工作会占据人生很大一部分时间。即使是最热爱事业的人，生活中也会充斥着许多工作之外的事情，例如养家、陪伴孩子、锻炼、指导他人和学习、培养爱好等。这种生活是丰富的，但是你会发现，随着事业的发展，你用来处理工作的时间会越来越少。

如果你的事业蒸蒸日上，那么即使工作时间有所减少，人们对你的期望也会不断增长。你可以试着减少睡眠时间，或者放弃自己的一些兴趣爱好，但你会发现工作对你的这些牺牲冷眼旁观、毫无回报。只有把事业融入生活中，才是长久之计。

事实上，自我调整已经成为保持事业成功的关键。随着你的职位越来越高，你必须用越来越少的时间完成越来越多的工作。你在事业上走得越远，“完成越来越多的工作”和“工作时间越来越少”这两种约束之间的冲突就越大，但如果你能处理好，这也行得通。

下面我们先来讨论几种常见的错误：“吃零食”、“爱打扮”和“追幽灵”，然后我们再谈谈精彩的话题——如何做真正有意义的事。

避免“吃零食”，难度低、影响小的工作不值得做

亨特·沃克（Hunter Walk）建议我们在确定工作的优先级时避免“吃零食”。如果是在一个运行良好的组织里，你最终会把所有的工作都做完。但你一开始会有两个选择：是先做那些难度高但影响大的工作，还是先做

那些难度低且影响小的工作（见图 2-1）。后一种选择就是沃克所说的“吃零食”。

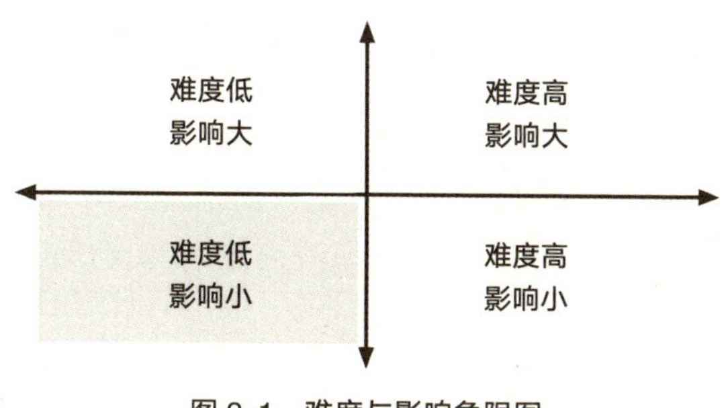

图 2-1　难度与影响象限图

当你忙碌的时候，做这类工作能带来成就感，这会让你在心理上得到满足。尽管如此，你却很难从中学到东西——其他人也同样能够完成这类工作。对某些人而言，这可能是一个很好的发展机会。与做那些影响大的工作相比，做这类工作将付出巨大的机会成本。

在取得更大的成就之前，你不妨花些时间做这类工作以激励自己，但是你必须留意在影响大和影响小的工作上所花费的时间的比例。职位越高的人越能自己决定工作方向。如果不是刻意记录，你很难发现自己所做的工作很少或根本没有产生大的影响。

停止“爱打扮”，不要做曝光率高但影响小的工作

从广义上来看，“吃零食”是指做那些难度低且影响小的工作，而“爱打扮”是“吃零食”中一个特别有吸引力的子类，是指做那些难度低、影响小但曝光率高的工作。很多公司会把曝光率高和影响大混为一谈，以至于无法区分知名度和影响力。这就导致了一些公司的顶级工程师将大量时间花在那些价值不确定的工作上，而这种行为在公司层面却经常得到认可。

如果你只着眼于事业的短期发展，那么规避当前团队的弱点，对相应工作流程加以优化，是提高团队的创造性的最佳方式，这能让团队勇往直前、光彩夺目。然而，随着所担任的角色越来越复杂甚至跨多个团队，如果你想取得成功，那么在工作和自我发展之间取得平衡就显得尤为重要。

选择公司时，这一点也很重要！应深入了解一家公司的价值观，确保它与你的个人发展目标一致。如果一家公司的领导层全部都是一心扑在工作上或者表现忠诚的人，那么不要怀疑，你想在公司取得成功也必须这样做。

糟糕的是，要成为一个成功的“自足者”，你需要让自己在每个方面都无懈可击，如果把精力花在“爱打扮”上，你真正的工作就会受到影响。通常情况下，这意味着你需要具备一个高级领导者应有的“虚荣心”，或者以公司认为的领导者应具备的形象和行为来展示自己。如果你不是这样的人，那么你所做的尝试，即使是能为公司带来成功的好决策，也将以失败告终：你会因为缺乏真正的影响力而被追责，而其他那些符合公司对领导者预期形象的人会得到升迁。

不要“追幽灵”，不在无意义的事情上浪费资源

许多人认为，公司是经过合理优化的机构，不会在影响小、投入高的项目上浪费过多时间。然而事实并非总是如此。令人惊讶的是，很多公司的新任高管往往还未从根本上理解公司面临的挑战，就立刻着手推动战略调整，这种现象极为常见。在之前的职位上形成的肤浅认知，在极大程度上限制了他们对公司业务发展的理解，以至于他们会误认为遵循老一套很有必要。

作为一名高管工程师，你必须坚持自己的想法，避免在无意义的工作上浪费大量人力物力。招聘期间，如果你被反复告知是来解决难题的，是新雇用的“救星”，那你一定面临着惊人的挑战。要相信自己的直觉！只要在做

出改变之前花点时间去了解现状，付出就总会有回报。

我最近和一个人进行了一次交流，他认为新任高管即使明知这些努力可能付之东流，也会故意推动重大变革。因为变革会使团队越来越依赖新领导，确保事情运作都顺利归功于新领导，而非其团队。如果这也是你的领导方式，请认识到你的可怕之处。你应该在自己身上下功夫，直至意识到对你而言重要的是整个公司的成功，而不是让自己不可或缺。

优先处理生死攸关的问题

探讨完“吃零食”、“爱打扮”和“追幽灵”以后，你可以换个角度思考你应该做什么工作。做有意义的工作的第一步，是调查目标公司是否面临生存危机。一家公司永远在淘汰赛中运营，在未来的成功和生存之间进行权衡，直到这个未来成为现在。如果你即将输掉其中的一个回合，那么最好集中精力。

以我在美国 Digg 公司[①]的经历为例，资金耗尽是这家公司最显而易见的问题。但不是所有公司的问题都出现在财务上，比如 Twitter 公司目前的问题是其稳定性面临的挑战。

如果公司发生紧急事件，你应该投身其中，直到事情得以解决。在这期间，其他的任何事情都不重要。

在重要且有发挥空间的事情上发力

最值得增加工作投入的地方通常不是现有的问题，但当你处境困难时，应该优先考虑的不是效率问题。你应该集中精力解决现有问题，但如果现有

① Digg 公司是一家做科技类新闻聚合的公司。——编者注

问题还没有那么严重，那么你应该考虑是否值得在这些其他同事也关注的问题上继续下功夫。

员工常常对领导要求的任务趋之若鹜，但由于有很多人想在这些事上发挥影响力，那么个人想要产生大的影响就很难。相反，最有效的工作着力点是那些对公司很重要且仍然有足够的工作空间的事情。你应该确定哪些事会变得至关重要，你可以提前完成这些工作；哪些方面做得还行，在你的助力下可以变得更好。

有时，你会发现一些工作值得关注，而公司却没有关注，这通常是因为领导层不重视这类工作。在一些公司，这类工作可能是开发类工作；在另一些公司，它们可能是那些融入性工作；在更多的公司，它们可能是那些“黏合剂”工作。

这类没有人关注的工作通常有很大的发挥空间，所以如果你去做这类工作，就能快速取得初步进展，这听起来是一个绝佳的投资机会！不过，有时候你会发现开展这类工作大多需要公司的支持，却很难实现，因为它们通常都是被公司忽略的工作。你早期的成果会慢慢变得无关紧要，一开始的影响力也会被“时间之沙”湮没。

这是否意味着你不应该做这类“黏合剂”工作呢？答案是否定的。有时候，公司不关注的领域是如此重要，你迫切地想让它得到关注。教会一家公司重视它不关心的东西难如登天，几乎不可能成功，所以你应该尽可能少做这类事情，但有时又不能少做。作为一名高管，你不仅有将公司影响力最大化的义务，更重要的是要认识到公司面临的问题，并为解决此问题做出努力。

团队建设与招聘新人同等重要

有一个方面经常性投入不足，同时又有很大发挥空间，还有很高回报率，那就是建设你的团队。通常会有大量的人参加招聘工作，但这类工作的重点往往集中在优化招聘渠道方面，许多公司都会忽略新人的入职培训、指导和辅导，其实它们与招聘对公司的影响一样大。

如果你每周投入几小时建设你的团队，那么即使你的技术说明书和项目推动请求都被遗忘，你的团队也会是你的坚强后盾。

用微小投入换取巨大回报

很多项目离成功只有一步之遥：一个快速的更改能打开新的机遇之窗，一次会谈就能达成一个共识。我认为这些微小的改变就是建设团队的方法。

凭借在团队中的权威、在整个公司的人脉，以及从经历中获得的明察秋毫的能力，你往往能使用最少的投入改变项目结果，这也是你能做的最有价值的工作之一。

这些工作非常有价值，因为它快速、简单，对你和你帮助的人都有很好的激励作用，做得好就会产生巨大的影响力。但如果做得不好，也会打击人的积极性，所以你的方法很重要！

任务拆解，缩短工期的有力推手

一种特殊的做出改变的方法是协助推进一个已经无法推进下去的项目，并将它完成。通常情况下，这些项目在早期已经有一位有才干的工程师在负责，但他可能没有弄清楚如何才能将整个项目重新划分为可完成的具体工作。主管工程师的工作是指导队友将项目划分为可完成的具体工作，并利用权威处理好分歧，这样可以将 6 个月的工期压缩至两周，而且得到的效果几乎相同，这种现象很常见。

项目只有在完成的时候才能带来价值。项目完成的那一刻是一个神奇的时刻，它将风险转变为价值，你在这项工作上的付出也将变得有意义。

做那些非你不可的工作

还有一类有意义的工作是只有你才能完成的工作。有些工作你肯定比别人干得更好更快，但更重要的是推进那些你不做就无法推进的工作。

这类工作应该既是你特别擅长的，也是你特别关心的。它可能是制定让公司员工遵循的技术战略，也可能是说服一位理想候选人加入；可能是改变公司首席执行官对你偿还技术债务方式的看法，也可能是打造一个有辨识度的 API。

不管怎么样，这类只有你能做的工作是你从事的最有意义的工作。随着职业的不断发展，这类工作的范畴会变得越来越窄，但层次会越来越深。

专业知识，你职业生职中唯一的本钱

假设你在工作 20 年后面试一个新职位，面试你的人是否知道你对之前的项目或公司的真正影响？我认为他们不知道。因此，你会惊讶地发现对方会用一系列主观标准评价你，比如你积累的声望、你之前的头衔、你曾就职的公司、他人对你的评价，以及你在面试过程中的表现。

你无法逃避这些主观的评判，但可以通过做有价值的工作来有意识地积累专业知识。实际上，这也是你职业生涯中唯一的本钱：**专注于有意义的工作，做能使你成长的项目，并去重视经验的公司工作。**

5 合 1，轻松编写工程战略和工程愿景

> 我觉得编写工程战略很难，因为好的战略很乏味，写起来也很枯燥。另外，当人们听到“战略”时，就会想到“创新”。
>
> ——卡米尔 · 福尼尔

很多公司都不了解他们的工程战略和愿景。这种不确定性导致业界认为这类文档很难编写。有时，一谈到它们，就像在谈论一些神秘的事情，其实它们只是普通的文档。事实上，好的工程战略很乏味，而且编写有效的工程战略比编写糟糕的工程战略更加容易。

要编写工程战略，需要编写 5 个设计文档，并找出其中的相似之处，这样你就完成了你的工程战略。要编写工程愿景，需要编写 5 个工程战略，并预测其在未来两年内的影响，这样你就完成了你的工程愿景。

如果你实在忍不住想要在该过程中加入自己的奇思妙想，你可以在准备工作阶段来做这件事：把所有想法写在一个文档里，然后将其删除，再也不要提及。现在这些想法已经从你的脑海中消失了，你的头脑也清醒了，可以继续进行下一步工作了。

持久而有效的工程战略和愿景源自主动的、自下而上的组织学习。因此，所有学习都有助于实现组织的工程战略和愿景，你的贡献可以很具体——即使你没有直接负责这项工作，你也可以从现在开始采取切实可行的步骤，推进组织的工程战略和愿景。

明确编写时间和编写目的

在深入探讨如何创建有效的工程战略和愿景之前，我们首先要问自己："我创建工程战略和愿景的时间和目的是什么？"工程战略是主动协调的工具，它能使团队快速、自信地行动。工程战略让每个人而不仅是少数当权者能够迅速、自信地做出决策，否则他们可能需要花上一周时间进行讨论。工程战略也是框架，它能尽可能地避免出现未知情况，让你写出的工程愿景更加贴合实际。当你把同样的问题讨论了三四遍的时候，就是你该拟定工程战略的时候了。当未来太模糊而无法确定是否值得投资时，是时候写下另一个工程愿景了。如果这些问题听起来都不熟悉，你可以先去处理其他工作，稍后再回来。

编写设计文档的 4 个要点

设计文档描述了你在特定项目中所做的决策和权衡。你的公司可能会称之为征求意见稿或技术规范或其他名字。一个好的设计文档将描述一个具体的问题，研究可能的解决方案，并会详细解释所选方法。有许多现成的格式可供选择，例如设计文档（Design Docs）、Markdown 和 Git、谷歌设计文档，以及"远程文化中的技术决策和协调"（Technical Decision-Making and Alignment in a Remote Culture）。

一个项目是否需要设计文档取决于个人，但我发现有几条规则很有用，我们应该为下列项目编写设计文档：功能值得未来许多项目借鉴的项目，对用户有深远影响的项目，工程时间超过一个月的项目。5 个设计文档是编写有效工程战略的理想材料，因为设计文档具有工程战略可能缺乏的内容：基于现实的、详细的细节。同一团队中的两位工程师很容易以不同的方式解释相同的工程战略，但是在实施具体的解决方案时，要保持自己的风格则要难得多。

以下是对编写设计文档的四点建议：

- **从问题入手。**问题陈述越清晰，解决方案就越明确。如果解决方案不明确，就用更多时间去阐明问题。如果你在阐述问题时遇到困难，可以向 5 个人陈述你的想法，询问他们还缺少什么，从新的视角更能发现新的问题。

- **模板要简单。**大多数公司都有设计文档模板，这是一个很好的模式。然而，为了满足各类需求，这些模板往往经过扩展。过于复杂的模板会阻碍我们编写设计文档，最好一开始就选择最小的设计文档模板，这样可以让编辑者选择最有用的部分，从而只需要针对风险最高的项目来展示详尽的细节。

- **集思广益，但独自编写。**一个人不太可能拥有编写最佳设计文档所需的全部相关背景知识。因此在深入该过程之前，我们还需要收集拥有相关背景知识的人员的意见，特别是那些将依赖最终设计文档的人。然而，对这一协作过程应持怀疑态度——大多数人更擅长编写，而不是编辑。这意味着，将一个文档编辑成条理清晰的文章通常比确定一位负责人来编写文档更难。集思广益，但独自编写。在与他人一起审阅之前，不要轻信你编写的文档。

- **宁要“好”的，不要“完美”的。**编写一个“好”的设计文档，并按时交付，这比设计文档“完美”但交付时间延期要好很多。在给别人的设计提供反馈时，尤其要牢记这一点。我们也很容易掉进这样的陷阱，即希望他人的设计和我们自己的设计一样好。特别是当级别越高、资历越深时，你可能希望每一个设计都达到自己最好作品的标准。这样做很糟糕，你应该专注于使设计更优秀，而不是将自己的最佳作品作为衡量标准。

编写一个好的设计文档需要不断练习。如果你想改进设计文档，我的忠告是在项目完成之后重新阅读它们，并研究计划与实际结果的偏差——想想为什么会出现这些偏差。当然，还要继续编写更多设计文档。

编写工程战略的 4 点建议

写完 5 个设计文档后，你应该坐下来，将它们再完整地读一遍。找出有争议的部分，特别是那些难以达成一致的决策。例如，我最近一直在纠结是应该将 Redis（Remote Dictionary Server，远程字典服务）作为永久存储还是缓存。与其从零开始评审每个设计文档，还不如回想一下最近关于使用 Redis 的决策，想一想我们是如何做出这些决策，并将其作为工程战略记录下来的。这样岂不是更容易？

好的工程战略能够指导我们做出决策，并解释这样做的理由。糟糕的工程战略只会陈述一项决策，但不解释这样做的理由，这将使它们脱离制定决策的环境。没有背景、环境，你的工程战略会变得难以理解——为什么会有这些决定？这些战略也很难适应不断变化的环境。想要撰写你自己的工程战略，可以阅读《一种可靠的创新框架》（*A Framework for Responsible Innovation*）、《Slack 软件带来的技术变革有多大？》（*How Big Technical Changes Happen at Slack?*）等有趣的战略文章。

如果你读过《好战略，坏战略》（*Good Strategy, Bad Strategy*）这本书，那么你对战略的看法会彻底改变，你会注意到战略的定义是“诊断”和“指导方针”，并将“连贯性行动”推迟至编写设计文档时。

下面是我个人关于编写工程战略的建议：

- **建议 1：千里之行，始于足下。**当你从事工程战略设计工作时，很容易被工作中所固有的模糊性麻痹，因此你必须静下心来开始编写。等待缺失信息补全并不可行，每一份缺失文档都有其缺失的原因。不论你写什么，都会对其进行修改。如果你写得特别糟糕，你会很快意识到这些内容需要修改。现在永远是开始修改的最佳时机。

- **建议 2：增加细节说明。**开始归纳并完成编写之后再给工程战略增加细节说明。如果你不能写得特别具体，那就等编写更多的设计文档后再写。细节说明能创造一致性，而泛泛的说明会产生一致的假象。
- **建议 3：有观点，有主见。**有观点的战略才是好战略。如果没有观点，就无法为决策提供任何明确的信息。但是，只有观点还不够，你仍需要展示你的作品。
- **建议 4：展示作品。**过去，在数学课上，你想要得满分就必须交作业。现在，你也必须给出支持这些观点的依据。展示作品可以为你编写设计文档的第一个版本建立信心。更重要的是，通过展示作品，你可以帮助其他人根据外部环境的变化对你的观点进行调整和延伸。

有时，你可能会觉得某些工程战略太简单，因此不愿意去写。“我们什么时候开始写设计文档？”这是一个值得写的工程战略。“我们在哪些用例中使用哪些数据库？”这也是一个值得写的工程战略。“我们应该如何从单一业务向多种业务迁移？”这还是一个值得写的工程战略。当我们放弃“通过工程战略显示自己的才华”的想法后，就可以写更多东西了，也可以更加随心所欲地写。如果这些工程战略最后没被采纳，你随时能删除它们。

确定工程愿景的 5 个原则

你收集的工程战略越多，就会越来越难理解各种战略是如何相互作用的。也许你的一个工程战略是运行更少的软件，更多地依赖云解决方案，但另一个工程战略是尽可能地将复杂业务转移到数据库。如果你发现了一个可以用于转移大量复杂业务的数据库，但你的云计算供应商不提供这种数据库，那么又该如何调整这些工程战略呢？

拿出你最近编写的 5 个工程战略，推断这些战略在调整后，将如何在未来 2 ～ 3 年内发挥作用。当你把这些冲突、矛盾处理好，并将这些线索串在一起时，你就已经成功编写了一个工程愿景。该愿景的最终版本会让你对未来产生如塔尼娅 · 莱利所说的"坚定的信念"，也让你更容易了解现有工程战略之间的关系，并能够轻松地编写经得起时间考验的新工程战略。

一个有用的工程愿景应注意以下 5 条原则：

- **原则 1：周期应为 2 ～ 3 年。**如今，公司、机构、技术的变更非常迅速，考虑太长远的未来会很危险，但如果编写愿景的时长只有 6 个月也行不通。在 6 个月里，你真正能写出多少战略？试着把周期放宽至 2 ～ 3 年。如果你的公司相当成熟，那就还可以把周期再拉长一点。
- **原则 2：立足于用户和业务。**高效的愿景应该立足于用户和业务。这种紧密联系使领导团队的核心价值——用户和业务保持高度一致。糟糕的愿景将技术的复杂性和先进性作为自我辩护的理由，这种观念永远不会被公司领导层认可。
- **原则 3：乐观但不要冒进。**愿景应宏大，但你也不要冒进。愿景应具有可行性，要能实现。要列出如果每项工程都能按期完成且无重大挫折时你能做什么，不要写那些需要耗费大量资源才能做到的事情。
- **原则 4：尽量详尽具体。**越具体的愿景越有用，笼统的表述很容易得到认同，但无法协调可能产生的冲突，因此愿景要尽可能详细一些。愿景中的细节往往是说明性的，而不是陈述性的。愿景应能让人们感受到未来可期，而不只是一些约束性的承诺。

- **原则 5：文档长度应为 1 ～ 2 页。** 事实上，大部分人都没有耐心阅读冗长的文档。如果你写的东西有五六页，读者可能只会阅读部分，或快速浏览大概内容，而忽略具体内容。因此一定要精简文档，并通过链接引用其他文档，以满足那些想阅读完整内容的人的需求。

工程愿景完成后，通常会先在整个工程组织中广泛分享。每个工程愿景的背后都有许多工作——每个工程战略有 5 个设计文档，而每个工程愿景有 5 个工程战略，因此当你完成工程愿景的编写后很容易感到兴奋。你是如此兴奋，以至于工程战略几乎没有得到任何反馈时，也更容易感到气馁。工程战略反响平平的原因一般有以下两点：首先，工程愿景的核心受众是写工程战略的人，相对而言，这个群体较小；其次，优秀的工程愿景通常都是显而易见的，它更容易让人感到厌烦而非兴奋。

不要用最初的兴奋感衡量工程愿景，而应通过阅读两年前和上周的设计文档来衡量它。如果发现这两者之间有明显的提高和改进，那么你的愿景就是好的愿景。

技术质量低下并不是危机，提升技术质量是一项长期博弈

有些工程战略的目标很明确，可以解决实际问题，但起草工程战略的团队缺乏经验或背景，无法编写出好的方案来抓住机会。当我能够帮助完善这样的工程战略时，我

感觉自己非常有影响力。在这种情况下，结构良好的计划可以大幅缩小工作范围，并获得最高的价值，从而更快地展示出成果。

——德米特里·彼得拉什科（Dmitry Petrashko）

如果有一件事是工程师、工程经理和技术主管可能会达成一致的，那一定是存在技术质量危机。造成技术质量危机的原因以及解决对策很容易确定：我们的工程师没有把质量放在首位，需要聘请更好的工程师或重新培训现有的工程师。当然，如果你想，也可以把“工程师”换成“产品经理”或“高管”。这种说法令人信服，但缺点也很明显：它巧妙地转移了工程领导的责任。就像大多数把责任推给权力最小的人的情况一样，这种做法无功而且有过。

技术质量低下是由决策失误导致的。当认可了这一观点后，你就开始追责，公司里的某些人一定是罪魁祸首。是以前的首席执行官的错吗？是那个带着紧张笑容看着你的主管工程师的错吗？是其他人的错吗？如果不是这些人的错，难道是你的错吗？

在大多数情况下，**技术质量低下并不是危机，它是正常的、预料之中的状态。**工程师们一般都会做出合理的质量决策，成功的公司在规模扩大、业务不断发展或企业用户转向高端市场时，会随之提高相应的质量标准。如果你身处一个蒸蒸日上、欣欣向荣的公司中，那么之前的大多数技术决策肯定都达不到当前的质量标准。

缩小当前技术质量与目标技术质量之间的差距不是失败，而是一个高效的工程领导日常工作中不可或缺的一部分。

针对存在的问题，选择最便宜、最直接的工具

作为团队领导，你的目标是使团队保持适当的技术质量水平，同时将更多精力投入核心业务，在多个需求有冲突时进行平衡。例如，你要在下周完成重要的合作项目，还要在下一季度建立一个支持以 10 倍于当前的速度启动的平台，而这两项工作大相径庭。

随着时间的推移，公司的技术质量标准会改变，你管理技术质量的方法也会同步改进：

- 修复造成直接问题的“热点问题”。
- 采用已知的、可提高质量的“最佳方案”。
- 当软件变化时，优先考虑保证质量的“杠杆点”。
- 当组织更改软件时，调整相应的“技术向量”（technical vector）。
- 评估技术质量以指导下一步的投资。
- 为质量创建系统和工具构建一个专门的技术质量团队。
- 启动质量计划以建立、跟踪和衡量问责制度。

当我们研究这套方法时，记住要选择最便宜、最直接的工具。提升技术质量是一项长期的博弈，没有所谓的胜利，只有不断学习，抓住机会才能乘势而上。

从最轻量的解决方案入手，然后拾级而上

深入研究手头的难题，找到值得解决的普遍性问题，这会让人感到快

乐。然而，迅速解决当前问题，并着手解决下一个刻不容缓的问题也同样重要。

当你着手提升团队和组织的工作质量时，最有效的做法通常是从最轻量的解决方案开始。只有轻量化的解决方案没有效果时，你才应该寻找规模更大的解决方案。如果你不能让团队采用适当的静态分析方法，那么试图推出的全面质量计划就注定会失败。尽管全面质量计划在规模上也许更有效，但执行起来要困难得多。

所以，先做一些能快速完成的事！

这样即使不成功，你也能快速从失败中获得更多经验，然后更快地进行第二次迭代提升。随着时间的推移，你的方法会更全面。你无须急于求成，不要在没有恰当需求的情况下贸然调整公司的规模，这样会使组织失去早期的轻松、快乐和纯真。

这些不同的阶段很容易以线性阶梯的方式来呈现，但组织实际上几乎不怎么使用这种方式。你更有可能修复一个热点问题，推出一个最佳实践，开始运行架构审查，取消这个架构审查，然后再次回到热点问题中。不成熟的流程会导致更多冲突，而不会带来任何价值，而且它很快就会变得无效。因此如果某件事情没有起到应有的作用，那就试着让它起作用，如果不行，那就庆祝它的消亡吧。

优先处理热点问题

当我们跑代码遇到问题时，第一反应往往是找出程序中的错误，而这往往需要在流程上设计出解决方案。如果程序会产生错误，那么编写者往往没有正确地遵循代码测试流程，所以现在我们要求每次提交代码时都必须进行测试——这是给那些爱偷懒的研发人员制定的规则。

有一则关于《萨班斯－奥克斯利法案》（*Sarbanes-Oxley Act*）的老笑话：这个法案并没有减少风险，只是明确了在出现问题时应该向谁问责。这个笑话适用于许多组织推出的程序，一点也不好笑。问责制当然有用，但了解手头的问题并设法解决它比创建流程驱动的问责制更重要。

流程的推广需要我们改变工作方式，这实施起来很困难，你可不要轻易尝试。与其改进流程，不如改变性能工程师的心态，先评估手头的问题，确定问题的关键，然后努力克服它。

上述未经测试就部署的例子可能对部署工程师有帮助，能让他们改变测试习惯。另外，你最好承认你的软件设计也很容易出错，而你采用了《软件设计哲学》（*A Philosophy of Software Design*）中的“将错误定义为不存在”的方法来解决这一问题。

如果你的研发速度有问题，你可以优化测试运行时间，将原本在 Docker[①] 上进行的编译步骤转移到内存中进行，或者使用《软件设计 X 射线》（*Software Design X-Rays*）中介绍的技术，找到需要改进的具体文件。

系统思考是我职业生涯中最具变革性的思考技术。不过，有时它也会像警笛一样在你脑中长鸣，不断提醒你修复当前系统，这时你最好别理它。

当然，你可以推出一个新的培训项目，来教会团队如何写出更好的测试文件，你也大可以直接删除一个 98% 的测试都会失败的测试文件。这就是“优先处理热点问题”带来的令人惊讶的高效性，也是提高技术质量的首选方法。

有时，你可能会发现组织产生质量问题的速度比你修复热点问题的速度快得多，这时你就需要采取“最佳方案”。

① 一个开源的应用容器引擎。——编者注

最佳方案无须强制推行

我曾经就职于一家没有专门的团队去规划流程的公司，随着时间的推移，工程部主管因无法准确预测项目完成日期而越来越沮丧，后来他要求我们使用 Scrum[①]。在得到允许之后，一位经理写了一个 Scrum 流程，并发出公告说我们正在使用 Scrum，让其他团队成员也来使用 Scrum，项目后来如期顺利完成了。

当然，一开始没有人使用 Scrum，每个人都在做他们以前做过的事情。承认错误不容易，所以当工程部主管宣布采用 Scrum 是一个巨大的进步时，没有人表示反对。

这个故事折射了许多公司试图推出最佳方案时的处境，这也是最佳方案不受待见的原因之一。理论上讲，在解决质量热点问题之前采用最佳方案，组织会受益更多，但我建议组织在解决质量热点问题之后再采用最佳方案。因为采用最佳方案要求组织和领导层足够成熟，而这需要一些时间。

当你推出一项新方案时，请记住，**一个好的方案不是强制推行的，而是逐渐被大家接受的。**你可以先研究其他公司是如何采用类似方案的，然后写下你打算采用的方案，并在一些团队中试验该方案，改善不足的地方，并根据热点问题改进方案，然后再推出最终的方案。记住，欲速则不达。

不要同时发布多个方案。这一点同样重要，如果你想让团队同时采用多个新方案，你就是在和自己较劲。如果你想恢复或修改其中一个新方案，同时采用也会使你更难确定各个方案的影响力。这有点苛刻，但我认为你应该在特定时间内只推出一个最佳方案。你应该将全部精力投入一个成功的方案，而不要把资源集中在少数人手中。

---

① Scrum 是敏捷开发中最常用的框架，强调通过团队成员间的沟通快速解决问题，推进项目如期完成。——编者注

一次只采用一个新方案就需要你仔细考虑方案的先后顺序。选择下一个流程听起来很容易，但你往往不清楚哪个方案是最佳的，哪个方案是更为大众所熟知的。真正的最佳方案必须得到研究支持，而研究的主题来源于妮科尔·福斯格伦（Nicole Forsgren）等人所著的《加速》（*Accelerate*）一书。

《加速》中提到的所有建议都为数据驱动，这是相当不错的。我发现早期采用的最有用的几个建议为版本控制、主干开发、CI/CD① 和生产可观测性（包括系统开发人员随时待命的工作机制），以及在微小的变动中工作。我同时也提倡采用其他方案，但我不会再像以前那样相信自己的直觉。

当你被太多的热点问题压得喘不过气来时，可以试着从解决热点问题过渡到采用最佳方案。当你发现自己想在实施的最佳方案发挥作用之前采用另一个新方案时，可以试着从最佳方案转至杠杆点。与其提高最佳方案应用的极限，不如试试下一个工具。

善用杠杆点，通过小范围投入保障质量

在“优先处理热点问题”一节中，我们讨论了如何以性能工程师的心态来确定需要解决的问题。已知的问题可以通过相应的办法来解决，但未知的问题不行，性能工程师最大的问题是将过多的精力放在了未知的问题上。

当你观察软件如何随时间变化时，可以通过在一些需要的地方增加投入来保持质量，这样既可以防止软件总体质量下滑，又可以降低投入成本。

我将这些地方称为质量的杠杆点，最重要的 3 个杠杆点是接口、有状态系统和数据模型。

---

① CI 指持续集成（Continuous Integration）；CD 指持续交付（Continuous Delivery）或持续部署（Continuous Deployment）。——编者注

接口指的是系统之间的协议。有效的接口可以实现客户端与封装之间的解耦，而持久的接口则暴露了系统中所有潜在的复杂之处，但它不会反映偶然的复杂性。好的接口应该是非常敏锐的。

状态是系统中最难改变的一部分，这使得有状态系统成为一个关键的杠杆点。有状态系统比其他系统更复杂、更有惯性，而且后续的改进成本更高。如果项目有安全性、隐私性和合规性的要求，那么更改有状态系统将更具有挑战性。

数据模型是接口和状态的交集，因此要将有状态系统的功能限制在应用程序认为合理的范围内。一个好的数据模型是严密的：它只公开其真正支持的内容，并防止无效状态的表达。一个好的数据模型不易受时间的影响，而且一个有效的数据模型一点也不活跃。

当你需要在工作中确定这些杠杆点时，应该额外花一些时间，有意识地关注它们。如果杠杆点是接口，则应针对模拟场景将至少 6 个客户端进行集成；如果杠杆点是有状态系统，则应针对故障模式进行练习，检查系统的一致性，并建立起类似于生产场景的性能基准；如果杠杆点是数据模型，则应展现出至少 6 个真实场景。

将你所学的都写进技术规范文件，并在整个团队中就技术规范文件进行交流，也可以从同行那里收集反馈。即便是在项目开始实施之后，也要倾听现实的声音，并对变化保持一种开放的态度。

采用杠杆点这种方法还有一个好处，那就是你不需要协调整个组织来实现项目。如果要编写技术愿景或推出最佳方案，你需要那么做，这也是为什么我建议你从杠杆点入手。如果你已经耗尽了杠杆点的可用影响力，那么可能是时候采取行动让组织变得更加一致了。

6 种方法，让技术向量指向一个方向

高效的组织将大部分精力都集中在实现共同的愿景上。如果你在一张网格上把每一个技术决策都画成一个向量，那么这些向量越是指向同一个方向，随着时间的推移，你越有可能完成任务。一些与我共事过的工程师由于创建了影响重大但方向错误的技术向量，在试图领导组织的过程中反而让组织受到了损害。

一个可靠的协调技术向量方向的方案是，将所有决策权都交给同一个人，并给予他架构师的头衔。这种方法的效果很好，但执行起来很难。而且在这一过程中，随着架构师逐渐脱离写代码的工作，其决策质量也会下降。还有一种极端的办法，那就是你可以让每个团队独立做决策，但是一个允许各个团队单独进行决策的组织不是统一、协调的组织。

让技术向量的方向保持一致的基本方法如下：

- **方法 1：直接给予反馈。**当员工遇到一些计划外的情况时，他们的第一反应往往是改变流程。千万不要这样做！你应该直接给予他们反馈。正如他们没理解你的意思一样，你也没理解他们的意思，一次面对面的沟通通常可以省去很多不必要的流程。
- **方法 2：从技术规范到战略再到愿景，逐渐完善你的工程战略。**
- **方法 3：在设计工具和创建工作流程时善用方法。**具有清晰愿景的说明文档是很有帮助的，但有些人根本就无视文档。与工作流程和说明文档相比，经过深思熟虑、精心设计的工具和创建的工作流程能更好地培养工作习惯。例如，你公司提供的一项新服务需要访问网站，网站上可能需要添加一个服务技术规范的链接。如果该服务并不是“有人值守”的客服服务，那就不要添加这个链接。如果该

服务是“有人值守”的客服服务，那么在添加链接后还必须启用推送通知，以确保客户的需求及时得到响应。

- **方法 4：在新的团队成员入职后对他们进行培训。**一个习惯形成后是很难改变的，如果你试图让一个人改变并接受新做法，会遇到很多挫折。因此当新员工加入团队时，你就应该给他指明正确的方向，这样有利于新员工的目标与团队保持一致。

- **方法 5：使用“康威定律”。**康威定律（Conway's Law）认为，一个组织开发的软件反映了该组织的结构。如果你的组织结构不合理，写出来的软件就会出现紧耦合或混乱的情况。如果你的组织结构很合理，就能在很大程度上确保写出来的软件质量可靠。

- **方法 6：利用架构审查、投资策略和新工具的结构化流程来策划技术革新。**大多数不一致的情况产生的原因是对背景缺乏了解，而这便是将背景因素纳入决策杠杆点的原因所在。许多组织的工作都是从这里开始的，但我建议最后再考虑使用这一方法。因为如果没有明确的愿景，你又怎么能提供一致的架构审查呢？为什么要在员工已经完成了项目之后才告诉他们策略呢？为什么不在他们开始进行时就把策略告诉他们呢？

不管你用什么方法来让你的技术向量的方向保持一致，往往都需要几个月甚至几年的时间。并不存在当你写好愿景规划书后，组织就能马上如你所愿变得协调一致的情况。更有可能发生的情况是，在你开始行动之前，愿景规划书上已经积满了灰尘。

大多数公司都可以将上述方法（从热点问题修复到保持技术向量的方向一致）结合起来，形成成功的技术质量管理方法，希望你也能做到这一点。

但是光做到这些还不够，你还需要加大力度，而第一步通常是对技术质量进行评估。

质量定义越精确，评估越有效

在软件工程中，目前我们的质量评估状况已经落后于期望值了。《加速》一书确定了评估速度的指标，这些指标对于确定流程所处的位置和使用的工具的问题非常有效，但这些指标在代码合并后才可以使用。该如何评估代码库的质量、找出差距、提出行动计划，以及如何评估改进工作的影响呢？

有一些过程度量与所做的有效变更是相关的。例如，你可以计算一下每个合并请求中更改的文件数，较小的合并请求通常质量更高；你还可以计算代码库中每个文件的代码行数，非常大的文件通常很难扩展。这两种方法都非常有用，我建议对这两者都进行评估，但它们只能算是代码库质量的代理评估方法。

根据我的经验，有效评估代码库质量是有可能的，但这要依赖于对质量进行精确定义。对质量的定义越精确，对代码库质量的评估就越有效，而评估结果对那些希望提高自己工作质量的人来说就越有指导意义。《演进式架构》（*Building Evolutionary Architectures*）和《回收不合理的软件》（*Reclaim Unreasonable Software*）等书对这一方法进行了详细描述。

在对质量进行定义时，需要考虑以下这些典型的问题：

- 静态类型的代码占多大比例？
- 多少文件有相关的测试？
- 在代码库中，测试覆盖率是多少？

- 跨模块的公共接口有多窄?
- 使用首选 HTTP 库的文件占多大比例?
- 冷启动后，节点是否能在 500 毫秒内响应请求?
- 有多少函数具有危险的先写后读行为? 或者是否存在对主数据库实例进行不必要读取的情况?
- 有多少节点在单个事务中所有执行状态都会变异?
- 有多少函数获得低粒度锁?
- 有多少热门文件在超过一半的合并请求中被修改?

以上这些属性中应该有一些符合你对代码库质量的定义。你的定义应该是针对代码库和需求的，重要的是给出一个精确的、可测量的定义。给出的定义随着时间的推移会出现偏差，因此你有必要对其进行调整。

在完善了定义之后，检测就成为下一个非常具有挑战性的工作，而且检测是形成有用的评估指标的必要条件。检测的复杂性给这项技术的应用造成了很大的阻力，但如果你能坚持下来，就能解锁一些非常惊人的东西，那就是真实、动态的质量得分。你可以随着时间的推移对这个质量得分进行跟踪，还可以用这个质量得分在你的方法中创建清晰、明确的一致性标准，而概念上的一致性是无法做到这一点的。

在制定了标准并检测了产品质量之后，你下一步的工作就是决定是投资一个技术质量团队，还是投资一个质量保证程序。一个专门的技术质量团队很容易进行协调，在管理带宽上也便于进行预测，通常是一个不错的投资方向。

成功组建技术质量团队的 5 个要素

技术质量团队其实就是一个软件工程团队，它致力于确保代码库的质量。你可以将此团队称为“开发人员生产力”、“开发人员工具”或“产品基础架构”。在任何情况下，团队的目标都是要制定好质量标准，并确保整个软件的质量。

注意，技术质量团队并不是通常所说的质量保证团队。尽管这两个团队都在测试方面进行了投入，但技术质量团队的职责范围更广，包括工作流程构建、软件测试及界面设计。

当你着手组建这样一个团队时，可以先从人数固定的 3 ～ 6 人团队开始。拥有一个小团队，能使你随时随地优先考虑团队的影响力，并确保将重点放在可实现的目标上。随着时间的推移，这个团队需要维护的系统将越来越大，因此这个团队规模需要扩大。Jenkins[①] 集群就是一个常见的例子，你需要根据更广泛的工程组织来调整团队的规模。经验在这里不太管用，除了基础设施工程投资之外，每 15 名产品工程师中可能就有一名要负责开发人员工具方面的工作。

这些团队很少专门设置产品经理一职，一般是由一名或多名“主管 +”工程师和一名承担“主管 +”职责的工程经理合作完成这些工作的。团队有时可能会聘请一名技术项目经理，这通常发生在项目启动质量计划之后。

在组建和运营这一类团队时，有以下 5 个确保成功的基本要素：

- **要素 1：要更加相信指标而不是直觉。**你应该有对每一个项目进行

① 目前比较流行的一款功能强大的持续集成工具。——编者注

评估的方法。质量是一个复杂的体系，直觉会蒙蔽你的双眼。同样，随着你在公司的资历越来越深，你的经历将不再能反映大多数其他员工的经历。你已经知道其中的区别：当发现一个新的难题时，你会是第一个得到帮助的人，而其他大多数人都不会得到帮助。评估指标会让你保持诚实。

- **要素 2：让你的直觉时刻保持敏锐。**随着时间的推移，代码和流程会发生变化，而你的直觉会变得不再敏锐，因为你已经远离了构建产品功能的工作。大多数人发现团队的嵌入和工作轮换制度是使直觉保持敏锐的最佳方法，而团队中的其他人则负责监控工作中的问题，并制订与产品开发人员进行一对一讨论的计划。一个好的团队会同时做嵌入和轮换这两件事情，并让评估指标方便易用。

- **要素 3：倾听用户的需求并向用户学习。**说到品位，有些人的的确确知道什么样的东西是好东西。那些项目投资人的这种能力是否存在很大的差异？但你要知道，这种能力并不是与生俱来的。最优秀的投资人关注的往往是用户想要实现什么功能，他们会优先考虑如何满足用户的需求，而不是优先考虑实现需求时受到的限制。

  产品是否好用，比产品的功能是否强大更重要。产品的功能很强大，但使用起来有难度，那么只有少数高级用户会使用它，而大多数用户都不会选择这样的产品。放慢脚步，把这些细节弄清楚，将所有“偶然的复杂性”隐藏起来，在用户第一次使用你的产品时不要向他们提供使用帮助，看一看他们的使用效果如何。然后弥补差距，再做 10 遍！如果不对产品进行用户调研，那么你对技术质量团队的投资注定会失败。

- **要素 4：做得更少，但要做得更好。**你做得好的工作，会促进整个组织的发展；而你做得不好的工作，包括一些大体上还不错但有很多遗留问题的工作，会拖累组织的发展。做少数重要的工作比做许多平庸的工作的贡献更大，当你尝试向整个组织推广工具和工作流程（包括正在进行的组织流程）时，情况更是如此。

- **要素 5：不要滥用影响力。**在集中式的技术质量团队和他们所支持的其他团队之间存在着一种紧张的关系。通常情况下，技术质量团队更喜欢采用全局最优的方法，但这种方法对于处理不太常见的工作的团队造成了不好的影响。一个很有代表性的例子是，一家公司的技术质量团队用 JavaScript 编写了后台服务程序，那么团队成员就不会希望机器学习工程师使用 Python 编写程序，因为技术团队成员不想同时支持两个系统。另一个典型的例子是，一家公司规定所有 API 都使用 REST[①]/HTTP2/JSON，而某一个团队却希望使用 gRPC。这里并没有完美的选择，重要的是要确定一种经过深思熟虑的方法，它既有助于探索，又有助于系统的标准化。

由一个技术质量团队来做这些工作无疑会比让团队中的工程师单独做这些工作更有效率。实际上，“开发人员生产力折现”（discounted developer productivity）理论（参考“现金流折现法”[②]）正是评估此类团队影响力的正确方法。注意，这只是理论方法，因为这样的计算主要是对你的自信心的评估。

即便你再努力，也会积压大量重要的工作。你想完成这些工作，却没有足够的管理带宽来完成它们。组织不会做出纯粹理性化的资源配置决策，你可能会发现自己缺乏完成重要项目的管理带宽，而申请招募更多人加入自己团队的建议也不会得到批准。

---

① REST（Representational State Transfer）指表述性状态传递。——编者注

② “现金流折现法”是通过预测公司将来的现金流并按照一定的贴现率来计算公司现值，从而确定股票发行价格的方法。——编者注

如果你的团队要做的项目的难度超出了你的承受能力，这其实是一个好现象。如果你对要接受的项目不加选择，说明你的思维还不够广。实际上，如果有积压的工作，不一定需要扩大你的技术质量团队。如果你发现有一些关键的质量工作始终无法完成，那么也许是时候启动质量计划了。

实施质量计划的 7 个要点

质量计划与计算机代码截然不同，是由专业团队领导的一项计划，用来保持整个组织的技术质量。质量计划承担着实现组织内软件质量目标的职责。虽然这种情况并不常见，但你很可能已经遇到过类似的情况，那就是负责对公司意外事件提出回顾和补救的方案。

上文已经讨论过实施质量计划的技术组成部分，因此这里我们将重点放在如何有效管理质量计划上。第一步是要找到一位可以与你一起领导和管理质量计划机制的技术质量计划经理。虽然你也可以在没有他的情况下开展这项工作，但是如果你是在一个大型组织里独自推动一个质量计划，那你很快就会被巨大的工作量压垮。

如何在组织中实施质量计划是一个广泛的话题，已经有很多人对此进行了研究，核心有以下 7 点：

- **要点 1：确定质量计划的发起人。**如果没有一个有分量的发起人，你就无法改变组织的行为。组织有这样的行为，是因为这是目前问题的最佳解决方案，如果缺少有分量的人的支持，你就无法开展工作。
- **要点 2：形成可持续、可复制的指标。**实施质量计划的人员每周花上 4 个多小时手动维护数据集是很常见的，可是这往往并不管用。你的数据会有漏洞，无法在后续步骤中将数据自动化，而且你没有精力去实现真正的改变——这些机械的工作并没有内在的价值。

- **要点 3：为每个受影响的团队确定质量计划的目标，并为他们提供实现这些目标的明确方法。**质量计划必须有具体的目标。例如，在测试中减少不稳定性或更快地完成某项措施。记住，必须给出明确的方法。每一个团队都有这么多质量计划要参与，因此必须就这些团队如何完成自己的任务提供明确的指导。你作为质量计划负责人，一定要确保每一个团队都能明确地执行你的计划。

- **要点 4：构建工具，编写文档，以支持团队实现目标。**一旦你为团队确定了一条明确的实现质量计划目标的路径，就要想办法帮助他们沿着这条路径前进。例如提供事情本该是什么样子的“黄金示例”，或者将部分代码重构为新模式的拉取请求（pull request）①，或者提供一个测试脚本来验证迁移是否正常，抑或自动生成用于测试、验证和合并的转换代码而无须工程师自己编写。总之，你应该竭尽所能解决问题，以支持团队实现目标。

- **要点 5：创建目标“仪表盘”② 并广泛分享。**将你的质量计划的目标传达给每个团队时，应一并提供目标“仪表盘”来帮助他们了解当前状态和目标状态，并对他们有希望取得的进展提供强化反馈。好的“仪表盘”应该既能用作每个团队工作的记分卡，又能为每个团队指出下一步工作的重点。

你创建的“仪表盘”应支持三种不同的缩放级别：完全缩小的级别可以帮助你评估项目的影响；完全放大的级别有助于每个团队

① 拉取请求是一种机制，可以理解为请求他人将你的代码并合到他们的代码中的操作。——编者注

② 一种数据可视化设计，利用 Excel 等可视化工具将烦琐、复杂的数据以直观的方式展现出来，以帮助用户理解。——编者注

了解他们剩余的工作；这两个级别之间的第三个级别可以帮助团队领导对团队进行问责，并支持你的质量计划发起人提出的具体要求。

- **要点 6：向那些在进度上落后的人员发送程序化的提示。**大家都很忙，不会总是优先考虑你的质量计划目标。他们可能会在你要求改进的时候做得很好，但是过后又使用已经弃用的做法，回到先前的状态。要提示团队，将团队的注意力引向下一步要开展的工作，从而向你的质量计划目标迈进。请记住，注意力是一种稀缺资源！如果你总是发送提示邮件来浪费大家的时间，那么下一次他们就不会再注意你的消息了。

- **要点 7：定期与发起人一起检查质量计划的状态。**质量计划有时试图在一些事项上优先取得进展，而这些事项与团队的目标并不一致。许多团队试图牺牲局部的优先级来保障整体的优先级。在这一点上，有必要与发起人一起检查质量计划的整体进展，让发起人了解质量计划工作团队的动向——借助你的支持者来解决优先级不一致的问题，这对你能否取得成功至关重要。

很多时候，质量计划就是进行没完没了的迁移，因此那些应用于迁移的技术也同样适于质量计划。

如果以上所有的方法你都采用了，你将推动一个很棒的质量计划。这让人感觉需要做很多工作，事实也确实如此。但即便做了这么多工作，很多质量计划还是会失败。

质量计划失败的两个主要原因如下：

- **纯粹从流程角度考虑，脱离现实。**

- **纯粹从技术角度考虑，忽略了一些必要的步骤。**比如，没有清晰地描绘你的目标，以及没有倾听你想要激励的人的意见。

由此可见，要尝试同时从这两个角度考虑问题，不要只从一个角度考虑。

一个糟糕的质量计划很像是一个效率低下的非营利性组织，其目标是正确的，但无法实现。无论你决定如何评估技术质量，在实施质量计划时，始终要记住最重要的一点，那就是质量计划并不是目标，目标是要使技术质量达标。组织的质量计划规模庞大，动力强劲，以至于这些质量计划停止很长时间之后，在惯性作用下仍然会被推动。让你的质量计划保持足够精简，以便随时能够被取消。你应该保持自我批评的精神，如果质量计划已经无法再保障技术质量，则应将其取消。

从小事做起，缓慢但有效地改进技术质量

当你意识到实际的技术质量已经远远落后于目标时，你的第一反应往往是惊慌失措，然后马上推出大量的技术和解决方案。可是将所有“原料”一股脑儿都倒入“锅”中会不可避免地产生不好的效果。更糟的是，你甚至都不知道该保留哪些部分。

如果你发现自己在技术质量方面遇到了困难，别慌，其实大家都一样。我们经常会遇到困难，那么就从小事做起，不断重复，直到成功。你可以试着加入另一项技术，并对新技术进行迭代。即便承受前进的速度不够快的指责，也要慢慢地朝真正起作用的方向发展。当项目涉及复杂系统和相互依赖时，快速前进只是一种“视觉效果”。欲速则不达，只有有条不紊地行动才能完成任务。

与权威保持一致，而不是按自己的方式做事

> 就我担任的职务来说，我经常会连续几周在不同的办公室里办公，但我仍然必须像马修的直接代理人一样工作。当我走进一间办公室后，我会想："要是马修在这里会做什么？他会问什么问题？他在这个问题上会给出什么指导意见？"因为我不能总是跑去找他讨论，所以对他的观点有深刻的理解是至关重要的。要作为他的代表并有效执行他的战略和愿景，我必须让别人很信任我，这一点极为重要。人们需要相信，如果马修在的话，他给出的答案与我的答案将是一样的。
>
> ——里克·布恩

有一个常见的误解，那就是权威会让你变得很有权力。许多渴望担任更高职位的人认为，他们最终可以按照自己的方式做事。他们认为，有了这个头衔，办起事来就能更加灵活、更有自主性。他们相信，有了这个头衔，阻碍他们前进的阻力会如沙砾一样随风飘散。

现实情况则有点微妙。

头衔通常会带来一种被称为"组织权威性"的权力，而这种权力是由更大的组织权威性赋予的。别人赋予你的东西随时可以收回。**要想具有组织权威性，你必须与赋予你权力的人保持高度一致。**要想在"主管 +"以上级别的角色中保持高效，你必须学会与组织的权威保持一致的艺术。

成为“主管 +”，人们开始指望你

放弃公司会帮助你取得成功的那些想法吧！现在，你才是那些负责让公司、团队和你的经理取得成功的人之一。

大多数成熟的科技公司都有明确的晋升渠道，从新入职人员到主管工程师的标准都很明确。升职为主管工程师是一个复杂的过程，通常需要在工程经理的支持下进行。在整个过程中，工程经理会指导你的发展，并为你的持续成功提供保障。当你成为一名主管工程师后，这一保障将不复存在，此时你也完全有能力独自面对困难。当你进一步担任高级主管工程师的职位后，这一点会变得越来越真实。

“主管 +”的角色是领导角色，当你达到这一职位后，别的支撑系统将逐渐消失。这往往很突然，现在大家都期望你“把周围的积木搭起来”，以帮助团队取得成功。

与领导保持一致并学会向上管理

当里克·布恩讲述自己担任优步公司的基础设施副总裁战略顾问的经历时，他将自己的角色比作《权力的游戏》中国王的“黄金之手”，以及《白宫风云》中的幕僚长里奥，里奥的口头禅是“我听从总统的安排”。这两个角色的权威来自与更大的权威之间的紧密联系，这是在“主管 +”以上级别的职位中工作的一个很好的模型。从以前的职位转变到现在的职位可能比较难，因为以前的职位的权威主要是通过个人行动和长期影响积累起来的。

如果你已经和领导合作了很多年，那么在这段时间里，你已经进行了微妙的、潜移默化的调整。还有一种可能是，一位熟悉情况的新高管将加入公司，并带来一份他希望如何合作的企划。然而，以上两种情况很大程度上都不在你的控制范围内，因此有一套自己的方法并与你的领导保持一致是很有必要的。

为了与你的领导保持一致，你需要关注以下几个方面：

- **永远不要让领导感到吃惊。**没有什么比让你的领导大吃一惊更能破坏信任的了。管理一个大型组织通常需要你的大脑同时处理多个项目和问题，而意外的发生会威胁到处理节奏。发生重大意外或频繁发生小的意外也会让人怀疑领导者是否真的对自己的组织负起了责任。总之，你应该把你每次带给领导的惊讶当作一个教训，并努力避免重蹈覆辙。

- **不要对你的领导的所作所为感到惊讶。**大多数人对领导抱有极高的期望，例如，希望领导始终记得传达与当前工作相关的信息。领导们都试图做到这一点，只不过有一些领导比较擅长这方面，而另一些领导却并不擅长。如果你的领导在这方面做得不好，你当然可以向他反馈，同时也应该采取积极的行动来促进信息的交流。例如，每周发一封电子邮件，或者每周在团队中发一条 Slack[①] 通知，分享你这一周的工作重点。你也可以在一对一的会议过程中获取反馈信息，问一问领导你是否有其他需要关注的方面、你目前正在处理的优先事项与领导的优先事项是否一致。如果你们做的事经常令对方感到惊讶，那么你就需要明确地采取一些控制措施，以确保能够与你的领导更好地协作。

- **为领导提供背景信息。**除了应该避免让你的领导感到吃惊外，还应该确保你的领导随时掌握你的工作内容和进度。如果团队对一项新

---

① Slack 是 Slack 公司开发的一款基于云端运算的即时通信软件。——编者注

政策感到失望，或者你的工具无法满足工作需求，请主动向你的领导汇报这些情况。要清楚，你并没有给领导带来麻烦，而是在向他传达你认为有用的信息。意见是有用的，如果你有数据的话，数据将更有用。

有时，你会听到有人贬低其他同事，说他们擅长“溜须拍马”。每一个团队中都会存在对“向上管理”进行破坏的人，他们控制信息来隐藏问题或歪曲事实。为了避免发生这种情况，你得增加管理带宽，减少你与领导之间的摩擦。与你的领导建立起经得起考验的伙伴关系，这比在他们达不到你的期望时才表现出失望要好得多。

与领导的愿景相融合，将影响最大化

作为领导，你必须在“事情应该如何运作”方面形成自己的观点。没有这样的观点，你就无法达到“主管 +”以上的级别。对于事情应该如何运作有一个清晰的认识，可以提高你的判断力，让你能够积极主动地采取行动。当到达下一阶段时，你越来越需要将自己的愿景与上级领导的愿景相融合。

解决这一问题的首要方法可能是把你自己的愿景换成上级领导的愿景。这种方法对有些人管用，但是对其他人来说，意味着他们要远离促进他们成功的、具有强大判断力的、积极主动的领导者视角。**你要提升自己，认识到你的价值观与组织运作所依据的价值观之间的差异，并在两者之间找到一种妥协的方法，从而不会被踢出局。**

人的变化是如此之快，组织又是由人组成的。如果你所采用的方法经过深思熟虑，那么随着时间的推移，你将能大大影响组织的领导者，但你只有在整个过程中学会每一步都与领导保持紧密的一致性，才能实现这一点。

要想领导，必先追随

> 这要求你采用全局思维，并在本地应用。你需要把团队的技术计划或方案与工程范围的技术策略协调一致。当为了满足团队的直接利益相关者的需求而偏离原计划的路径时，你要保持清醒的意识。这意味着你需要与团队经理们协作，在招聘、入职和生产运营方面采用其他团队的成功做法，要将你的团队总结的可能对其他团队有益的经验分享给对方。这意味着你需要从公司范围的商业和产品策略中获取背景信息，并分析这些信息会如何影响你团队当前的项目。
>
> ——拉斯·卡萨·威廉姆斯

几年前，我所在的公司聘请了一位新的工程总监，首席技术官认为这位新的工程总监特别好。那么这位新总监的关键成就是什么？这个答案是有史以来对领导方式和管理者加以区别的最好解释。事实证明，这不是一个特别有效的评估招聘效果的方法，但这是一个有趣的话题。

管理者和领导方式都非常难以定义，它们很难被赋予确切的含义。粗略来说，管理者是一种特定的职业，而领导方式是一种在任何领域都可以论证的方法。

我对领导方式的看法在过去几年里发生了一些变化，这主要集中在两个特质上：首先，领导者应该对事情如何运作有一个足够准确的看法，这样他们可以根据现状和理想状态之间的差距来制订积极的行动计划；其次，他们应该非常在意这种差距，能够开展行动来缩小差距。

如果只看到差距而不努力缩小差距，你可能是一位有远见但懒惰的人。如果你在没有明确目标的情况下采取行动，别人会认为你确实是一位领导者，但你的影响将很有限。**有了目标和计划，再加上一些运气，能让你的职业生涯走得更远。**这些特征在那些与我共事过的成功晋升到“主管 +”职位的工程师和高级管理人员的身上很常见。

但是，只做到以上这些，你还是无法走得更长远。就个人而言，我花了很长时间才弄明白，为何我的领导方式帮助我在刚加入一家公司之初就取得了很大的成功，但是随着时间的推移，我的贡献被逐渐侵蚀。我慢慢认识到，**只有先学会做一位追随者，才能成为一位高效的领导者。**

我认为这是我在过去几年里学到的非常重要的一点——一位高效的领导者会花更多的时间追随别人而非领导别人。这一看法也出现在“第一位追随者创造了领导者”的观点中。不过，一位高效的领导者不会单纯地将世界上的人划分为领导者和追随者，而会与周围的人在领导者和追随者的角色间切换。

以上方法可以通过以下三点付诸实践：

- **要清楚自己真正优先考虑的事情是什么，不要把自己的注意力分散在所有的事情上。**如果有些事情不太合你的意，但那些只是小事，就让别人去解决它们。这里有一个很有用的标准——我现在所做的事情在 6 个月以后对我还重要吗？如果不重要，那就将它交给别人，抓住机会去做更重要的事。
- **支持其他领导者的工作。**即使你不认同他们最初的方法，但事实证明，一些值得信赖的项目领导者总会让项目有好的结果。如果一些可信赖的人在领导项目，可你还是不放心让他们向前推进，那么你应该考虑你为何对他们缺乏信心，以及你是不是不太善于给予反馈。

- **明确你的反馈能被他人收到。**你可以在审查代码时使用 nit 来标记审查评论，告诉他人这些评论属于无关紧要的类别，当然你也可以编写详细的反馈。你可以将自己的观点与他人分享，但并不一定要强迫他人改变想法。

如果你对此感到困扰，我很理解，因为我也经历过这一过程。当你有足够强大的世界观时，就会吸引一些人，他们信赖你，任何偏离你的目标的行为都会让他们失望。这能帮你达到某种程度的成功，却阻碍了你的进步：要获得持续的成长，你需要学习将你的世界观融入周围的人的世界观，从而使周围的人取得整体的进步，即使这意味着你不得不走一些弯路也在所不惜。

你一个人能完成的工作远远比不上通过培养领导者所能完成的工作。想要成为一个好的领导，就需要花费时间学习如何跟随。

凡事无绝对，技术亦如此

> 我通常会提出自认为对公司最有利的方案，但大家可能会不认可我的方案。你知道的，他们经常这样。我做事的方式不是靠说一句“我有权告诉你该怎么做”这么简单，我也从来没见过那种风格会奏效。
>
> ——基薇·麦克明

大多数人都和自认为永不会出错的人共事过。在每次讨论中，他们都咄咄逼人，以自己的方式摆出决策者的姿态。他们会持续辩论，直到他们的观点占上风或时间耗尽为止。他们通常是正确的，但这种方式会让人感到压抑。随着他们在公司任职时间的增加，他们可能会认为自己很有说服力，但这往往是以同事的妥协为代价的。

与我共事的技术领导找到了一种方法，能够在不做主导的情况下永不出错，并且能够为他人创造空间。对我来说，富兰克林·胡（Franklin Hu）就是使用这种方法的典型代表。我曾见过他致力于为每个人找到最好的结果，从而真正化解了争端。当一个人愿意放弃他最初的立场和默认的假设，就总会有办法将看似冲突的观点整合为统一的观点。

要想成为高级技术领导，就必须对技术和架构有深入的了解。而要想有这样深入的了解，对于技术，你就必须同时持实用主义和不可知论的态度，以时刻保持自省。我知道这听起来有点矛盾，但这是你的必经之路。

有效达成共识的三种方法：倾听问题、明确目的，并学会察言观色

很多时候，你会发现工程师在讨论中坚称自己的观点是正确的，并以迫使其他人认同自己为目标，这种心态将每次会议都变成了一场零和辩论。即使是在最好的情况下，他们的方法得到了大家的认可，他们也没有从其他与会者那里学到东西，而且也不可能在会议结束时感到振奋。

高效的工程师参加会议的目的是就手头的问题达成一致。他们会去了解与会者的需求和观点，并确定需要怎样做才能与其他人达成一致。他们把每次会议都看作是在更广泛的项目背景下去了解项目，以及他们与在场的各位拉近关系的契机。如果会议室里的人都同意某一个方案，他们就会让团队采用这个方案。如果会议室里的人没有达成一致，他们也不会强求。

要想做好这一点，你需要掌握三种方法：倾听问题、明确目的，并学会察言观色。

倾听问题是一种积极的方式，其目的是了解与会者的观点。善意地提出好问题是一种抛砖引玉的方式，为其他人提出自己的问题创造了空间。好问题是出于学习的热忱而提出的，它们往往是具体的。它们使对话更加明确，使回答者放弃捍卫自己的立场。在一个可能有争议的会议中，你在分享观点之前可以先提出 3 个好问题，这样你会发现会上的人都“围着你转”。

一场好的会议始于明确的目的和议程，但许多会议并不具备这些条件，尤其是临时讨论。如果你在谈话中发现自己的目的不明确，那就先明确目的。花点时间问问你自己是否理解会议希望达成的目标，这个目标最好是用一个澄清性的问题来提出，大概就像“我们开会的目的是看看能否将项目推迟两周启动”。

注意，如果频繁定义会议目的，可能会适得其反。这样做非但没有帮助，反而会导致会议无法开展。在大多数情况下，如果别人已经做了尝试，那你就尽量避免再做同样的事情。要知道，多次重新定义目的的会议几乎总是以安排另一次会议结束。

另外，在每次会议中，你必须学会察言观色。很多时候，人们对谈话感到沮丧，并试图勉强达成一致，这给讨论带来了很大的压力，不太可能有好的结果。如果与会者的意见大相径庭，那就组建一个在会后能够花更多时间一起探讨的小组，或者在一次会议室之外的聚会上再来讨论这些问题。请记住，**如果抽屉里装满了东西，就不要再使劲把它关上。**

抓住每一个机会实践

如果要做到以上这些对你来说还有点困难，那也没关系，练习的机会就在身边——对文件的每一次评论都是一次机会，每次会议都是一次机会，每次拉取请求都是一次机会。

每周开始时，你可以从以上这些方法中挑选一个，并在参与的会议中明确使用。如果你要参加一个特别麻烦的会议，那就花一些时间在脑海中或与同伴一起练习如何使用这些方法，以便在挑战中取得进展。

如何应对固执的人

上述方法在大多数时候都很有效，但并非总是如此。当你面对一个固执的人时，这些方法可能就不起作用了。这里的“固执的人”是指那些在小组中总是说“不”、不愿意妥协或者不听取别人意见的人，这种人还没有认识到他们的职业生涯发展的好坏其实更多取决于自己是否容易相处，而不是技术能力的高低。

应对固执的人有如下两个最有效的方法：

- 让不会固执己见的人参加会议（比如他们的经理或首席技术官）。
- 在会前就与相关方取得一致，这样他们就会觉得自己的声音被听到了，就不会破坏讨论了。

你可能会觉得这两个方法很荒谬，但它们往往是最有效的，特别是当你面对一个不经常互动的固执的人时。如果这个固执的人是你负责的业务领域中的某个人或时常与你互动的人，那么你的做法便又不同了。在这种情况下，你应该在保持诚实的同时，尽可能友好地给他反馈，再给他一次机会。将结果记录下来，如果情况没有改善，就与他的经理进行面对面沟通或视频沟通。如果不方便，也可以进行书面沟通。

你要认识到，头衔赋予你的权威使你能够尽量免受这类人影响。所以不管你遇到的是谁，他们在你面前可能会表现得好相处，而对别人却不一定。

如果你隐约感到了这种情况的存在，那么对其他人来说，情况可能要糟糕很多。

用合作取代对抗

“在会前就与相关方取得一致”这种方法很有效，因为多数复杂项目是因个人冲突而改变，而不是因技术的复杂性而改变的。这是一种可重复使用的方法，可以用合作关系取代对抗关系。可能需要很长时间才能看到效果，因为这种方法可能需要更长的时间才能真正开始。但它最终会快速见效，这样一来，你更有可能不受干扰地完成工作。

此外，如果你想在领导岗位上有所成就，那么既要维护你的关系网，又要做出突出的成绩。你会看到，许多人在一段时间内发展得很顺畅，但后继乏力，无法再向上发展。如果你想避免这种命运，就要学会永不犯错，永不停止练习。

为团队创造空间，将经验转化为影响力

> 目前我不会花很多时间去推进某些具体的技术或者项目，我会花更多时间授权其他人去推进他们认为比较重要的技术和项目。我也在努力成为一个知识源，以确保大家能够得到有效的反馈，尤其是在一些跨领域的产品决策方面，以及向组织中的其他成员展示想法方面。
>
> ——米歇尔·布

对于一名“主管 +”工程师，衡量你是否能取得长期成功的一个最佳标准是，组织能否从你的贡献中获得越来越多的好处，却不会过于依赖你。由于许多人是通过成为组织的核心骨干来得到他们的第一个“主管 +”职位的，因此从核心人物变为次要角色可能让人有点难以接受。

要接受这种转变，你需要学会刻意为你身边的团队创造空间，归根结底是要让他们积极参与讨论和决策，并最终将那些曾经有助于你成功取得“主管 +”工程师职位的经验都转换为对他们的帮助。

发言越来越少，影响越来越大

当你专注于使你个人的影响最大化时，一场好的讨论应该以一个合理的答案、参与者之间达成一致以及积极正面的感受快速结束。当你开始考虑创造空间时，好的讨论的定义又会拓展很多。

这种更宽泛的定义的重点在于，让更多的人参与进来，并在没有太多个人贡献的情况下做出一系列好的决策。在这个新世界里，一场好的讨论根本无须你参与。当你做出关键的贡献时，你应该感到高兴，然后思考下一次需要什么样的条件才能使别人也做出这种贡献。

随着思维方式的转变，我发现以下四个技巧有助于在讨论中创造更多空间：

- **将你的贡献转为提问。**提出正确的问题有助于避免出错，还能帮助更多人更容易地做出贡献。
- **如果你在会议中看到有人没有参与进来，就把他们拉入讨论。**最好的办法是每次只拉一个人参与讨论，因为当你开始让更多人参与讨论时，有时只是同时拉两三个人参与讨论，场面就会变得混乱。

- **成为那个做笔记的人。**这有助于消除做笔记的人“地位低下”的错觉。你可以让一个可能会做笔记的人腾出手来做出更多贡献，这也让你在发言之外有了其他的关注点！
- **如果你发现本该到场的人没有出现，那么一定要让他参加下一次会议。**与会议协调人沟通，解释为什么让他参与进来很重要。

你越熟练地使用以上这些技巧，你个人在会议上的发言就会越少，而你对组织的影响就会越大。

找准决策时机，胜过亲力亲为

在我们职业生涯的大部分时间里，做出正确的决策就意味着成功。你需要花上一些时间才能意识到，在某个恰当的时刻做出决策比事事亲力亲为更重要。丽图·文森特详细描述了这种过渡：

> 正是通过那个项目，我的经理帮我认识到，我作为技术负责人的最初想法是不够好的。起初我的想法是“把这个项目分成20个部分，把18个部分分配出去，把最难的两个部分留给我自己”。而我的经理敦促我把最难的部分交给团队，让团队成员有机会发挥。

不过，你很难将自己的决策交给别人来执行，尤其是复杂的决策。但你可以采取渐进的方式，将复杂和重要事项的决策权交给你的团队。在此期间，要注意以下几点：

- **把它写下来。**在费曼算法（Feynman algorithm）中，有一个常用的天才模型：①写下问题；②绞尽脑汁地思考；③写下解决方案。

这种天才的观点既无与伦比又令人沮丧，因为它并不适用于普通人。但如果我们不把思考过程写下来供别人参考，别人就很难知道我们的想法。通过写下寻找答案的过程以及给出答案的理由，别人可以从我们的决策中学习，而不是简单地被这些决策所引导。

- **尽早收集反馈意见。**在你做出决策之前应广泛收集反馈意见。大多数人都很难改变已形成的观点，尽早收集反馈意见，在决策过程中充分考虑这些反馈意见，让别人参与其中，这样他们就可以看到你的思维轨迹，而不是只看到最终的结果。
- **把决策风格和决策内容分开。**停止对其他人的决策风格做出反馈。如果反馈对项目的成功起不到帮助作用，那么就考虑不给反馈。如果反馈有用但不关键，那么可以私下提出建议，而不是在会上反馈。
- **不要试图炫耀资历。**一些主管人员觉得他们需要介入所有事情，这样才能炫耀自己的资历。一些主管人员则要求每个决策都要照搬他们曾经做过的类似决策。这两种人都将他们的不安全感置于影响之上，这样做只会阻碍他人成长。
- **改变你的想法。**如果你尊重你的同事，那就听取他们的意见，然后改变你的想法。如果上级领导从不改变主意，那么大家很快就会认为，凭借说大话就可以获得成功。

让人参与你的决策并分享你做出决策的方法的确是发展你的团队的好办法，但让他们自己做出决策会怎么样呢？

给他人成长的机会并提供帮助

通过让他人参与你的讨论和决策，可以让他们参与你的工作。这是一个发展你身边的人、让他们参与其中并向他们学习的好办法，但这样还不够，你还必须采取下一步行动。

与其让他们参与你的工作，不如把你的工作变成他们的工作。

这一步是帮助他们完成那些使你获得“主管 +”职位的工作。当一个关键的工作摆在你面前时，你首先应当问：“谁可以成功完成这项工作并得到成长？”看看你是否能让他们主导工作，然后配合他们，为他们搭建项目平台以帮助他们取得成功。你的方法是什么？他们一开始可能会详细思考哪些问题？谁是他们应该尽早与之讨论的利益相关者？

当你确定新的关键工作时，那可能是你的工具或流程中的一个空白，想想有谁可以完成这项工作，与他们坐下来聊聊。让他们整理出你本打算写的方案，然后为他们的方案提供支持，就像你为自己的方案所做的那样。

最重要的是，一旦将工作交给他们，你就必须让他们自由发挥。给予指导，给出建议，提供资料，但一定要给予他们充分的自由度。这可能最终会导致失败，但他们会从中学习——就像你在职业生涯之初从错误中学习那样。其实事情最终也可能会非常顺利，然后你反而会学到一些东西。

虽然提供帮助应该成为你处理问题的默认方法，但它不应该是你唯一的工具。大多数“主管 +”工程师发现，直接参与一些项目，亲自了解软件、工具和组织实际是如何运作的十分重要。如果你需要经验法则，你可以写日记，确保你每个月至少帮助别人几次——如果你发现自己提供帮助的频率低于这个数字，请深入研究阻止你这样做的原因。

另外，如果你回想时，发现自己记不起过去几个月里直接参与过的工作，这也值得你好好反省。

不断为他人创造空间才能长期胜任领导职位

如果你通过成为公司关键领导的得力助手，巩固了通往“主管 +”职位的最后一步，那么你就会知道，为公司领导解决紧急问题是获得认可的最有效途径之一。如果你已经成为技术上的远见者，对整个公司的架构都充满想法，那么你已经强烈地体会到把控公司未来的感觉。

要放弃这些很难。

采用这种模式的最好情况是，在你离开之前，公司会短暂地蓬勃发展。不过更常见的是最坏的情况，公司的发展将受到你的限制，而能容忍受制于你的公司是一家不会成长的公司。

在一家真正成功的公司里，要长期胜任领导职位的唯一方法是不断为其他人创造空间，帮助他们获得当初帮助你走到今天这个位置对应的认可、奖励和工作。这可能让你十分不舒服，但不要担心，反正公司总会有新的工作给你。

建立同行关系网至关重要

当我与越来越多的“主管 +”工程师谈及职业建议时，我得到的最一致的建议是：发展一个由从事相似工作的同行组成的个人关系网。并非每个人都采用这种方法，但超过一半的人提到了这一点。对于这些人来说，这往往是他们提出的第一个也是最强烈的建议。

丽图・文森特认为：

> 对我影响最大的是那些被我视为导师的人，这些人大部分是我的朋友、前领导和前同事。我每个月都会抽时间与那些过去与我共事、了解我以及我信任的人共进午餐，或者只是喝咖啡聊聊天。正是我们之间那些关于职业挑战和成长的对话，让我走到了今天。

基薇·麦克明提到，她的关系网是获得真诚反馈的重要途径：

> 我想到的是，找到你的同行或建立支持你的关系网。就像管理层一样，你越往上走就越孤单。找到那些仍然会挑战你的同行很重要，你可以和他们一起进行头脑风暴。他们的工作领域可能与你不完全一样，他们甚至可能在与你不完全相同的行业，这些都不重要。

纳尔逊·埃尔哈格也有类似的分享：

> 对我来说，培养一个良好的高级工程师的人际关系网络非常有价值。我会和他们非正式地聊一些我们正在开展的工作和思考的事情。当你有私人关系时，你会得到关于大家关注的问题和解决方案的真实想法。

尽管你知道建立一个关系网十分有用，但有时可能不知道如何去建立。在建立关系网的各种策略中，最常用的两个是“引人注目”和“建立内部圈子”。

发挥自己的优势，引起他人的注意

由于“主管 +”工程师身边的人对他们有相当多的潜在需求，因此“主管 +”工程师建立关系网最简单的方法是要引人注目，容易被人发觉。一个有效的方法是积极参与围绕“主管 +”工程师的讨论，比如乔伊·埃伯茨在《高级软件主管工程师到底应该做什么》（*What a Senior Staff Software Engineer Actually Does*）或基薇·麦克明在《在技术领导之路上一往无前》（*Thriving on the Technical Leadership Path*）中所写的那样。有很多人已经表达了他们对“主管 +”职位的看法，每个人都带来了新的、有价值的观点。在这个问题上，有你说话的空间。

如果写作不是你的强项，那么你也有表达自己的空间。在技术会议上发言也是一种有效的方式，这样可以让你在人数众多的社交群体中变得引人注目。麦克明将她在会议上发言的动机描述为：

> 最重要的是，我喜欢那些在会议上遇到的人，而且演讲者圈子为我带来了工作机会。

如果你觉得这些方法的风险很大，那么开设一个 Twitter 账号或加入几个相关的 Slack 频道都是很好的开始。

先建立内部圈子，再扩展到整个行业

凯蒂·西尔－米勒对于关系网的建议是，在目前任职的公司建立你的内部圈子，而不是专注于演讲和写作。

> 圈子，圈子，圈子，重要的事情说三遍。你必须真正认识到你在与谁交谈，并确保与多个团队和多个小组都保持联系，以便能够充分利用这些关系网络。

人们很容易认为人际关系只能在外部建立，但在你任职的公司里建立一

个圈子往往更容易。在工作过程中，它慢慢地、自然而然地就形成了。这种方法还有一个好处，那就是可以直接改善你的日常工作状态。从长远来看，你的同事最终会离职并遍布整个行业，这会让你的关系网更加广泛。当你任职于一家大型知名公司时，这种方法非常有效。如果你目前任职的公司规模较小或声望较低，这种方法就不太有效了。

利用社交网络建立轻松愉悦的个人关系网

没有提到发展个人关系网的那些“主管 +”工程师中的大多数都提到了建立一个轻松愉悦的学习网络，建立这个网络的基础是对行业书籍的时刻关注和在社交网络——特别是 Twitter 上关注行业领袖。

戴安娜 · 波贾尔认为：

> 我用 Twitter 比较多，我关注了很多科技领域的人。我通常会关注那些在会议上讲过话的人和我的同事，我对他们的 Twitter 内容很感兴趣。这些人包括卡米尔 · 福尼尔、拉拉 · 霍根、乔希 · 威尔斯（Josh Wills）、薇姬 · 博伊基斯（Vicki Boykis）、戴维 · 加斯卡（David Gasca）、朱莉娅 · 格蕾丝（Julia Grace）、霍尔登 · 卡劳（Holden Karau）、约翰 · 阿尔斯帕瓦（John Allspaw）、查理蒂 · 梅杰斯（Charity Majors）、西奥 · 施洛斯内格尔（Theo Schlossnagle）、杰茜卡 · 乔伊 · 克尔（Jessica Joy Kerr）、萨拉 · 卡坦扎罗（Sarah Catanzaro）、奥林奇 · 布克（Orange Book）。

达米安 · 申克尔曼（Damian Schenkelman）提到：

> 我试着在 Twitter 上关注一些人，他们在做一些我认为很有趣

的事，我可以从他们身上学到一些东西。Twitter 上有那么多人在做很有趣的事，有那么多东西可以学！这些人包括阿芙雷（Aphyr）、塔尼娅·莱利和戴维·福勒（David Fowler）。

如果前面提到的那些建立关系网的方法让你感到不舒服，那么建立一个轻松愉悦的网络可能是在正确方向上的一个良好开端。你会发现个人关系网更有影响力，并能找到一种切实可行的方法来建立关系网，这是你在漫长的职业生涯中达到并保持高级职位影响力的重要一步。

质量比数量更重要，建立真正强大的关系网

一位同事曾经告诉我，当有人决心在业务发展上一展身手时，他们会从旧金山飞往纽约，怀揣一份想拜访人员的名单。他们会在 Twitter 上找寻那些人当晚可能出现在什么地方的线索，然后去那里买杯酒，假装偶然遇到他们。如果当晚运气不错，他们能通过这种方式认识 6 个或更多的人。

不言而喻，你不应该这样做——这是彻头彻尾的越界行为。此外，这样做也没有意义：当要建立一个同行关系网时，关系网中的人的数量并不重要。**质量比数量更重要。你应该专注于与你真正信任、尊重和启发你的人慢慢建立关系网。**这将帮助你建立一个真正强大的关系网，这个关系网在你有燃眉之急时能助你一臂之力。

如果你读到这里，心里十分想建立一个关系网，但不知道如何开始，下面我将分享对我这个内向的人来说十分有用的方法。我一直在努力寻找一种可靠的方法，例如你可以找出你敬佩的人，给他们发一封只有一两段简短话语的电子邮件或私信，提出具体问题并征求意见。如果他们回复了，记得感谢他们，并在 6 ～ 12 个月内再发一个问题。如果他们随后要求你帮个忙或问你个问题，你就尽你所能提供帮助。如果他们不回复，别灰心，继续试试

下一个，别抱怨。这样做的效果往往出奇地好，而且即便是最坏的情况也没什么可担心的：他们就算永远不回复你，你也没什么损失。

影响高管的能力决定你的影响力

你是否曾经向公司高管介绍过一项关键的工程计划，当你走进房间时很兴奋，离开时却很沮丧。也许你只讲到了第二张幻灯片，就被无关的问题打断了。也许你努力完成了整个演讲，听的人却只是说了一句“讲得好”，然后没有发表任何有用的意见就离开了。事后，你不太清楚到底发生了什么，只知道事情进展得并不顺利。

在职业生涯的早期，你可能不会经常与公司高管互动。当然，如果你待在一个足够小的公司，你可能会经常和他们互动，但这并不是常态。随着职业生涯的深入发展，你的影响力将被你对高管产生有效影响的能力所决定。当然，与权威保持一致是影响高管的先决条件，但也有一些新的沟通技巧需要你去培养。

在与高管沟通前做好充分的准备

每个人在职业生涯的某个阶段都有可能曾与一位糟糕的高管共事。当然，大多数高管并不差劲，几乎所有高管都有出类拔萃的地方，只是这往往不是你与他们交流的主题。只有当你对某个领域不熟悉而时间又有限的时候，沟通才会成为挑战。

不过，这些沟通都只是普通的挑战。与高管的沟通可能会因为一个不太明显的原因而变得异常困难：高管已经习惯以特定的方式来了解现实情况。

每一位高管几乎都不约而同地擅长一种获取信息的方式，他们觉得以这种特定的方式获取信息最舒服，而围绕他们的沟通也被优化为以这种方式进行。我认为这是他们对信息的预处理。如果某位高管以错误的方式预处理信息，那么经常会导致参与者都无法解释的沟通错误产生。

例如，一些高管在模式匹配方面有非凡的天赋。在任何沟通中，他们往往会先问上一系列详细的、看似随机的问题，直到他们得到的答案能与他们以前的经验进行模式匹配为止。如果你试图给他们做一个结构化的学术报告，他们会感到厌烦，而你将浪费大部分时间来介绍他们不感兴趣的信息，他们会无视你所说的任何与他们感兴趣的数据无关的内容。在你知道附录中有支撑数据并侃侃而谈的同时，他们只会越来越怀疑你的提议没有数据支撑。

在一些情况下，沟通不畅只会造成延迟而不会造成错误。尽管如此，当你与高管沟通时，在他做出相关决策之前，你往往不会有第二次机会来讨论某个特定话题。因此你必须在讨论前就做好准备工作，免得事后再唉声叹气。

SCQA，有效沟通的开始

与高管有效沟通的基础是弄清楚你为什么要与他们进行沟通。你可能习惯了以改变他人想法或告知他人你的项目为目的进行沟通，但在这里情况不太一样。当你需要与高管沟通时，无外乎以下三种情况：解释计划、汇报状态或解决分歧。

尽管这些活动各有不同，但你的目的始终是尽可能多地了解高管的看法。如果你以改变他的看法为目的，可能会给他留下思想僵化的印象，所以你们之间的谈话要以了解他重点关注的事项为目的。这样会让他觉得你有战略眼光，而且你也能在结束谈话后了解到足够的信息，以调整你现有的计划，使之在他新阐明的重点或限制的范围内发挥作用。

了解高管看法的最好方式是编写一份结构化文档。编写文档可以迫使你全面思考观点和数据，而结构化的形式可以确保读者注意到重点内容。芭芭拉·明托（Barbara Minto）的《金字塔原理》（*The Minto Pyramid Principle*）一书是在有效商务沟通方面最具影响力的著作之一。明托本人也非常热衷于结构化形式，她认为：

> 理解表达观点的顺序，是写出条理清晰的文章的最重要前提。而最清晰的顺序，就是先提出总结性观点，再提出被总结的具体观点——先总结后具体的表达顺序，你必须牢记。

有用的结构有很多，但我特别建议你在每个文档的开头都采用 SCQA（Situation-Complication-Question-Answer，情景—冲突—疑问—回答）格式：

- **情景。**相关背景是什么？例如，两年来，我们在开发产品功能方面一直落后于竞争对手。去年，我们的工程团队规模翻了一倍，而开发的功能却比前年少。
- **冲突。**为什么现状存在问题？例如，我们计划今年再次将工程团队的规模翻倍，但根据去年的经验，我们认为这将进一步拖慢开发速度，同时将大大增加预算。
- **疑问。**需要解决的核心问题是什么？例如，我们今年是否应该继续推进工程团队规模翻倍计划？
- **回答。**对于提出的疑问，你的最佳回答是什么？例如，我们应该在未来6个月内停止招聘，集中精力建设现有团队。我们应该根据实际的进展，考虑是否更新今年剩余时间的招聘计划。

在许多讨论中，一段结构良好的开头就足以引发一场重要的对话。尽管在这些情况下，你可能不会讨论文档的剩余部分，但撰写文档的过程仍然是提炼想法的一个重要步骤。

相对而言，很少有人对整个文档应用正式的结构，但至少有部分人认为采用一种流行的格式很有价值，那就是明托在《金字塔原理》一书中提到的金字塔原理。首先，针对你的提议展开头脑风暴，得出一系列支持你观点的论据，然后把它们全部写下来，并按相关性分组。接下来，将论据分为3个层次，每个层次最多提供3个子论据。递归地应用这种方法，确保每个论据能够概括其下涵盖的3个子论据。最后，按重要性降序排列每组中的论据，至此即算完成。

我个人认为，SCQA格式的效果立竿见影，但我也不得不承认，当我第一次尝试采用金字塔原理时，产生了凝视野兽派建筑的感觉。不断的实践让我对它有了更深刻的认识，但鉴于它的复杂性，我仍然建议大多数人在一开始时仅采用SCQA格式，在得到报告难以理解的反馈时，再采用整个金字塔原理。

编写完结构化文档后，别忘了向你的同行和利益相关者收集反馈意见。在汇报前与利益相关者通气，日本人把这称为Nemawashi（根回[①]），这种方法在减少意外方面非常有效。你的一些同行应该有向高管做汇报的经验，他们会提供有用的改进反馈。

① 根回是指园丁在移植树木时小心地将所有根须都包起来，此处指通过与相关人员提前进行沟通，取得其支持，从而秘密地为一些计划奠定基础。——编者注

对于汇报本身，要设定一个明确的议程，但也无须过于死板。与高层领导的会议是否成功，取决于与会者是否积极参与讨论，而非解决议程中的每个议题。有些人会认为这是一个有争议的标准，他们更倾向于用是否解决问题来衡量每一次会议，但这样就忽略了会议中的关系建立和发展，而这些往往才是更有价值的方面。

避免沟通失败的 5 种方法

即使你为汇报做了充分的准备，有时也难免出错。你没有办法做到完美，但采用以下方法可以避免大多数会导致会议失败的情况发生。

- **方法 1：千万不要抗拒反馈。**对于一名高管来说，有一条关键的反馈意见，但在当下没有合适的渠道传达，这种情况是很常见的。无论如何，你都希望团队能提供反馈意见，而不是有所保留（甚至可能在之后忘记提出）。如果你对反馈表现出抵触，团队成员就不会表达意见，那你从会议中得到的信息就会越来越少。你应该专注于收集反馈意见，当时不要管这些意见是好的还是坏的，以后当你有更多时间时，再来考虑这些。如果有一个意见是你不认同的，那么你可以给出一两条支持你的观点的数据，之后就随他去吧。与在会议中争论相比，在会议结束后想办法改变他人的想法更有效率。
- **方法 2：不要隐瞒问题。**许多人试图向领导隐瞒问题，这样做的结果总是很糟糕。将问题报告给上级是一种解脱：一旦问题摆在桌面上，你就可以着手去解决它，而不是费尽心思去隐藏它。如果领导在会议中自己发现了问题，情况会更糟糕，因此你应该主动反馈而不是隐瞒。如果你对领导的观点有不同的意见，你可以在会议中先认同领导的观点，并在会后提供更多数据来阐明你的观点，这样会让你的观点更加可信，在会上与他们争论只会降低你的可信度。

- **方法 3：不要在没有解决方案的情况下提出问题。**给刚升职的人的一条常见的建议是**“永远不要在没有解决方案的情况下向你的领导提出问题”**。如果你向领导提出了一个问题，却没有提出解决方案，那么他会考虑是否需要聘请一位更有能力的人来取代你。除非你有让所有人都赞同的提议，否则你无法让所有人达成一致意见。

- **方法 4：避免做学术汇报。**学校里教给你的那些表达方式对于向公司领导做汇报来说或多或少是错误的，遵循明托提出的金字塔原理，你更容易走向正确的方向。

- **方法 5：不要执着于你喜欢的结果。**人们很容易只看到他们想要的结果，即使有明确的、不可避免的迹象表明事情不会以这种方式运行，他们仍会选择视而不见。做出错误的决策很容易让人感到沮丧，但牢记你此前遗漏的大量背景信息有助于你走出这种情绪。**根本不存在永远正确的决策：几乎每一个决策都会在未来两年内被推翻多次。**

向领导做汇报可能是一件让人望而生畏的事，以上提出的更多是建议，不一定对你适用。如果你想把这一切浓缩为一条简明的提示，那就是在会议召开前给出席会议的领导发送一份你编写的计划的初稿，并询问他们有什么意见或建议。如果你听取这些反馈并做了相应调整，你就会在实践的过程中弄清楚这些反馈的细节。

03 “升级打怪”，获得与能力匹配的职位

不要独自玩团队游戏，那样你会输的。

我听到的最好的观点是“晋升为主管工程师是运气、时机和工作成绩共同作用的结果”。

——伯特·范

多数技术公司都有一个职级说明，详细说明了多数人能达到的各种职位。多数公司都设有高级工程师这一职位。虽然你可能会因为从初级工程师晋升到中级工程师的速度不够快而被解雇，但大多数公司都不指望你能很快从高级工程师晋升到主管工程师。6 年都是中级工程师？这可不正常。20 年都是高级工程师？这再正常不过了。

一旦你达到相应的职级，公司的晋升制度将让你不再期待进步，而且往往还会阻碍你取得更大的进步。有时，那些已经获得主管工程师职位的人会出现自我保护的倾向，以避免削弱自己的声望。在其他情况下，出于团队成长或预算方面的考虑，公司可能会对让一个团队中存在多名主管工程师的情况持谨慎态度。然而，我认为最大的阻力来源于工作性质的改变。主管工程师并不是更优秀的高级工程师，而只是成了实现其中一个主管原型的人。

即使你已经掌握了成为一名主管工程师的必备技能，你仍然面临最后一道障碍：让公司授予你主管职位。对一些人来说，这一过程相对较难实现，花费的时间可能会比预期更长，但最终会成功。对一些人来说，这在他们目前的公司可能根本无法实现。在我调查的主管工程师中，大约有 2/3 的人是在他们已经工作的公司中通过晋升获得主管职位的，剩下的 1/3 则是通过跳槽获得的。

如果你以追求职位为目标，你可以将升职作为重新调整职业规划的机会。这条路没有标准可循，晋升和绩效制度将不再围绕及时获得升职而设计，有时可能让人有一种“升级打怪”的感觉。

要想走得更远，你必须更谨慎地控制你的脚步。本章将介绍一些人的相关经验。

找到正确的路，朝着主管职位迈进

在此之前，你如果一直依赖你的经理来引导你个人的职业发展之路，那么向自我引导式职业发展之路过渡可能会让你感觉相当突然。介绍软件工程职业发展管理的书有很多，但这些书中的大部分重点介绍从第一份工作到成为高级工程师这一过程，很少关注获得高级职位后的职业发展管理，而这正是本章的重点。

- 你的晋升材料是帮助你成为主管工程师的基础工具。你首先应当确定个人发展的每一步，以确保能一步一个脚印，顺利达到目标，然后充分应用你的赞助者和关系网来实现你的晋升。
- 人们普遍认为，想要晋升到高级主管工程师的职位，需要先完成一个主管级项目，但现实情况是，大多数主管工程师其实都没有完成过主管级项目。当然，如果你所在的公司确实有此要求的话，本章将教你如何完成一个主管级项目。

- 工程师们经常抱怨他们“并没有出现在做出决策的房间内”。他们通常说对了，确实有这么一个房间，而他们不在其中，但他们不想承认，自己不在房间内确实是有原因的。本章将介绍如何进入这个房间并留在里面。

- 如果公司领导层不知道你是谁，你就不会得到晋升。本章还将介绍如何在不出风头的情况下让自己脱颖而出。

坚持运用以上这些技巧，你就会朝着主管职位迈进。但要注意，如果你在错误的地方实施这些技巧，那即使是最完美的计划也会失败。

认清机会均等的假象，并顺势而为

你在追求主管职位的道路上会面临一个无奈的现实，那就是任何一家公司中的机会都不是均等的。如果你所在公司的领导层认为，基础设施工程本质上比产品工程“更复杂”或“更具杠杆作用”，那么机会将更偏向于基础设施团队。如果你在一个注重软件运行情况的组织中工作，那么解决已造成停机的问题比预防还没有出现的类似问题更容易获得奖励。如果你在公司总部工作，那么你的工作成果相比在分公司工作时更容易被人看到。

为了避免引起麻烦，很多公司都会假装机会是均等的，即便事实显然并非如此。我们很难相信这一事实，但随着收集的数据增多，事实就越发明显。

一旦意识到这一点，你必须先评估它有多难解决，然后再决定把你的精力优先放在哪里。一种更简单的做法是先顺势而为，而不是试图改变事实。如果你想消除这种不平等现象，你首先要找到一位支持你的高级赞助者，而且你只能在你的职权范围内消除这一现象。

管理工作不一定适合你

多数达到“主管 +”以上职位的人不会在工程管理上花时间，但少数人会。我们很容易把这看作一个关键的、改变人生的决策，但这可能有点想多了。如果你想试试管理工作，你可以尝试一下。大多数领导都明白管理工作并不适合每个人，如果你不想尝试，他们会很乐意让你回到工程师的岗位。

那些尝试管理工作的人通常会拥有更广阔的视角，这一点在他们回归软件工程师的岗位后依然有帮助。以下是丹・纳的经历：

> 我仍然既喜欢写代码，也喜欢管理团队。我认为，有能力在较高的层次上把这两方面都做好，对在工程领域取得长期的成功是至关重要的。关于这个话题，查里蒂·梅杰斯有一篇很精彩的文章《做工程师还是做经理》（*The Engineer/Manager Pendulum*），我建议大家都去读一读。
>
> 梅杰斯认为，“选择经理之路或选择工程师之路”是一种错误的二分法，花点时间交替扮演这两个角色，会让我们在这两个方面都做得更好。这也与我自己的经历相一致。我能成为一个更好的管理者，因为我知道在一个管理混乱的项目中做一名技术工程师有多么糟糕；我也能成为一个更好的技术工程师，因为我知道当一个项目进展糟糕时，该在何时以何种方式发出警告。

丽图・文森特也分享了类似的观点：

> 我确实做了相当多的工作，因为我对这两个岗位需要做的事情都感兴趣。我对培养人才感兴趣，我真的很喜欢招聘工作，我发自内心地喜欢面试工作，我乐于了解团队是如何成长的。我同时又很

享受写代码，在我花了一些时间做管理工作之后，我又会很希望重新开始写代码。

一些人尝试过管理，但他们最终会放弃。乔伊·埃伯茨根本不关注工程管理，她认为：

> 实际上，我在 Box 公司[①]曾经做过大约一年半的管理工作，我发现我讨厌管理工作，你可以在我的博客上找到有关这个话题的更多内容。而且我发现在大多数公司里，管理职位和“主管+”职位的工作内容实际上存在很多重叠之处。

即使乔伊厌烦自己的管理经历，她仍然认为这段经历对她的职业生涯有帮助：

> 如果我在管理方面没有走弯路，我可能会更快地晋升到主管职位。尽管如此，但我并不后悔这么做，因为我学到了关于思考方式、机构运作以及确定大型项目的优先级等方面的很多东西。所有这些都有助于我开展技术方向的工作，并最终帮助我晋升为高级主管。虽然我很确定晋升为主管后，升职速度会放缓，但实际上我不太确定下一个职位是什么。我觉得如果没有下一个职位，我可能会在主管工程师的职位上停留很久。所有这些都说明，尽管我没有选择最快速的晋升路线，但我还是学到了很多东西，这些东西在更长的时间内能帮助我走出困境。

我要提醒那些正在考虑尝试做管理的人，做好人员管理比不顾一切地成

① Box 公司是美国的一家云存储服务提供商。——编者注

为主管工程师更重要。作为经理，你将对所支持的人产生深远的影响。**如果你带着错误的动机去做事，你迟早会后悔，还会给你的团队造成灾难性的后果。**如果你有动力帮助你的团队成长并取得成功，那就去做吧；如果你只是为了自己，那就不要去做。

融入团队，顺利向管理职位过渡

“主管 +”是领导职位，如果现有的团队不认同你，那么获得领导职位将会是一个挑战。那些已经融入团队的人，在向领导职位过渡时要容易得多。

如果你读到这里，发现你已经做了以上所有的事情，但情况还是越来越糟，那么你很可能正在经历“结构上的劣势”。在我采访过的人中，大约有一半的女性不得不通过跳槽来获得主管职位，而男性在升职时面对的阻力较少。

不要忽视这些经历，它们都是真实存在的。很多人因此感到困惑，但你也要相信仍然有很多成功的榜样——不管你对成功是如何定义的，也不管你想如何规划你的主管工程师之路。

尽早准备晋升材料，并将它作为目标指南

很多人在将要晋升到“主管 +”职位时才开始准备晋升材料，但我也见过很多人采取更积极的做法：他们在认为自己可能晋升为主管之前很久就开始编写第一份晋升材料了，就像他们编写那些“自夸文档”一样。通过这种方法，你的晋升材料就能成为你实现目标的指南。

你的公司很可能会有自己的晋升材料书写格式，在你把晋升材料最终提交给内部晋升委员会之前，你还需要把它们编辑成那种格式，但没有必要那

么匆忙。你应该把它作为一个指南而不是正式的晋升材料来审查，因此需要花更多时间进行优化。

一些“主管 +”职位晋升材料的通用模板通常会涉及以下内容：

- 你的主管级项目是什么？你做了哪些工作？项目的影响怎么样（应包括明确的目标）？哪些因素让项目更复杂？在回答以上这些问题时应尽量简洁，可以用链接插入一些支持性材料。
- 你改善组织的有效方法是什么？
- 你的项目有哪些可量化的成果？（例如你令公司的营收增加了 1 000 万倍吗？你是否将年度客户的维护成本减少了 20%？）
- 你指导过谁，取得了哪些成就？
- 你为组织做了哪些“黏合剂”工作？这些工作有什么影响？
- 有哪些团队和领导熟悉并支持你的工作？他们看重你工作的哪些方面？在回答以上问题时，应尽可能使用数据，如调查数据。
- 是否有真正的（或感觉到的）技能或行为差距会阻碍你的发展？对于这些问题，你将如何解决？

花时间写下以上这些问题的答案是很有用的。晋升到领导职位不是独角戏，你只有在团队的支持下才能完成这件事。

我推荐你采用以下方法编写你的晋升材料。

- **回答你为什么要这样做。**很多人选择追求主管职位，那么你应该知道为什么这个职位对你很重要。如果不这样做，你很可能会发现自己陷入一个你不喜欢的角色中。

米歇尔·布认为：

> 我给工程师的第一条建议是，避免陷入自己不喜欢的工作模式。我喜欢与团队一起解决抽象建模和设计问题，这让我充满活力。我们一轮又一轮地收集反馈意见，一次又一次地去尝试，这需要相当强大的毅力。坦率地讲，这种工作模式并不适合所有人。如果你更想成为“主管 +”工程师，而不是从事那些让你感到充满活力的工作，那么这种工作模式很容易将你困在一个你不想要的职位上。

- **降低你的期望。**晋升，尤其是这个级别的晋升，通常需要经过一个季度、半年甚至几年的时间，因此不要期望立竿见影。
- **让你的经理加入进来。**在下一次与经理进行一对一交谈的时候，带上你的晋升材料，告诉他获得主管职位是你的目标。请他审查你的晋升材料，询问他还缺少什么，还需要强调什么，以及他是否会推荐在工作流程中增加步骤。你的目标是确保他知道你感兴趣的东西是什么，以及在方法上请求他予以指导。
- **养成写晋升材料的习惯。**每周抽出一小时，将你的想法汇总成初稿。
- **及时润色晋升材料。**等待两天，重新阅读你的初稿并进行润色。
- **与同事一起编辑晋升材料。**给几位值得信赖的同事看你的晋升材料并听取他们的反馈，最好是已经晋升到“主管 +”职位的同事。他们通常比你更善于发现你的强项和贡献。而且与你的经理相比，他们更了解你的工作。

- **与你的经理一起编辑晋升材料。**给你的经理看你的晋升材料并听取他的反馈，要特别关注那些需要解决的问题。询问你的经理是否有时间和你面对面讨论这些问题，从而使你的晋升材料更加完善。
- **定期与你的经理一起审查晋升材料。**在你职业生涯的绩效导向交谈中，与你的经理一起审查你的晋升材料。你的经理会引导你逐步完善晋升材料。如果经理换人了，你要确保新的经理也能了解你的晋升材料，这将有助于你保持晋升进度。

如果你能做到以上几点，那么在被提名晋升之前，你就可以编辑好你的第一份主管晋升材料。你可以通过这份晋升材料使目标更加明确，以及通过处理好你与经理的合作关系来确保这一目标得以实现。当然，只凭借这份材料并不能让你实现晋升这个目标。它不一定能让你很快得到晋升，甚至可能不会让你在当前的公司得到晋升，但它将整合你在提升技能和工作上的精力，让你朝着目标前进。

当你最终需要提交正式的晋升材料时，你只需将编辑好的内容复制到正式模板中，这样能避免出错，主管头衔也会手到擒来。

找到你的赞助者

> 有一位赞助者也非常重要。我和我的经理关系非常好，我和我经理的经理关系也非常好。我认为这也起到了很大的作用。
>
> ——丽图·文森特

当我与更多试图得到他们职业生涯中第一个“主管 +”职位的人交谈时，发现大多数人都遇到过类似的挑战。许多人错误地判断了自己的影响力，他们根本没有做好在那个级别上工作的准备：一个主管工程师不只是一个更好的高级工程师。当然，有一群人已经解决了这个问题——他们在整个组织中都是有影响力的，还制订了一个强有力的晋升计划，并且仍在努力让这些工作得到认可。

有一些人经常因为他们自认为的影响力和实际被认可的影响力之间的差距太大而感到沮丧，并向经理和同事征求缩小这一差距的意见。这时他们常常会被告知应该去完成一个主管级项目或者为其他人创造空间。对于那些还没有做这些工作的人来说，这是一个很好的建议。但是有一些人已经开始做这些工作了，只是做得不够好。对这些人来说，他们真正缺少的是一位愿意帮助他们获得认可的赞助者。

通过其他系统来看待晋升系统是很常见的，这些系统在我们的一生中随时都在对我们进行评估，比如学校系统，但这种评估系统常常错误地将评估看作一项个人的活动。**无论你所在公司的晋升是临时进行的还是会遵循标准流程，晋升都是一项团队的活动。**正如朱莉娅·格蕾丝所说的：“不要独自玩团队游戏，那样你会输的。”

赞助者可能不止一个

帮助你晋升的最重要的人就是你自己，其次是你的赞助者。大致来说，赞助者是一位在有影响力的论坛上为你的工作发声的人，也是在公司提倡“有限资源”（如加薪预算）时为你发声的人。

虽然你可能会有各种各样的赞助者，但想要获得晋升，尤其是想要晋升到“主管 +”这一职位，你通常需要你的直接经理作为赞助者。他们会将你起草的晋升材料变成公司需要的模式。他们是评估会议上其他人质疑你的资格时支持你的人。在你成为一名强有力的晋升候选人之前，他们也会和你坦诚地谈谈你还有哪些不足。

除了需要直属经理作为你的赞助者之外，你可能还需要其他赞助者。如果你的经理以前从未帮助某人晋升到“主管 +”职位，那他可能并不擅长此道。这时你需要寻找其他帮助，花一些时间与你经理的经理建立关系。但如果他们对你的工作不够熟悉，以至于在两个月后的会议上都无法想起你，那你就不太可能被提拔为主管。

“激活”你的赞助者

“激活”你的赞助者的**第一步是明确分享你的目标。**“我希望被公认为一名主管工程师”是一个好的开始，丽图・文森特常将这作为给那些追求“主管 +”职位的人的建议：

> 人们经常来问我：“接下来我该怎么做才能晋升为主管工程师？”我告诉他们，对你的经理要开诚布公，坦率地告诉他你希望从职业生涯中得到什么。我早期在与我的经理的谈话中犯过一个错误，那就是只告诉他我认为他想要听到的话，而没有说出我的真实感受。

一旦找到了赞助者，很多人认为他们的工作就已经完成了，接下来由赞助者来做那些繁重的工作。这通常会失败！赞助者是那些拥有更多组织资本而没有精力部署这些资本的人，当你为他们分担部署工作时，他们会对你提供最大的帮助。询问你的赞助者，你要如何做才能获得他们的赞助。在职业生涯中，你要做的不仅是提要求。提要求没有错，但你更应该通过提要求促使你的目标得以实现。

与赞助者一起审查你的晋升材料是推动对话的好方法。当你向赞助者询问自己还有哪些不足时，注意不要让他们用编造的答案来糊弄你。有一些人忘记了他们可以用“我不知道”来回答问题，如果你强迫他们回答他们不确定的问题，他们会编造出毫无帮助的答案。如果你一直得到这样的答案，比如“从事更大、具有更高影响力的技术项目”，那么你就采用了错误的方式、问了错误的问题或向错误的人发问。

一个值得思考的问题是：“如果我在这个周期没有得到晋升，那么可能的原因是什么？”另一些值得思考的问题是：“我能做的最有效的事情是什么？如何让自己成为一个更强大的候选人？”好的问题通常是非常具体的，并且为回答者指明了方向，比如，“本季度我完成了 API 重构，我本以为这将展示主管层面的工作，但进度滞后了很多，结果让我的产品经理很沮丧，因为他的工作被搁置了。我怎样才能更有效地完成这个项目呢？”针对这个问题显然更容易给出有用的答案，即使回答者不太熟悉项目的细节，这种问法也很有帮助。

请记住，“激活”你的赞助者不是一件在你晋升之前就可以做的事务性工作。随着时间的推移，逐渐与你的赞助者建立关系，并在他们需要你的支持时去帮助他们，与他们的目标保持一致。假设他们需要有人加入一个工作小组，你应该立即自愿参加并投入工作。我曾经有一位同事，大家都注意到他很少去办公室，但他总会在公司做出晋升决定的前一周去办公室。

如果他不起作用怎么办

如果你发现自己和经理不能很好地合作，这与彼此喜欢不完全是一回事，那么你就不会被晋升到领导职位。你的经理也会对你实际的影响力和你感知到的影响力产生直接影响。你可能和你的经理关系很好，但他后来离开了公司。你虽然并不是一定要升职，但你需要与新经理重新建立关系，因此你的晋升计划可能会被重置。有时情况也会反过来，你的新经理会努力工作，通过支持你的晋升来证明他自己。

如果在与经理发生冲突后立即尝试更换团队或跳槽，那你是在欺骗自己。除非你的经理批准，否则公司通常不允许岗位调动，所以你这么做可能会自断后路。更重要的是，你将失去与那些看起来很难相处的人一起工作的机会：这不是一个有趣的技能，但与那些难相处的人建立关系有助于培养你的领导能力。

如果你已经花了 6 个月的时间积极尝试让这种关系发挥作用，却一无所获，那么可能是时候考虑更换团队了，当然也可以考虑跳槽。在这种情况下，与你经理的经理建立关系是非常有帮助的。即使你和你的经理没有进行有效的合作，你经理的经理也可以帮助你找到一个新的团队。

完成主管级项目，晋升的非必要条件

> 关于这一点，虽然 Dropbox 公司没有提出明确的期望，也没有将其列为正式要求，但大家普遍认为我们应该至少完成一个主管级项目才能获得晋升。我想不出有哪个没有做过这类项目的主管工程师能够得到晋升的。这种项目通常是由一位工程师担任技术负责人，同时有很多人参与。
>
> ——丽图 · 文森特

大家普遍认为，要晋升为“主管 +”工程师，首先要成功完成一个主管级项目。该项目应足够复杂且重要，能够完成该项目才能证明你已经够资格成为一位主管工程师。这个想法确实很普遍，如果你正努力获得一个“主管 +”职位，你最好了解如何完成这些项目，你可以借鉴那些在你之前走过这条路的人的经验。

大多数工程师并非一定要完成一个主管级项目才能晋升为主管工程师，虽然他们中的很大一部分确实完成了一个主管级项目，特别是那些在他们成长起来的公司中通过晋升获得这个职位的人。对于那些没有做过任何主管级项目就晋升为主管的人来说，他们通常要么是因为在更长的时间内取得了一系列成功，要么是因为跳槽才获得了这个职位。

我们将从下面这两类人的角度来探讨主管级项目：

- 没有做过主管级项目的人。
- 做过主管级项目的人，当然他们可能没有完全按计划来完成。

我们随后还将介绍如何完成一个主管级项目。下面我们就来深入分析完成主管级项目是不是晋升主管工程师必需的条件。

无主管级项目需求

当我询问我的采访对象是否完成过一个主管级项目时，一些人的答案相当简洁。乔伊·埃伯茨认为自己实际上并没有完成过这样的主管级项目。而戴安娜·波贾尔也认为自己没有负责过主管级项目，她认为在 Slack 公司这并不是晋升的必要条件。

一些人甚至怀疑“主管级项目”是伪概念。纳尔逊·埃尔哈格认为：

> 我本能地会对这种主管级项目持比较谨慎的态度，部分原因是我见过的一些主管工程师并没有管理过这种所谓的大型项目，但他们都是那种非常有效率的专家，使整个项目运行得非常好。

还有就是像丹·纳和达米安·申克尔曼这样的人，他们在工程管理方面走了一些弯路才获得了“主管 +”职位。达米安描述了他是如何绕过主管级项目的：

> 我没有负责过主管级项目。由于我在 Auth0 公司[①]的特殊成长经历，我似乎跳过了这个部分。作为一家初创公司的技术总监，我有机会在技术方面负责很多重大的、关键的项目，但这其中并没有一个具体而明确的“主管项目或首席项目”。

这些故事很明确地在告诉你，“必须完成主管级项目才能获得‘主管 +’职位”这一观点是错误的。在不完成主管级项目的情况下获得“主管 +”职位有很多途径，其中最常见的一种是在工程管理方面有所建树。

有主管级项目需求

然而，还是有许多公司正式或非正式地要求被考核者必须完成一个主管级项目才能获得晋升，因此许多人确实将主管级项目作为自己必须完成的一个任务。

丽图·文森特描述了她在 Dropbox 公司的经历：

---

① Auth0 公司是美国的一家身份验证服务提供商。——编者注

我肯定完成过主管级项目。Dropbox 最初是人们下载并安装在计算机上的一种个人消费类电子产品，当我们推出 Dropbox 企业版的时候，有人要求 Dropbox 个人账号和企业账号能够同时运行，以便在不需要注销和重新登录的情况下进行切换。最初的功能是在巨大的时间压力下编写的，需要运行两个 Dropbox 进程：其中一个进程用于个人账号，另一个进程用于企业账号。我的主管级项目要求通过一个 Dropbox 进程实现个人账号和企业账号同时登录运行。这个项目困难的部分在于涉及从内核到用户界面的方方面面，因此我必须了解 Dropbox 系统的每一层。

起初我们以为完成这个项目需要 6 个月，结果最后花了 18 个月。在相当长的一段时间内，这个项目占用了桌面客户端团队的大部分精力。

拉斯·卡萨·威廉姆斯则加入了一个正在进行中的项目，随后他晋升为主管工程师，这个项目成了他的主管级项目：

我加入 Mailchimp 公司时是一名高级工程师。我刚来公司就被拉进了一个项目团队。这个项目团队还有一名工程总监和两名首席工程师。项目旨在构建 Mailchimp 公司的第一个内部自助分析平台。

项目的一个关键之处是有效且高水平的执行能力。不管对我来说是好是坏，项目中还有另外两名首席工程师就意味着公司对我的期望可能不会那么高。但我立即投入工作并为项目的核心方面做出贡献，而且几乎不需要别人提供手把手指导。后来，我成为团队中的主要贡献者之一。最终，我被正式任命为技术负责人，并继续指导这个项目。这个项目被纳入我目前负责的数据服务工程团队的项目。

很少有公司会写明他们对主管级项目有要求，它们更常做的是在晋升会议上提出“软性要求”，这有时会让经理和主管工程师都感到惊讶。发现这些要求确实存在的可靠依据是你的晋升未获批准，这并不好玩。因此在你尝试获得晋升之前，你最好持续编辑晋升材料，并及时获取公司领导对晋升材料的反馈意见。

完成一个主管级项目，积累宝贵的经验

有时很难确定标准和实际情况之间的明确界限，而主管级项目就存在于这个模糊的区域中。能否承担一个规模庞大的项目，克服这种模糊并成功交付，是判断一个人是否已经具有“主管 +”能力的有效方法。当然，也有很多人在没有完成这样的项目的情况下就获得了“主管 +”职位。

对此，我的建议是，你完全可以在不完成主管级项目的情况下获得“主管 +”职位，但这些项目是你积累主管工程师工作经验的宝贵机会。这种类型的项目会帮助你迅速成长，而其他类型的项目则不会。

麦克明这样描述她的主管级项目对她的帮助：

> 我从未听过这种叫法，但我理解它的意思。我确实领导和设计过那种类型的项目，解决过一些棘手的工程问题，有几次都对公司产生了重大影响。但很可惜，这些经历都没有让我得到提拔。不过，它们确实给我的职业生涯带来了进步。这些项目给了我经验、知识和信心，让我能够以不同的方式定位自己，使我能够在公开会议上发表演讲，让我知道“我已经完成了某件事，可以再做某件事”。

虽然这些项目各不相同，但它们都有以下三个典型的特征，这样就可以解释为什么它们能如此有效地帮助你成为一名主管工程师：

- **复杂而模糊。**在职业生涯的早期，你会得到定义明确的问题，但随着工作的深入，你会越来越多地遇到定义不明确或没有定义的问题。主管级项目通常会从一个范围不广但复杂且重要的问题开始。你的项目可能一开始就表明，你所在公司僵化的整体情况正在阻碍产品的开发。从这个宽泛且不明确的——而且极有可能是错误的描述中，你必须确定一种具体可行的方案。

- **有众多且分散的利益相关者。**那些最容易开展的项目一开始就在组织内部就问题和解决方案达成了一致，但你的主管项目可能不具有如此顺利的开局。可能这是管理层认为存在风险的一个领域，但许多工程师认为它已经足够好了。也许每个人都同意这里存在问题，但在解决方法上有严重的分歧。例如，应该注重服务策略还是对现有的市场进行再投资。

- **一旦失败，后果很严重。**这是一个非常重要的项目，高层领导在所有团队和全公司的会议上都会谈论它。这意味着人们会密切关注你的工作，任何失败都将非常明显，当然任何成功也将非常明显。

如果你的项目存在以上这些情况，它可能是一个主管级项目。这个项目可能非常棘手，但这也是它能如此有效地帮助你成长的原因。

获得相应的权限，保障项目顺利推进

决定要承担一个主管级项目只是第一步，你还需要获得相应的权限。这取决于你的领导和团队成员是否足够信任你，他们是否相信你会成功。

这取决于以下三个因素：

- 与领导团队保持一致，一些具体的策略稍后将介绍。
- 你需要让人知道你有解决问题的技术能力，这就要求你具有一定的知名度。
- 在你的职权范围内刚好有公司迫切需要解决的一个主管级问题，这可能需要一些运气。

绕不开的主管级项目

总而言之，如果你想在现在的公司里得到晋升，而且你以前没有担任过主管或类似的管理职位，那么你可能确实需要完成一个主管级项目来确立自己的地位。当然，具体情况还需要具体分析。

你应该明白，无论这些项目是不是必须完成的，它们都是现阶段你能遇到的最具挑战性的工作之一，并且能够帮助你成为一名更好的工程师。如果只是为了升职，避开这些项目可能是更好的选择。但在长期的、追求自我成长的过程中，这些项目的作用是不可替代的。

进入房间，并留在那里

我从工程师那里最常听到的抱怨就是，他们“不在做出重要决策的房间里”，因此他们无法了解公司的决策，常常遗漏或忽略了重要的信息。“主管 +”工程师经常将“进入房间”作为他们身份的标志，而头衔确实增加了他们参与决策的可能性。

然而重要的是要记住，没有任何一个房间可以轻易进入。进入合适的房间并不是一次性的挑战，而是持续的、不断升级的挑战。迎接这种挑战是值得的！

在你职业生涯的早期，“进入房间”可能是指与你的技术主管和产品经理召开会议。随着你的发展进一步深入，“进入房间”可能是指召开季度计划会议、进行架构审查和性能校准、领导工程团队或执行团队……总会有一个房间让你进入。要注意的是，为了达到更高的目标，你不仅要有效地进入房间，还要留在那里。

不要为了进入房间而进入

要进入房间，你需要注意以下几点：

- **给房间里的人带来一些有用的东西。**这些东西可以是关键项目的详细信息、关键团队的背景、与项目相关的专业知识、类似项目的运营经验、关键客户的资料或其他方面的信息。
- **带来房间里还没有的视角。**光将有用的东西带到房间里还不够，你还需要带去房间里还没有的视角。在这一点上，小团队的表现往往比大团队更好，因此领导者通常会为了提高效率而放弃使用大团队。为了进入房间，你需要带来一些与现有的东西不同的东西。
- **留意房间里的赞助者。**这些房间里的空位有限，而且必须作为一个整体来运作。要进入房间，需要有人赞助你。你的赞助者将他们的资源与你共享，他们的同事将根据你在房间内的行为来判断该分配哪些资源给你。这些房间通常又分为不同的级别，在大多数情况下，你的经理的经理会在更高级别的房间里，根据你的经理做出的赞助你的决策来评估这些决策。

- **你的赞助者需要知道你想出现在那里。**你的赞助者可能同时在许多不同的房间里，他很可能因此感到疲惫。他不一定会认为你想参加任何会议。事实上，他可能会假设你根本不想参加任何会议。你需要确保他知道你想出现在那里。

如何把有用的东西带进房间，取决于你要进入的房间的具体环境，没有任何既定的模式可以遵循。如果房间中已经有一个和你背景类似的人，那么你只有选择等待或寻找另一个房间。

另外，有时提高你自身价值的一个简单方法是降低让你进入房间的成本。一些有效的方法如下：

- **与你的赞助者保持一致。**人们评估领导者的一个标准是他们的团队是否与他们保持一致。如果领导者已经宣布转向持续部署，而团队却在唱反调，那么人们就会怀疑到底是谁在领导谁。如果你与你的赞助者保持高度一致，你将更有可能进入房间，他们说不定还会把座位让给你，自己乐得清闲。
- **为他人进行优化。**Stripe 公司的一个老牌运营原则是“为 Stripe 优化”，这种为他人进行优化的心态，可以帮助你建立判断的信心。
- **说话清晰、简洁。**当你学会简洁地说话后，你将能够用更少的时间提出更多想法。你应该学会清晰地表达，如果人们不理解你的建议，那么它再好也没用。请记住，让别人理解你是你自己的事，别人没有义务一定要理解你。
- **减少摩擦。**人们很容易陷入这样一种陷阱，即把每次讨论都看作阻止即将发生的灾难的最后机会。在这种心态下，每次讨论都非常紧急，人们的情绪都很激动。因此参与这类讨论时，人们通常会把时间花在修复挫败感上，到头来无法取得任何进展。如果你能够被认为是一个可以有效地引导困难对话的人，那么你更有可能受欢迎。

- **做好准备。**一些公司将他们的工程师当作初学者看待，认为即使是非常有经验的工程师也不会阅读议程表、进行预读或为讨论做准备。在“容忍”和“赞许”之间存在相当大的差距，如果你能在每次会议之前花时间组织你的想法，你就会得到别人的赞许。当然，把你提出的想法落地也同样重要。

- **保持专注。**一旦进入房间，请务必保持专注。无论你还想做其他什么事，都等一会儿再说。

- **自愿从事基础的工作。**如果需要有人做笔记，请举手。如果需要有人跟进项目，请待命。当这些工作都很基础时，你可以优先考虑去做对你有用的工作。

要进入房间，你必须同时扮演好参与者和组织者的角色：能够发表独特而有用的观点，同时在房间中有效地传达你的观点。

留在房间里

进入房间是第一步，第二步是留在房间里。你需要做的是继续做那些让你进入房间的事情：把重要的信息带入房间，并呈现一个完美的自己。

如果你犯了以下几种错误，你可能会被赶出房间：

- **误解了房间的作用。**每个房间都有自己的作用，如果你尝试在一个房间里做另一个房间的事情，就会引起摩擦。外界对特定房间功能的认知（“他们在高层会议中做出所有决策”）与房间本来的作用（“我们不做出任何决策，只是对表面问题进行讨论”）相去甚远，这是很常见的。你最好花点时间了解房间的运作方式，并在尊重其作用的情况下融入其中。

- **教条主义。**随着你进入的房间的级别越来越高，房间中讨论的问题也越来越敏感（如薪酬、裁员、晋升、收购等）。这些讨论可能会很频繁，如果你很教条，就会引起摩擦，会拖慢讨论进度，阻碍讨论取得进展。

- **拒绝妥协。**高效的团体是由那些愿意接纳不同的意见并愿意做出承诺的个体组成的。你通常可以通过投反对票的方式迫使别人接受你的观点，但长此以往，你很有可能会被赶出房间。

- **没有发挥应有的作用。**在头脑风暴讨论中，每种想法都是受欢迎的。当你已经切换到操作模式来扫除项目执行过程中的障碍时，你必须了解房间里正在发生的事情。通常，这来自展示价值的强烈愿望。但请记住你是因为什么而进入房间的，不要认为你进入房间后就可以变成一个可有可无的人。

- **让你的赞助者尴尬。**记住，你之所以能够进入，是因为这个房间里有人支持你。因此你要谨记，你的所作所为不只代表你自己。

- **经常缺席。**房间里的位置是有限的，主持会议的人会优先考虑将位置给那些能够出席会议的人。

我认为人们很容易因为待在房间里而过度担心，因此你最好考虑一下这个房间是否值得你投入时间。

离开房间

重要的是，虽然有无限的房间可以进入，但没有一个房间是处理实际工作的场所。如果你有选择地进入房间，你将是房间中最有影响力的那个人。我见过有很多人不被允许进入他们所关注的房间，但我从未见过有人后悔过早离开一个房间。如果你进入一个房间后感觉没有用，那就离开。离开的时候，别忘了把你留下的位置提供给别人，他们会因此而感激你。

提高知名度

> 当人们，尤其是女性和从事非信息技术类工作的人来找我寻求建议时，我想他们最想听我谈的是如何成长为一名技术领导者，所以当他们听到我说“你可能已经具备了技术技能，你需要做的是提高你在公司的声誉”时，他们会感到很惊讶。如果没有良好的声誉，你是无法晋升为主管的。
>
> ——凯蒂·西尔－米勒

伯特·范给那些试图获得“主管 +”职位的人的最好意见是“晋升为主管工程师是运气、时机和工作成绩共同作用的结果”。“时机”也是一种特殊的运气，所以你可以省略它，这样就只剩下“运气”和“工作”了。

如果你足够幸运，那你就不必刻意去追求获得“主管 +”职位的途径。你已经在处理公司的头等大事了，有一个关心并支持你的经理，并在公司总部工作。如果你没有这些条件，那么获得晋升将是一个挑战，但是不要太失望，人们很容易低估运气的作用。

获得好运的有效方法是在公司中变得引人注目。当然，也有一些非常消极的方法可以提高你的知名度，所以为了避免你误解，我会稍微完善一下这个陈述：你的目标是让别人知道你做的好事，同时尽量减少你为此消耗的管理带宽。

为什么提高知名度很重要

凯蒂·西尔-米勒认为，提高知名度是获得晋升的关键：

> 想要晋升为主管，那你一定要确保你的工作能被别人看到，大家知道你的名字，而且你要有很好的声誉。

“主管+”职位是领导角色，你担任这样的职位后就进入了公司的领导团队，这一团队的其他成员希望能够确信自己正在与值得信赖的人一起工作。如果他们不了解你，当然就无法信赖你。

如果你在公司内部没有什么知名度，这种要求可能会让人觉得是小团体行为。相反，如果你在公司内部很有名气，这种要求则更像是为那些担任领导角色的人固定下来的一套一致的标准——如果你不熟悉他们，你怎么能和他们保持一致？

让我们来看看，在一位候选人被评估是否为领导团队的合适人选时，一个具有包容性的组织如何减轻可能会由不恰当的把关机制带来的负面影响。这很有趣。答案是他们设计了一套机制，以确保所有潜在的领导者都能接触到那些将评估他们是否适合担任领导职务的人。而在那些包容性较低的组织中，晋升的机会往往更青睐那些积极展示自我的人。

在公司内部提高知名度

在公司内部提高知名度的最好方法是去做那些对公司和公司领导至关重要的事情。这也是一个管理良好的公司评估你的贡献的最佳途径。

有时只做这些还不够，你还需要去做以下这些工作：

- 编写并分发更多长期文档，如架构文档或技术规范。
- 领导并偶尔参与企业论坛，如架构审查、全体会议和学习圈子。
- 成为团队和同事在 Slack 上的“啦啦队长”。
- 你也可以通过电子邮件而不是 Slack 带头欢呼。
- 将你的每周工作笔记分享给团队和利益相关者，以供感兴趣的人查阅。
- 为企业的博客写点东西。
- 参加团队或公司的办公会议，如果能主持会议就更好了。

去参与那些适合你的活动，这样既能发挥你的优势，又不会让你不堪重负。如果你和你的领导从未就你的工作进行过交流，那么自我推销可能会使你感到尴尬。记住那种尴尬的感觉很有必要，虽然完全不去回顾当时的尴尬能让你好过，但你必须学着适应。

让高管知道你

想要晋升为主管，在公司高管那里提高知名度也很重要。使用晋升材料，与你的经理一起努力。找机会与经理的经理建立关系特别有用，所有积极的影响都会对你有帮助。因为这些人往往在批准晋升的房间里，他们很少支持那些他们不了解的人。

在公司外部提高知名度

通过外部的知名度来影响内部的知名度往往会很有效。有许多成功的“主管 +”工程师在公司以外没有什么存在感，其实积极提高在公司以外的知名度将有助于他们的职业生涯。

与专注于内部知名度相比，提高外部知名度有一个优点，那就是你会有更多的空间为自己创造更广阔的市场。在内部努力往往最终会与同伴争夺关注，而在外部努力则不会。

就如何为自己提高这种知名度而言，你可以像麦克明或丹・纳那样进行会议演讲，也可以像米歇尔・布那样开通播客，还可以像凯蒂・西尔－米勒那样通过个人网站和书籍帮助人们解决问题，或者创建一个像斯蒂芬・惠特沃思（Stephen Whitworth）的“高增长工程”（High Growth Engineering）那样的邮件列表来记录可用的信息。

抓住知名度的红利

你通常可以在公司内部获得更高的知名度，但在某些时候，提高你的知名度可能会降低其他人的知名度。不过，公司内部的知名度并不是严格意义上的零和模型，它会受到人们注意力的限制。

我的建议是使用晋升材料进行练习，以确定缺乏知名度是否会阻碍你的晋升。如果是的话，请努力提高你的知名度，但一定要适度。**知名度是一种临时的红利，提升自己才是长久之计。**一旦你已经在个人知名度上做了该做的，就应该专注于其他更重要的事。

04 跳槽，获得理想职位的另一条路径

如果你对目前的工作很满意，那么你更应该有技巧地获得晋升而不是辞职。

我目前被 Fastly 公司聘为高级首席工程师。所以坦率地讲，对我来说影响最大的因素是跳槽。我所做的工作并没有发生太大变化，跳槽是让我最终获得晋升的原因。

——基薇 · 麦克明

我父亲是一名经济学教授。在他 20 多岁完成博士学业后，他开始在一所大学任教，并在那里获得终身职位。他又过了 40 多年才退休，然后去了一家公司从事技术工作，这听起来像是一个童话故事。

很少有人在一家软件公司有 40 年的工作记录，而且也很少有人会在 40 年的职业生涯中只受雇于一个雇主。即便这种情况真的发生过，对于那些渴望得到“主管 +”职位的人来说，也肯定是不常见的。曾经流行这样一个说法：许多工程师会花上 1 到 4 年在上一家公司获得尽量多的股权，然后跳槽。

一般来说，这些人只要认为环境适宜就会留下来，他们希望能在这里得到报偿。如果环境改变了，他们中的有些人会很快离开，一些人会再挣扎一段时间，然后在精疲力尽后离开。

想要从高级工程师晋升到“主管 +”职位，通常需要花费数年时间建立起知名度和信誉。如果你觉得自己离晋升只有一步之遥，就很难轻易放弃，离开就意味着一切都要从头再来。

正如麦克明所说，人们通过跳槽来获得他们的第一个“主管 +”职位是很常见的。即使你在一家公司内已经有了很高的知名度，有时辞职仍是最有效的达成目标的方法。

什么决定是正确的?

在进一步讨论之前，我想介绍跳槽的两种截然不同的情况：一种是因享受优待而很顺畅的情况，另一种是严格遵循流程的情况。你的居留权可能取决于工作签证，你可能需要养活一个大家庭，你可能被限制在雇主很少的地理区域。下面的讨论侧重于前一种情况，对技术职位已经有足够的经验，希望获得“主管 +”职位的人来说，这是常见的情况。如果你的情况并非如此，你可以略过下面的内容。

为什么辞职

最了解你长处的公司就是你目前所在的公司，它也是最有可能给你“主管 +”职位的公司。然而，真正要获得这个职位还取决于很多其他因素，因此“最有可能”也只是纸上谈兵而已。

如果你目前所在的团队很高级，你可能很难证明你在“主管 +”工程师方面的能力，因为你的同事们都很给力；你经理的预算可能有限，没有空间给其他的主管工程师发挥；你可能缺少公司内部的赞助者；公司可能根本不需要额外的主管工程师……以上因素中的任何一个都可能导致你在目前的公司无法得到晋升。不过，当你决定跳槽，你可以一直面试，直到你找到一家可以为你提供这个职位的公司为止。你可以刻意选择面试创业型的公司，这些公司可能很看重经验。面试过程还会为你自动带来一个赞助者——招聘经理。在面试过程中，他的目标与你的最一致。

技术面试是一种没有标准且不值得信赖的预测指标，这对行业和公司都是不利的。但你如果打算获得“主管 +”职位并愿意为此进行大量面试，这对你又是有利的。面试创造了进行“偏见套利”的机会，说不定能帮你找到一家格外重视你的公司，例如一家重视会议演讲知名度，或需要有设计 API 的经验，或需要写过相关编译器的博士论文的公司。

有时你会在一家公司陷入困境，因为你的声誉阻碍了你的进步。也许你被贴上了“难相处”的标签，也许你在午餐时让一位有影响力的主管尴尬，这些情况可能会妨碍你的晋升。如果你加入一家新公司，就不会有这些负担。

你是否真的可以在科技行业产生影响是一个悬而未决的问题。不过，如果你在科技中心或者相关的大公司工作了十多年，那么你几乎肯定会与面试你的人有联系。

如果你在一家公司表现不佳，也许是因为你的经理是一个专横的人，或者是因为你正在经历人生中的一段艰难时期，那感觉就像一团乌云笼罩了你的未来。就像一般的面试过程一样，并非每家公司都需要推荐信，或者都会做背景调查，这些都是非常随机的。那些在工作中不断做出不道德行为的人反而能在知名公司不断获得工作机会，就是最好的证明。

辞职以外的其他选择

如果你因为缺乏兴趣、活力、支持或发展机会而辞职，那么在辞职之前你至少得先梳理一下公司的内部环境，这可以让你在跳槽以后仍然拥有公司内部的关系网。根据每家公司的规模和增长速度，有些员工每两三年会在同一家公司内调一次岗，这也是保持参与感和学习动力的有效方法。

如果你因精疲力尽而想辞职，那你可以考虑先休个假，这样你可以花几个月的时间为自己充充电，这通常与调岗同时进行，这种操作在大公司中司空见惯。当然，你的同事休产假并不属于这种情况。

裸辞适合你吗

如果你确实感到精疲力尽，那么“裸辞”是值得考虑的。有一个简单的清单来确定这是不是一个好选择：

- 你的签证支持吗？
- 你做好至少一年没有收入的准备了吗？
- 你所在行业的就业竞争情况是否非常激烈，以及你对下一份工作的地点是否没有太多的要求？
- 面试顺利吗？
- 你能向面试者给出一个关于裸辞的合理解释吗？
- 是否有人可以为你提供关于跳槽的积极的建议？

如果以上所有问题的答案都是肯定的，那你应该不会后悔选择裸辞，你甚至可以把它当成一次休假。但是请记住，往往只有那些裸辞 6 个月以上的人才会感到重生，那些裸辞后很快就投入另一份工作的人在回来时往往只恢复了一部分。如果你确实要裸辞，我强烈建议你把你的经历记录下来，即使不分享你所写的内容，记录也将有助于你以后处理相同的情况。

了解公司对你的态度

如果你在当前公司快要晋升为主管，那么绝对有一家新公司会给你主管职位。但是你是否会喜欢在新公司工作，在那里你是否会得到支持，这些问题都是未知数。如果你在公司内部的声誉受损，或者你多次处于晋升的边缘却都没有得到晋升，而头衔对你又的确很重要，那么你应该认真考虑跳槽。在那之前，你必须弄清楚你现在的公司是怎么看待你的。

如果你对目前的工作很满意，那么你更应该有技巧地获得晋升而不是离职。许多人在晋升到“主管 +”职位的道路上遇到了麻烦，使用晋升材料等手段也许可以帮助你摆脱困境。如果你已经使用了所有方法，但仍然无法达成目标，那么可能是时候离开了。

人们很容易对这些事情想得太多，因此很少有人会主动讲述他们在过去 10 年中留下来或离开某家公司的故事。

找到适合你的公司

有两件法宝可以帮助你得到“主管 +”职位：在面试时直接提出你对未来职位的期许；或者入职那些能提供相应职位的公司，同时与一个愿意支持你的人建立关系。要让这两件法宝起作用，你必须先选择一家合适的公司。

好消息是如果你加入了一家适合你的公司，你可能只用投入数周而不是数年就能判断是否可以获得主管职位。而如果你加入了一家不适合你的公司，那么你将踏上一个长达数年的未知旅程。这是一个令人生畏的决定，你选择的公司将对你能否顺利获得“主管 +”职位产生相当大的影响。

去特别重视你的地方

如果你想快速升职，那么你应该去一个特别重视你的地方。例如，Fastly 公司重视麦克明的 API 设计经验，Stripe 公司重视德米特里在编译程序方面的经验。如果某家公司特别需要你在某一方面的经验，那么你对这家公司的影响力将非常大。

经营良好的公司会因为你擅长的事情而重视你，经营不善的公司会因为你的身份而重视你。例如，在有的公司中流行一种将攻击性视为领导力的文化，这些公司确实会提拔那些最具攻击性的人，但这样做会损害他们的团队。你会发现，公司给你开的价很不合理，因为它只看到了你做的那些琐碎的工作，而没有看到那些你认为有价值的贡献。这对公司来讲似乎没什么问题，但会让你感到相当沮丧。

企业价值观影响并不大

当决定跳槽来一家公司时，你需要考虑是否能接受这家公司的价值观。了解一家公司的领导风格是精英主义还是程序主义很重要，很少有公司会绝对采用哪一种风格，但大多数公司都会倾向于某一种。

当然，人们不会用这些词语来形容自己。几年前，第一种风格被称为“精英制度”（meritocracy）。现在这个词已经不再流行了，但这种风格仍然存在，在硅谷尤其常见。这种风格充满不确定性，但通过迎合一小群精英的需求而得以留存。一般来说，在这些奉行精英主义的公司中，如果你的风格与公司的风格匹配，你会变得非常成功；但如果不匹配，你可能会经历一段艰难的过程。

奉行程序主义的公司认为，一致性有助于推动公平发展。这种公司推崇忠实地执行政策，没有例外：设计好时钟，让它启动，看着它运行，偶尔进行维修。这些公司往往更多地受到结构驱动，而较少受到直觉驱动，这样可以为更多的人创造更多机会。但它们也可能是僵化的官僚机构，机械的制度常常会磨灭个人的光彩。

精英主义者和程序主义者都不可避免地将他们的世界观作为唯一的衡量标准，选择哪一种风格取决于你自己喜欢哪一种风格，以及公司的领导层是哪一种风格。选择不同，你将拥有截然不同的经历。

在面试过程中，你可以使用以下这些方法来区分这两种风格：

- 那些没有严格的薪酬制度的公司由精英主义者领导；拥有严格的薪酬制度，并一丝不苟地执行的公司往往由程序主义者领导。
- 会为某个人单独设立一个职位好让他加入的公司往往由精英主义者领导；那些只雇用计划中的职位的公司由程序主义者领导。
- 拥有临时的或非结构化面试流程的公司，更看重的是你的创造力，它们希望应聘高级职位的人都能有自己的想法，这类公司往往由精英主义者领导；那些更看重规则的公司则由程序主义者领导。
- 那些常常临时安排面试的公司往往由精英主义者领导；那些严格按照流程评估你的公司往往是由程序主义者领导，它们可能不会让你“发光”。

无论公司奉行精英主义还是程序主义，本质上都不会对你应聘“主管 +”职位有什么帮助。这将取决于你的身份和公司领导的身份，根据两者身份的差异程度，你可以大致评估在应聘“主管 +”职位过程中将获得的支持和反对的程度。

你是哪一类原型

大多数公司只会雇用一两类“主管 +”工程师原型（详见第 1 章），当然，它们可能会把正在招聘的职位都称为“主管 +”工程师。如果你想弄清楚一家公司的目的，最有效的方法是联系这家公司中的一些“主管 +”工程师，了解他们所做的工作。不过，大多数公司都不会刻意区分其雇用的“主管 +”工程师原型的类型，因此直接询问很少能起到预期的效果。

足够大的公司可能最终会雇用 4 种“主管 +”工程师原型，但需要很长时间才能实现，这通常是在公司规模扩展到拥有数千名工程师之后。

评估未来的成长空间

你如果只在快速发展的创业型公司中工作过，那么你可能无法想象在“主管 +”工程师职位上工作的人会缺乏成长空间。但对于那些发展缓慢的公司来说，一个令人惊讶的普遍现象是：根本没有工作或预算提供给“主管 +”工程师。对于尚未适应市场的公司来说，这是很常见的——当一家公司既需要频繁变化又必须保持高度一致时，领导层的职位就有限了。对那些以开发人员为中心或销售某种技术基础设施产品的公司来说，情况可能不同。

如果你加入一家快速发展的公司，获得“主管 +”工程师职位的机会就会自然而然出现。在发展较慢的公司中，你可能需要等待某人离开他当前的岗位后才能获得这种机会。这并不是说你必须加入一家快速发展的公司，在这种公司中工作往往压力很大，而且这种公司的流程往往不太正规。

先找到赞助者再去面试

想要在一家新公司获得“主管 +”职位，你需要得到公司内部的人的支持，他们愿意克服相当多的困难来帮你获得这个职位。想要晋升为“主管 +”工程师，你需要一位相信你的经理和他的管理链条，他愿意帮助你，成为你的赞助者。如果在公司内部没有一个有能力的领导者愿意成为你的赞助者，你就无法获得“主管 +”工程师职位。

在跳槽时，你最好先找到赞助者。面试通常可以为你带来一位赞助者：招聘经理往往与你的目标是一致的。同样重要的是，你在面试上投入的时间成本是很高的，但与在一家公司工作了两年才意识到自己永远无法成为“主管 +”工程师相比，这一成本还是相对较低的。

最容易找到的赞助者是你以前合作过的人。一位高级领导者加入一家公司，然后引入他以前使用过的某种管理模式，并且推荐他的前同事加入。这种情况很常见，它依赖于这种“将推荐人作为赞助者”的模式发挥作用。也许有人觉得这种模式有百害而无一利，但如果谨慎行事，这种模式也不一定是有害的。

在这一点上，外部资料和网络可以极大地帮助你找到赞助者。那些看过你演讲的人、读过你博客文章的人以及认同你推文观点的人，更有可能在你面试和以后的晋升过程中主动成为你的赞助者。

公司 5 年后还存在吗

如果你正处于职业生涯的早期阶段，正在寻找晋升为“主管 +”职位的机会，那么考虑一家公司能否长期存在是很重要的：你希望你能在 5 年后晋升为“主管 +”工程师，而公司 5 年后是否还存在？

更微妙的是，你还必须考虑你那些潜在的赞助者的任期。有一些出色的领导者为每个人创造了公平获得“主管 +”职位的机会，但是这些区域很快就会变成一个“价值观绿洲”。一旦他们离开公司或者离开领导岗位，他们努力取得的成果就无法维持下去。

你可以加入那些具有真正有效的商业模式的公司，并与公司最高级领导层保持一致。这样一来，即使你的经理离开了，你仍然能与下一任经理保持一致，从而降低持久性方面的风险。

与公司步调一致

在漫长的职业生涯中，你有时候会休息，有时候会去寻找具有挑战性的、开放的机会。在其他时候，你会精疲力尽，疲惫不堪。如果你接受了一个目前还无法胜任的职位，就会伤害到你自己。在担任技术领导时，确保公司对你的期望值与你能够做出的贡献值步调一致非常重要，因为你将在一定程度上接受评估，成为公司的榜样。

全方位了解目标公司

获得一个“主管 +”职位比完成一次典型的软件搜索要慢得多，通常需要花上几个月、几年而不是几周时间，并且很少有人能很快成功。当你评估在一家公司中是否能获得“主管 +”职位时，你还必须评估在这个流程中能够想到的所有其他事项。

你应该从可以提供内幕消息的渠道了解尽量多的信息，确保你可以持续参与新公司的任务。寻找你在新公司中能够学习的人，如果你发现这些人对主管的要求使你担心自己在新公司的发展，那么好消息是你还可以取消当初的决定。

关注面试中的信号

当你决定去面试高级工程师职位时，你应当大致知道会发生什么：刷新简历、破解代码，研究下一家目标公司。当进入面试流程后，你要知道自己将参加至少 5 次面试，包括一些编程练习、一些关于技术架构的讨论，以及一些关于文化、行为或职业问题的问答。

如果你能以同样明确的期望开始这个“主管 +”面试流程，那就太棒了，但大多数求职者都觉得这一过程既冗长又似曾相识：它可能与你获得高级工程师职位的面试完全相同，也可能是在一个工程经理职位的面试中添加了一些编程问题，当然它还有可能完全是另一回事。

适应模糊性是“主管 +”职位的核心技能之一，因此特别乐观的人可能会将“主管 +”职位的面试视为展示其技能的好机会。如果你不那么乐观，你可能会发现这一过程有点令人沮丧，做一些准备工作可以大大增加这些面试的可预测性。

明确你的底线

在你的职业生涯中，工程领导阶段可能会持续 20 年。如果从决策的角度来考虑，如何度过这段时间则可能会由你做出的 4 ～ 5 个关键决策来决定。这些决策中的每一个都很重要，你应该有意识地重视它们。在进入面试流程之前，请你花一些时间明确你愿意参与哪些类型的面试，并思考哪些公司适合你。

在面试过程中，你会得到一些信号，这些信号表明这家公司其实不太知道应该如何面试“主管 +”工程师。因为大多数公司的“主管 +”工程师面试流程都差不多，所以当你遇到千篇一律的、僵化的面试流程时不必在意。

但你确实应该考虑在这些信号中，是否有哪一个已经触碰了你的底线。

许多在“主管 +”职位上的人都有一条底线，那就是他们不愿意在面试过程中编程。这通常意味着，在许多公司用来评估职场新人的那些算法问题上，“主管 +”工程师犯的错误可能会更多。“主管 +”工程师之所以会采取这种立场，是因为他们认为一个只注重快速编程的公司很可能会滥用“主管 +”工程师这一头衔。这是你的底线吗？

面试中绕不开的问题

在明确了你的底线之后，接下来你需要弄清楚公司的实际面试流程。你可能会担心，问这些问题会让目标公司觉得你不够专业，但向招聘经理询问有关面试过程的更多细节是非常合理的。在应聘“主管 +”级别的职位时，如果你不问清楚这些细节，反而会让对方质疑你的专业性。公司也希望你面试成功，而了解这个过程是面试准备工作的重要组成部分。

在开始面试之前，你需要了解的 3 件最重要的事情如下：

- 面试的形式是怎样的？面试官会询问哪些问题？
- 是否需要进行特定的准备工作？
- 面试官是谁？

你最好先就这些问题做好准备工作：想好要如何应对不同类型的问题；为可能需要的演示准备好材料；提前了解面试官，根据他们的背景来修正你的回答。

如果你正处于面试过程中，这也是一个调试的时刻。如果对你进行面试的小组主要由初级和中级工程师组成，那么该小组将无法正确评估你的能力，他们也无法决定一个比自己职位更高的职位的聘用结果。如果他们没有深入了解你以前的成就，也没有给你展示的机会，那么你通常很难展示你的“主管 +”级别的专业知识。

如果面试流程设计得非常糟糕，但你非常擅长参加面试，那么你可能会得到这个“主管 +”职位。如果你对这一过程有什么意见和建议，还可以礼貌而有技巧地提出来，帮助招聘人员设计更合理的“主管 +”面试流程，这样更加有助于你取得成功。

了解目标公司的结构何时发生调整尤其有价值。一些公司会刊登广告招聘特定的职位，这时你可以直接申请你认为合适的职位。如果你希望获得高级工程师职位，请直接申请。但是，有许多公司的广告中的职位描述并不准确，实际工作内容可能与职位名称有出入，也有一些公司的职位描述与实际工作内容十分一致。要想知道答案，唯一的方法是询问。

掌握面试的主动权可能会让一些人觉得很不自然。从理论上讲，你表现得过于强势可能会使你错失一些机会，但这最终会引出一个好的结果：你的目标是找到当领导的最好的机会，而不是抓住第一个可得到的机会。

完美收尾

即使你在面试过程中一带而过，也一定要在接下来确认一些细节问题，记住，要善始善终。向你的推荐人反馈你参加此次面试的感受，向面试官发送表示感谢的电子邮件，就薪酬等一些细节问题进行确认。在这种情况下，“最后一公里”是最容易走的，只要你花时间走完它即可。

协商薪酬，表达诉求

早在2012年，帕特里克·麦肯齐（Patrick McKenzie）就撰写了《薪酬谈判》（*Salary Negotiation*）一书，该书后来成为软件工程师协商薪酬的指南。这是一本很棒的书，它将教会你如何与公司协商包括“主管+”等职位的薪酬。如果你以前没想过这个问题，那你现在就可以开始想了。

在你职业生涯的大部分时间里，你得到的薪酬都是以一种相对公式化的方式计算出来的。也许他们有一个薪酬计算器，或者他们根据你之前的薪酬为你定酬，总之这往往是由公司单方面决定的。然而，薪酬谈判是有一个“门槛”的。如果你应聘的是在这个门槛之上的职位，公司将愿意就薪酬问题与你进行协商。但你只能凭直觉判断你是否已经跨过了那道门槛，因为没有人会告诉你。

这种“定制报价”的方式在薪酬方面具有更大的灵活性，特别是在涉及股权的部分。也就是说，薪酬不仅可以是金钱，还可以是公司能够提供的其他福利。公司通常在这方面不会破例，但它们愿意为高管破例。例如：

- 标准格式的合同可能会规定员工在离职后有3个月的时间来处理股权等问题，如果对象是优秀的主管工程师，公司可能愿意将这一期限延长至5年。
- 公司可能并没有准备为每个员工提供锻炼业务能力的机会，但可能愿意破例为高级主管工程师提供这项福利。
- 公司可能愿意为高管提供额外的假期。
- 公司可能愿意为高管提供更灵活的考勤制度，甚至同意你居家办公。

我们很难知道某个公司的某个特定职位是否已经跨过了门槛，也很难询问已经在公司的其他“主管 +”人员，因为他们可能从没有就这些方面进行过谈判，也许是因为他们是从公司内部晋升的，因此从来没有谈判的机会。一般说来，如果一家公司的员工超过 20 人但不足 500 人，那么除非你正处于即将出任“主管 +”职位的过渡阶段，否则公司不太可能为你破例，因为它根本没有能力这样做。但是，如果一家公司有数千人，其中只有十几个人与你的水平相当，那么公司很可能愿意为你提供一些优待。

重要的是，你要让谈判的内容具有战略意义。如果你坚持在所有商务旅行中乘坐头等舱，你可能会如愿以偿，但这种毫无战略意义的要求会传递出“你受到了优待”的信号，公司可不喜欢这样。

无论你试图谈些什么，先花点时间将你的诉求描述得更加合理，说明它为什么对你很重要。例如，我曾遇到过的一位高级职位的候选人要求延长股权行使期限，理由是他刚买了一套房子，并且最近才行使了前一家公司的股权。这听起来就比只要求更多的现金补偿要合理得多。合理的要求可以帮助你完成谈判，并且不会给人留下不好的印象。

05 14 位知名主管的技术领导力故事

STAFF

ENGINEER

追随自己的激情很重要。

在我的第一本书出版后，没过多久我就意识到，我不是那种喜欢看读者评论的人。我至多也就是在很短一段时间内自我感觉还不错，多数情况下，我会感到比较失落。

在我看书评的时候，曾经看到过一个评论说我的书过于以硅谷为中心，以至于多数读者并不能从中受益。

后来，当我构思这本书时候，我就尽量避免光以自己的经验为中心而忽略其他人的经验。更重要的是，我意识到自己的事业是建立在一套特殊的观点、运气和特权的基础上的。我希望这本书能够为不同行业的读者提供有益的指引。

总之，这本书最精彩的部分是那些不同行业的人坦诚而有深刻见解的访谈故事，我很庆幸能够把这些访谈故事写进本书。如果你看到现在仍觉得尚未从这本书中获益，我希望你能从后续的访谈故事中获得一些独特的启发。本章后续的访谈故事都将以问答的形式展开。

米歇尔·布：我所追求的激励型工作，是令我充满活力的工作

Stripe 公司支付产品技术负责人

Q 请介绍一下你现在的角色：你供职于哪家公司？你的职位是什么？你和你的团队主要做什么类型的工作？

A 我是 Stripe 公司的支付产品技术负责人，直接与公司首席产品官共事。我为重要项目提供技术支持，致力于解决全机构范围内的紧急问题。通常，我 80% 的时间花在一两个跨机构的大型设计项目上，剩下 20% 的时间用于检查和支持全机构范围内的技术和产品设计，特别是 API 设计。图 5-1 是我经常使用的一个文档范例，用于记录目前要处理的三大优先事项。

我管理着两名工程师，他们在核心领域有着比较深的造诣。这样我既能扩大自己的影响力，又能帮助这两名工程师深入了解 Stripe 公司的更多领域。目前，其中一名工程师致力于核心支付产品的 API 开发，另一名工程师则致力于不断改进集成体验。我同时承担了一些技术方面的工作，我的计划是确保每次只处理几个报告。

Q 在你所在的公司，一位“普通”的“主管 +”工程师一般做什么工作？你也需要做这些工作吗？是否还会做一些不同的工作？

A 在 Stripe 公司，多数“主管 +”工程师是以具体的团队的形式来开展工作的。有一些“主管 +”工程师会担任技术负责人的职务，他们负责一些跨产品线或者跨技术领域的项目。在 Stripe 公司中有两类“主管 +”工程师：

一类致力于横向发展，另一类则致力于纵向发展。

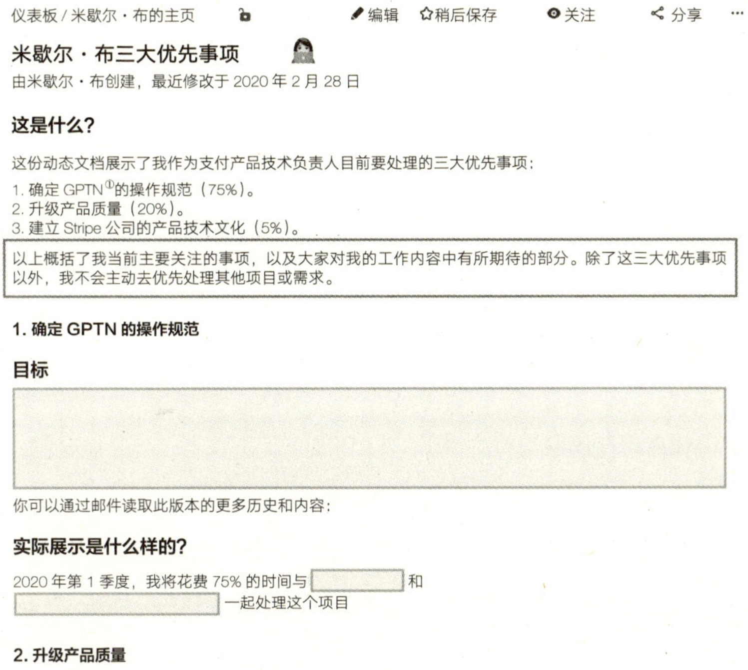

仪表板 / 米歇尔・布的主页　　编辑　稍后保存　关注　分享　…

米歇尔・布三大优先事项

由米歇尔・布创建，最近修改于 2020 年 2 月 28 日

这是什么？

这份动态文档展示了我作为支付产品技术负责人目前要处理的三大优先事项：

1. 确定 GPTN[①]的操作规范（75%）。
2. 升级产品质量（20%）。
3. 建立 Stripe 公司的产品技术文化（5%）。

以上概括了我当前主要关注的事项，以及大家对我的工作内容中有所期待的部分。除了这三大优先事项以外，我不会主动去优先处理其他项目或需求。

1. 确定 GPTN 的操作规范

目标

你可以通过邮件读取此版本的更多历史和内容：

实际展示是什么样的？

2020 年第 1 季度，我将花费 75% 的时间与＿＿＿和＿＿＿一起处理这个项目

2. 升级产品质量

图 5-1　米歇尔・布的优先事项文档范例

致力于横向发展的工程师主要负责一些抽象的、跨部门的项目，以此展现他们的价值。他们通常积累了多个领域的丰富经验，同时在多个跨部门的项目中担任重要角色。我们的产品设计团队中有大量这类工程师。

致力于纵向发展的工程师往往会成为某个特定领域的具体事项方面的专家，他们负责一些重大的、长期的项目。我们的产品架构和系统团队中有大量这类工程师。

① GPTN 是 Stripe 公司为各种金融交互提供的通用基础设施。——编者注

Q 你认为“主管 +”工程师在哪些方面最有影响力?

A 关于这个问题，自我担任支付产品技术负责人以来，我的想法一直在变。在一些情况下，支付产品是由 20 多个团队合作完成的。我们负责大部分面向用户的 API 和用户界面库的设计工作。

我已经习惯于使用“充满活力”而不是“有影响力”来形容这件事。“有影响力”给人一种以公司为中心的感觉，这虽然也很重要，但“充满活力”更注重内在。我所追求的激励型工作是一份能让我充满活力的工作，这也是我能够在 Stripe 公司工作这么久的原因。

我直接在团队工作的时候，以及我能直接与用户互动的时候，也是我最受激励的时候，包括帮助用户使用 Stripe 公司的 IRC（International Relay Channel，一个多用户、多频道的讨论系统），以及帮助客户设计并安装一个可整合使用的 API。

当我在一个团队中工作时，我最受激励的时候就是我赞助的人宣布他成功地交付了一个项目的时候，或是我成功地帮助一个设计团队建立并调整了一个非常重要的课题模型的时候。是这些团队而不是我在日复一日地完成这些艰难的工作，他们建立并维护自己的技术模型。我需要这些团队的支持才能取得成绩。更重要的是，公司是通过这些成绩是否有助于实现公司的目标来评价我的工作成果的。

下面我举一个具体的例子。最近，为了建立一个共享的思维模型和已有 API 的分类词库，也为了方便讨论和设计后续新的 API，我和另外一名“主管 +”工程师按照流量、引擎和配置等对常见的 API 进行了分类。大家看到我们设计的这些分类词库以后，就立刻开始大范围地使用这些分类标签了！也就是在这些时候，我真正感到我正在通过共享有益的思维模型和想法来创造价值，也在扩大我自身的影响力。

我也会花一些时间在我们的评价论坛上，比如看看针对 API 的评论等。不过这类论坛的作用更像是代码审查。在设计过程中，这类评论是比较滞后的，且更倾向于讨论如何避免坏的结果，而不是讨论如何与团队并肩作战、共同创造好的结果。当我能够为产品团队的工程师提供有力的工具，使他们能够设计出出色的 API 时，我感觉自己非常有影响力。

Q　你认为哪些事情是在你成为“主管 +”工程师后才能做到，在此之前无法做到或者不会去做的？

A　我在 Stripe 公司工作的时间比较长，从 2013 年一直到现在。由于我被授予了终身职位，因此我积累了一定的影响力。但我目前的支付产品技术负责人职位，以及我直接向首席产品官汇报工作的事实，确实改变了人们与我互动的模式。我现在在工作中确实感到比以前孤独了一些，我目前正积极地适应这个新常态。

我目前还需要逐步适应的状况是，现在大家会期待我对正在讨论的事项发表意见！当我还是普通的工程师且直接在团队中工作的时候，这种情况是不会发生的。我记得在我刚刚升职没多久的一次会议上，我因为有点疲倦，所以比平时沉默了一些。后来我听说项目建议书的汇报人员很担心我不喜欢他们的项目建议，因为我当时在会上什么都没有讲。这也是我第一次意识到，大家会期待我发表意见，期待我支持他们的想法！自那以后我就比较注意了。我在会议上总是保持很投入的状态，积极给大家反馈，即便只是明确表示我还没有确定最终意见。

与我还没有达到当前职位的时候相比，一些人现在对我的意见更加重视，对我的态度也更加恭敬，这点其实是具有一定迷惑性的。以前，大家在工作中有时候不是很配合，或者会直接摈弃我的意见。我认为有这样的经历未尝不是一件好事。现在我可以很自信地对大家在工作中的积极配合给予很热烈的反馈，这样我就可以确保以往发生在我身上那种不配合的情况不会再发生在其他人身上。现在我比较担心的是，我可能会越来越难以发现这样的情况了。

Q 现在，你花在编程上的时间越来越少了，请问你怎样保持对其他工程师开发工作的同理心?

A 我担任新职位刚刚一年的时间，所以目前我还没感觉到那种疏离感。随着时间的流逝，这种情况也可能会发生变化。在此之前，我曾经担任过一个小领域的技术负责人。在担任那个职位期间，我编写了少量的软件，参与我们团队的运转，对新需求进行分类并修复一些紧急的漏洞。

在担任当前新职位的情况下，为保持这种同理心，我花了大量时间与工程师和项目经理们就项目执行进行一对一沟通。比如，本周我就完成了多达 12 次且每次时长 30 分钟的一对一谈话。我也会随时关注 Stripe 公司发生的每个事件（我们有一个叫 Slack 的群，当人们加入以后就会自动被邀请到每个事件的 Slack 聊天室）。事件发生的时候，Slack 聊天室里的相关讨论会吸引我们去关注并参与其中。通过了解每个事件的细节，我可以评估我们系统的实际运行与我日夜构思的理想架构或产品之间的差距。我想要了解工程师们遇到问题的具体情况、他们掉进了什么样的失败陷阱里、开发环境是否能够支持工程师们走出这些陷阱。我认为自己能够推动工程师们获得更好的发展并走上管理岗位。因此深入了解我们的现状，对我来说是有重要意义的。

Q 你会花时间去推动技术、流程或架构方面的变革吗？

A 目前我不会花很多时间去推进某些具体的技术或者项目，我会花更多时间授权其他人去推进他们认为比较重要的技术和项目。我也在努力成为一个知识源，以确保大家能够得到有效的反馈，尤其是在一些跨领域的产品决策方面，以及向组织中的其他成员展示想法方面。

对于那些我认为能够切实完善架构或者界面的项目，我会花时间去引导和跟进。但总的来说，任何理想的状态都是靠团队成员们的共同努力才能达成的，因此他们需要有主人翁和“被授权”的感觉。我花很多时间与工程师和产品经理进行直接交流，他们才是真正在日常工作中做决策的人。最理想的结果是，我与工程师和产品经理能够在方向上达成一致，这样他们在自己的团队中就能够做出正确的决策，并向着我们约定的目标努力前进。

就我现在负责的这些项目来说，想要做好这件事越来越难了，因为这需要我为很多很多团队明确理想的架构和界面。具体来说，是每个有关支付产品的团队！我还没想出一个可行的办法让大家一起参与进来，甚至连编写文档也很困难，而这是发布信息的最佳可拓展途径，因为不同的团队是从不同的角度来完成界面设计的，所以每个团队遇到问题和解决问题的途径也是很难共享的。我目前采用的方法是像用户测试一样对待文档的审查：观察团队中的每个人是如何阅读文档的，看他们的鼠标指针停留在哪里、对哪些内容有反应等。这种方法目前运行良好。

针对不断变化的支付领域设计 Payment Intents API，是对我们所钟爱的 Charges API 的一种重新构思。我之前负责过一个类似的前沿项目，全公司的人花了整整两年的时间才使这个构想真正落地。尽管整个部门投入了大量精力，但我们迄今为止也未能实现当初设计的全部功能。这并不是一个 bug！在验证设计的同时，我们专注于为用户提供增值服务。即便我以后不在这个团队工作了，我也仍然期待这些目标宏大而高远的设计项目能够继续下去。这项工作的一个重要组成部分就是把一切都写下来。

我曾经参与编写一个规范文档（见图 5-2），其中定义了一些理想化的抽象概念。直到现在，那个团队的工程师们仍然把这些抽象概念看作重要的指引。

如果有两个以上的人问了同一个问题，我就会立即把这个问题添加到常见问题库中。我对每个人的反馈和问题都非常重视，并自己承担了验证责任。最终，我们使自己的工作达到了完全透明的状态。我甚至参与创建了一个决策日志，公司的任何人都可以使用它来跟踪项目的进展。决策日志中的每一项都简明扼要地描述了一个产品或技术决策，记录了哪些人参与了决策，并链接到详细的支持技术设计文档——这些文档中通常包含了完整的问题报告，以及替代性选择的评估意见。

总的来说，我发现对于那些比较重大的设计项目，不管我们是否做好了直面反馈的心理准备，我们都要保持非常公开和坦诚的态度，这样做可以帮助我们赢得确实在乎这些问题的人的认同。在我负责过的一些项目记录文档的开头，你会发现图 5-3 所示的措辞。

支付相关概念总览

米歇尔·布 这份文档回顾了支付工作流团队定义的有关支付的核心概念。这些概念有意忽略了Stripe 公司目前的一些概念和限制，而综合考虑了网络、监管、支付方法的现实情况等。理解这些概念对理解我们的增量阶段和建议的工作流是非常关键的，你可以在文档的最后找到这些。

请注意，本文档中所有项目、参数、枚举名称都是内部名称，而不是用户看到的最终 API 名称。我们非常乐于讨论命名的可能性！

支付工作流决策

支付工作流决策

历史决策日志

2020 年 3 月 25 日

一项支付意图从来不会产生多于……

2020 年 3 月 24 日

消费者 / 项目管理极限检验将会成为……

2020 年 3 月 23 日

请不要再发送授权成功的HTTP 回调……

2020 年 3 月 19 日

消费者接近最大付款限额……

2020 年 3 月 18 日

所有支付方法的消费将会……

2020 年 3 月 16 日

使用组控件更新源数据

2020 年 3 月 11 日

关于会话卡授权记录删除

2020 年 2 月 28 日

西格玛 <> 支付流工作模型

2020 年 2 月 26 日

被允许的付款方式重接……

2020 年 2 月 25 日

移动特定的新付款数据重定向……

2020 年 2 月 21 日

保持同步……的团队流程

2020 年 2 月 20 日

文档付款方式数据……

2020 年 2 月 14 日

……

米歇尔·布 进行支付工作流决策
操作指南
决策模板

历史决策日志

你在寻找决策吗？试试这些文档

2019	2019 支付工作流决策
2018	2018 支付工作流决策

2020 年 3 月 25 日

一项支付意图从来不会产生一次以上的成功支付

详见：决策：一项支付意图从来不会产生一次以上的成功支付

一项支付意图从来不会产生一次以上的成功支付。而且，一项支付意图一次只会尝试通过一种支付工具来转移资金。

支付意图是 Stripe 公司通过单一支付工具来收集一个款项的支付机制。

链接中的文档详细描述了多捕获结构、分次招标、启动订购的支付意图等。

@ 艾伦·S @ 梅迪·S @ 米歇尔·布 @ 丹·W @ 凯文·L

图 5-2 规范文档示例

请注意，我们尚未对以上内容的反馈做好处理准备，因为我们自己的想法也不够成熟！ :)

欢迎大家对“我们的上周发布”版块中的相关项目提出反馈和建议。“我们的本周工作事项”版块中的项目尚在开发中。请大家自由留言，特别是如果你清楚地知道这个 DRIS 缺少了什么的话。但请注意，我们还在对这些文档和原型进行积极迭代，DRIS 也正在形成关于这些领域的想法和观点。

此外，对于小问题，请大家提交拉取请求。

图 5-3　项目记录文档示例

注：DRIS 是指域内资源整合系统（Domain Resources Integration System）。

Q 赞助其他工程师是你目前工作的一个重要方面吗？

A 是的，这是我在所有的工作中最喜欢的一部分。我很看重和我一起工作的人，他们是我在工作中获得激励的重要原因。

我所做的赞助工作主要是为技术工程师和个人贡献者创造空间，使得他们可以去做那些他们重视的、有影响力的工作。幸运的是，到了目前的职位，我不需要再花时间去努力证明自己的能力，我可以花大量的时间为项目提供支持或者帮助其他人提升。我很少宣称对某项工作负责，也很少要求我赞助过的项目明确挂上我的名字，虽然当这种情况发生的时候，我确实也感到很开心。对更多没有固定期限的项目来说，以我的名义来赞助这些项目有时是很有用的。比如，我最近启动了一个产品质量指导项目。在这个项目中，我更多承担了协调人的角色。我挑选接受指导的人，把他们与导师们进行匹配，偶尔也会检查他们的工作。在项目里，我确实不像导师们那样做很多具体的指导工作，但确实是因为我赞助了这个项目，这个涉及整个组织的项目才得以顺利启动。

我慢慢发现，对于那些想要寻求建议以便应对复杂项目或消除技术分歧的人，我可以提供“小黄鸭式”[①] 支持和帮忙。这样一来，我在帮助他人取得进步的同时又避免了直接参与，这对我来说是非常有意义的。

我会记住一份名单，里面记录了那些在各自领域表现突出的员工。当有适合他们的好机会出现时，我就会推荐他们。当然，这样做需要把握尺度，我知道有时候人们很难拒绝我。前不久，我让我指导的团队中的一个工程师写封邮件给我，描述一下她做过的那些很突出的工作。在给我发了邮件以后，她告诉我，她本来不想做这件事，但又不想拒绝我。她后来给我看了她日志中关于这件事的记录（见图 5-4）。

2 月 21 日	未发送邮件	是的，我写了邮件	我不知道，我觉得我想帮米歇尔做点事情。这是我尤其应该做的事情。如果我不做这件事也是可以的，但这件事对米歇尔来说很重要。对我来讲，为那些我认为很重要的人做点事情本身就是很重要的（这里我无法用言语来表达）。这也是“黏合剂”工作吗？ 现在邮件已经发送了，我并不感到后悔，因为大家确实（对我的工作）说过那些赞美的话。

图 5-4　日志中关于这件事的记录

Q　Stripe 公司是你全职工作的第一家公司，你现在仍在这家公司工作。你是怎样一路做到“主管 +”级别的?

A　我大学一毕业就加入了 Stripe 公司。实际上，我的发展比同批次的其他工程师还要慢一些。跟其他那些比较有志向的刚毕业的大学生相比，我前 4 年的职业发展轨迹相对较慢。我觉得一个原因是我做编程的时间不够长（我在 2011 年才上了第一节编程课，2013 年就加入了 Stripe 公司）；另一个原因是，我来 Stripe 公司后参与的第一个大项目是一个长达一年半的重构项目，而且这个项目最后还被取消了。

在 Stripe 公司首次引进职级制的时候，我在这个公司已经待了两年半。

① “小黄鸭”是[illegible]。——编者注

我一开始被定级为 L2，这个级别一般是大学毕业生工作 6 ～ 18 个月就能达到的职级。坦率地讲，我对此很失望，因为跟我同龄的人已经拿到了高级工程师的职级。那个时候，我已经做了很多重要的工作，负责引导很多刚加入公司的产品工程师，当项目出现状况的时候，也是我一直在帮助他们。我非常努力地工作，做了很多重要的事情，甚至包括跟我的主要项目完全不相干的事情。我当时是有点愤怒的：他们还想让我干什么？完全不帮其他人吗？

现在回想起来，从职级序列上来看，L2 对我是完全公平的。我那个时候非常努力，经常加班，其实是因为我缺乏经验，在编程方面的进步本来就比其他人要慢一些。我还没打好软件开发的基础，主要是因为我没有足够的实践经验。我做的那些重要的工作的确是很有价值的，但并不是不可替代的。当时的我完全就是一个表现还算不错的 L2 级员工。

在早些时候，我花在学习产品和支付领域相关知识上的时间比我写代码的时间多得多，我还花了很多时间通过在线聊天工具帮助用户和开发人员进行交流。我会完成一些技术上不是特别难但对用户非常重要的小任务，比如修复漏洞、添加小功能、打补丁等。我确实在努力修炼修复漏洞的本领，我现在已经是修复漏洞的小能手了。但是对工程师的发展来讲，做这类工作其实帮助并不大。我在 Slack 软件和身份票据方面为团队成员和工程师们提供了热情的帮助，协助他们为用户寻找最好的问题解决方案。这样一来，我就跟他们建立了良好的关系。加入公司的头两年，我帮助了大部分刚来公司的产品工程师熟悉和适应工作。随着时间的推移，我开始以“深切关心用户”和“产品知识的源泉”而闻名（“用户至上”依然是我最喜欢的 Stripe 公司的经营原则）。

后来，我意识到，在那段时间里，我虽然在掌握软件工程师应具备的技术方面远远不够努力，但学到了一些非常重要的技能，这些技能帮助我飞速地从高级工程师变成了主管工程师，又从主管工程师晋升到了我现在的职位（这一共只花了 3 年）。事实上，我很确信，正是由于我在前几年里跟同事建立了良好的关系，那个长达一年半最后被取消的技术项目对我的职业生涯才没有造成大的负面影响。

在搭建第一版 Stripe Radar 和 Stripe Elements 的时候，我有意识地逐步打牢技术基础。我很确信，只要我能认识到我在技术方面的不足，为我负责的项目努力补齐这些短板，并不断挑战自己去做一些能把自己带离技术舒适区的项目，我就能锻炼出属于自己的、原生的技术能力。公司内良好的人际关系、以用户为中心的理念、深刻了解产品的能力……这些都是要花很长时间才能掌握的软技能。在打牢技术基础后，正是这些技能使我得以快速晋升。

Q 你完成过主管级项目吗?

A 我几乎参与了 Stripe 公司所有的组成部件项目。后来，我参与过的这些项目被逐渐拆分给那些专门负责的团队了。在我担任高级工程师时，负责过两个可以被称作主管级项目的项目：Stripe Radar 和 Stripe Elements。

在 Stripe Radar 项目上，我们从零开始创建了一个全新的产品。我们认真思考该做什么、该删除哪些冗余的部分，才能尽快为用户提供好的功能。2016 年，我们发布 Stripe Radar 的时候，它成为我们所有产品中用户体验最好的产品。从那时起，Stripe Radar 就成了一个非常成功的产品。

在 Stripe Elements 项目上，我从零开始搭建了基础架构，设计了最初版的 Card Elements API，并在不到 3 个月内就实现了规模化生产。这主要归功于我们提前做了大量的内部测试。在开发组件的同时，我设计了 3 个小型的电子商务商店，提供各类设计框架和不同质量的设计方案，以测试 API 在定制化产品中的极限使用场景。从那时起，很多工程师在代码库里就可以顺利地进行开发工作了，这是新的 Stripe Elements 的发源地。最重要的是，我们现在对最初的 API 设计感到没有什么遗憾了。在 API 产品应用范围扩大的同时，中断 API 更新的情况也经常发生，我们更加了解开发人员在实践中是如何使用它们的。我们在保障最初的 API 设计方面做得很好，在新产品不断上市的同时也没有中断老产品的更新。

为确保新加入的工程师们能很快上手去开发一些可能涉及大量嵌入式框架的较复杂产品，我编写了大量的说明性文档（见图 5-5）。我发现，讲故事可以很好地教会人们为什么事情需要保持原来的样子。

现在回过头来看，这两个项目的产品架构自发布以来就基本没有变过。当时，除了实现这些产品外，我还必须在产品发布后等待一段时间，等待产品在用户那里得到认可，等待技术在工程师那里得到认可。

我认为产品领域的“主管 +”工程师的一个重要标准是：不仅要设计出能够上线的产品，还要让产品能顺利运转并取得成功，而且还能经受住时间的考验。在产品开发，尤其是在新产品开发的过程中，总会涉及一些功能项目的筛减。产品领域的“主管 +”工程师会从不同用户的角度出发，在产品和技术性方面尽可能做出最佳选择，并为未来的产品优化认真记录一些用户的使用体验。

Stripe.js 微型地图

Stripe.js 漫游旨在帮助你构想出 Stripe.js 世界的一个微型地图。

Stripe.js 现在有效地实现了两项高级别的工作流：
1. Stripe 公司早前构建的 UI 组件通过 Elements 收集客户数据。
2. 发出各种类型的 API 请求（支付确认、令牌生成等）。为简单起见，在本文档中，我们主要分析令牌生成，因为其他 API 请求的工作原理与其大致相同。

在下一节，我们将深入分析这两个工作流，从而全面理解相关事项是如何以及为何这样运转的。

用户能看到什么

注意：此处“用户”指的是 Stripe 公司的用户，也就是“商户”。而对于 Stripe 公司用户的用户，我们称之为“消费者”。

在这篇文档中，我们将定义 Stripe.js 的各种特色组件。

总览

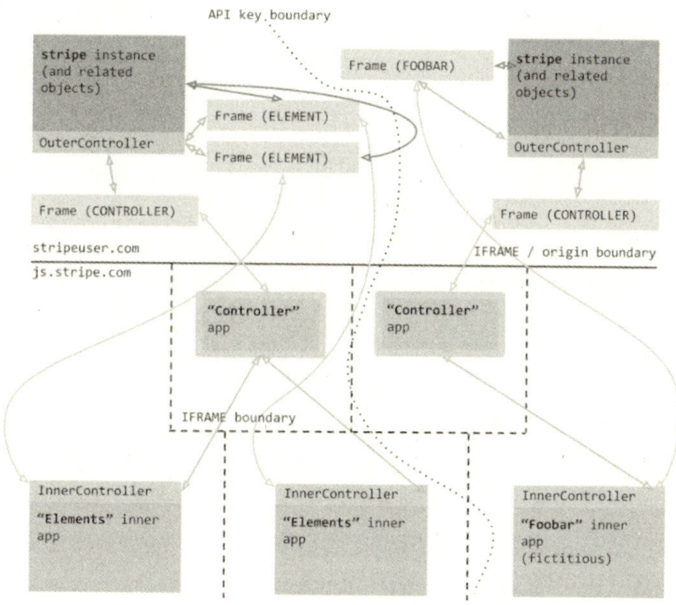

父对象

父对象暴露用户使用的 API。例如，Stripe Elements 通过 Stripe#elements() 函数、Elements 对象和 StripeElement 对象等暴露。

图 5-5　大量的说明性文档

Q 你在那个时候需要准备晋升材料吗?

A 我晋升为主管时，很幸运地拥有一位非常积极地支持我晋升的经理。坦率地讲，那时候我其实不知道如何正确地写好自我评价。我写了一个自我反思的发展计划，明确了下一年想要学习什么，而没有描述我实际工作的影响和范围。事实上，是我的经理做了这些工作，他在对我的评价中描述了我的工作的影响。

还有一些其他事情对我也是有帮助的。首先，我在同一位经理手下工作了很长时间。如果中途换了经理，那么新经理就无法掌握你之前的工作情况，这时你就需要自己来证明工作的延续性了。其次，我的经理管理着一个相对较小的团队，所以他能花比较多的时间来跟踪和理解我的工作细节。如果我的经理要管理的人员较多，比如说有十多名工程师，那么我可能就必须自己多花点时间准备晋升材料了。

Q 哪两三个因素对你晋升到“主管 +”职位起了最重要的作用?

A 回想起来，过去（现在也是）有一个对我来说可能让人有些惊讶的重要影响因素，那就是我的“冒充者综合征”（impostor syndrome）[①]，它让我非常乐于接受反馈，让我乐于学习和成长，以及乐于探索任何与我工作无关的事情。我主动搜集各类反馈意见，从我对公关人员评论的有效性到我如何组织一场特定的会议等。一旦项目出了什么状况（不管是技术方面的还是组织方面的），我会尝试从根本上去了解并修复它。Stripe 公司的产品中

① 冒充者综合征，又称自我能力否定倾向。有这种问题的人在取得成功后，会把原因归结为幸运或其他因素，而不是他们自己的能力。——编者注

没有哪个部分是“跟我没关系”的。对“主管 +”工程师而言，这会带来比技术力量更为重要的两大力量：

- 真正去倾听他人的声音并设身处地去理解他人。
- 热忱地帮助他人解决各种问题。

当然，冒充者综合征是把双刃剑。它有时会让我感到害怕，并过分关注别人的看法。早些时候，我总担心自己会因为动作慢或效率低而被解雇。随着时间的流逝，我对自己的能力愈加放心了。坦率地讲，我的经理和公司领导为此花费了很多时间，也给予了我很多支持。

Q 你认为在产品设计部门比在基础设施部门更难晋升到“主管 +”职位吗?

A 我认为确实如此。在 Stripe 公司的基础设施部门工作的人更容易晋升一些，因为该公司的核心产品是基础设施。这意味着工程师在产品工程项目中有更多机会去接触一些需要同时考虑规模、健壮性（robustness）、迁移路径和良好界面设计的项目。

如果你所在的团队主要负责构建用户界面，那么你想要晋升到“主管 +”级别肯定会比较困难，因为用户界面本质上是临时性的产品，需要进行多轮迭代和实验。作为用户界面团队中的工程师，想要晋升到有影响力的“主管 +”级别，你需要有创造价值的能力。你可以通过构建设计良好的组件库、实验框架来实现这一点。

产品工程师创造价值的另外一个途径就是创建流程和系统来管理“产品

债务”。人们经常谈论技术债务，其实因支持旧版本产品而产生的产品债务也同样重要。规模化的产品设计中存在的很多困难，大多是由于时间推移而产生的产品债务和产品漂移（指既需要相互协作又向不同方向发展的产品）引起的。我认为，一家公司积累的产品债务确实在一定程度上创造了产品工程中比较复杂的“主管 +”角色。

Q 你认为哪些建议对你晋升到“主管 +”职位特别有帮助?

A 我没有收到过很多普适且有用的建议，但我的确得到过一些针对具体情况的好建议，这些建议都是与我手头正在进行的工作相关的。

我觉得最有用的普适性建议是适应不确定性。在高级职位上不断取得成功的秘诀在于你要能够适应公司需求的不断变化，并能随着这种变化不断成长。

Q 对那些想成为“主管 +”工程师的人，你有什么建议?

A 我提示他们注意以下事项：

首先，能够遇到我的那些经理，我感到极其幸运。

其次，我个人的兴趣与公司最看重的方面一直幸运地保持一致。目前，我有两点不太确定：一是我个人的兴趣，比如开发人才和产品、担任导师等，是否能够保持下去；二是随着时间的推移，将来我个人的兴趣是否能与公司看重的方面继续保持一致。有一点可以确定的是，不管发生什么情况，我对自己的工作一直都非常感兴趣。

我可能是公司里最容易被大家注意到的产品工程师之一，所以工程师们有时可以看到我正在做什么，并试着学习我的模式，从而努力成为一名“主管 +”工程师。这感觉很棒，能够成为其他人的榜样，我感到很荣幸。

话虽如此，我给工程师的第一条建议是，避免陷入自己不喜欢的工作模式。我喜欢与团队一起解决抽象建模和设计问题，这让我充满活力。我们一轮又一轮地收集反馈意见，一次又一次地去尝试，这需要相当强大的毅力。坦率地讲，这种工作模式并不适合所有人。如果你更想成为“主管 +”工程师，而不是从事那些让你感到充满活力的工作，那么这种工作模式很容易将你困在一个你不想要的职位上。要成为“主管 +”工程师，特别是涉猎广泛的“主管 +”工程师，你所做的工作与高级工程师的工作应该有很大区别。想想这是不是你真正想要的工作，这一点很重要。

你应该去追求那些能让你受到激励的工作，即便理论上讲从事那些工作不一定能让你得到“主管 +”职位。要成为一个成功的“主管 +”工程师，一个重要的方面是要能够识别和界定那些全新的、有影响力的工作，并说服他人相信这些工作的价值和影响。如果你正在做的工作能够激励你，实现这一点实际上要容易得多，因为你会乐于深入思考你所做的工作。

Q　对于刚开始担任“主管 +”工程师这一职位的人，你有什么建议?

A　作为一名“主管 +”工程师，你的工作是针对团队和组织的，应避免采纳那些不适合你的建议。例如，当我刚接手目前的职位时，很多其他的“主管 +”工程师正专注于编写个人规划，明确他们在未来 1 ～ 2 年内想要完成的任务。这种方法对致力于纵向发展的工程师们可能很有用处，但对于我这种致力于横向发展的工程师来说帮助并不大。因为横向发展的工程师需要对组织的变化迅速地做出反应，并相应地调整产品策略。

Q 你考虑过从事工程管理工作吗?

A 我现在确实也管理着两名工程师。尽管如此，我不会去做很多传统经理们在做的那些事情。我不会像招聘经理那样参与招聘，也不会像其他经理那样费脑筋进行绩效管理，因为被选入我的团队的工程师已经表现得非常出色了。

我真的非常在乎 Stripe 公司，当我看到有状况发生时，我就会感到不安，想要马上解决问题。在一些公司中，我觉得这种做法可能会让我走向工程管理岗位，而不是我目前的岗位。工程管理不是我唯一的选择，对于这一点我非常感激。我的优势和兴趣在于产品工程、API 设计与项目执行。在我目前的职位上，我每天都可以充分发挥这些优势。

Q 你从哪些渠道（比如书籍、博客、个人等）学到过有益的东西?

A 我喜欢读小说，我从伟大的文学作品中学到了很多关于世界的知识。我不太喜欢读非小说类的商务或技术类书籍。当学习与我的工作直接相关的知识时，我会从我的同伴那里入手。我的同伴给了我很多宝贵的信息，并帮助我梳理出那些一直萦绕在我脑海中问题的答案。

Stripe 公司还有一个叫作“实践中的领导力”的项目，公司所有经理和一些高级工程师都参与其中。该项目包括一门关于适应性领导能力的课程。这门课程特别有用，我把课上学到的知识应用到了很多场景中。

我从来不会只向一位导师寻求建议。我遵循一种我称之为“弗兰肯斯坦”的方法，即打造自己的导师，这种方法类似于拉拉·霍根在她关于打造超级经理的帖子中所写的方法。有一些项目会给我配备一位导师，但这些项目都多少让我感到不那么自然。我会更加关注那些我想要有所发展的主题或领域，会被这些领域中表现卓越的人所吸引，即便他们不是我的“正式”导师。

我把大部分时间都花在了一些比较难回答的具体问题上，这些问题并没有一个简单、通用的答案。要找出正确的答案需要有具体的情境，情境之外的人很难有深刻的见解。

以下是我最近读过并且非常喜欢的一些非小说类的图书：

- 《第四稿》(*Draft No.4*)，约翰·麦克菲(John McPhee)著。我大部分时间都在工作中写作，经历了不少写作障碍。但这是获得影响力的必经之路，因为良好的书面沟通是传播思想和扩大自己影响力的最有效手段。

- 《创新公司》(*Creativity Inc.*)，埃德·卡特姆(Ed Catmull)著。这本书的文笔我确实不太喜欢，但其中有很多关于如何大规模创建创新性工作环境的思想，这是非常值得我们借鉴和学习的。随着产品组织和产品功能的不断发展，这也是我经常思考的问题。

- 《即兴》(*Impro*)，基思·约翰斯通(Keith Johnstone)著。随着公司的不断发展，我看到了我在快速学习和适应方面的超能力，所以我喜欢阅读有关不同的学习和教学形式的书籍。这本书是讲如何学习表演和即兴发挥的，目的是提升教育相关的传统隐喻和叙事方法。

拉斯·卡萨·威廉姆斯：坚持“手不离键盘”

Mailchimp 公司主管工程师

Q 请介绍一下你现在的角色：你供职于哪家公司？你的职位是什么？你和你的团队主要做什么类型的工作？

A 我是 Mailchimp 公司的一名主管工程师，在数据服务工程组工作。数据服务可以看作是公司内数据工程的源头。我们小组构建的系统主要用于支持公司的数据科学与分析师团队，如产品分析师、财务分析师、营销分析师等。

我一直是这个小组的一名技术负责人，主要负责构建可拓展的数据处理渠道，从而为我们的内部分析平台提供动力，并支持关键商业智能方案的推进。尽管我不是正式的工程经理，我也承担着工程经理的大部分职责。在这个职位工作了将近两年后，我目前正在积极地将工作职责移交给另一名工程师。

Q 在你所在的公司，一位“普通”的“主管 +”工程师一般做什么工作？你也需要做这些工作吗？是否还会做一些不同的工作？

A 在 Mailchimp 公司，一旦你成为主管工程师，你就成为“工程领导”

小组中的一员。公司几年前才开始启用正式的工程职位等级，所以“作为一名主管工程师意味着什么”和“成为‘工程领导’小组的一员意味着什么”这两个问题的答案可能会有所不同。

在我看来，这是关于全局的思考。这意味着你需要与群体中的其他成员合作，了解公司范围内的业务和产品策略，从中提炼出工程范围的技术战略，并实现产品、销售和其他职能的有效协同；这意味着你需要通过协作来优化招聘、入职、跨团队沟通和生产运营的流程；这还意味着你需要通过协作来提高整个部门的技术和社交能力。

这要求你采用全局思维，并在本地应用。这意味着你需要把团队的技术计划或方案与工程范围的技术策略协调一致，当为了满足团队的直接利益相关者的需求而偏离原计划的路径时，你要保持清醒的意识；这意味着你需要与团队经理们协作，在招聘、入职和生产运营方面采用其他团队的成功做法，要将你的团队总结出的可能对其他团队有益的经验分享给对方；这意味着你需要从公司范围的商业和产品策略中获取背景信息，并分析这些信息会如何影响你团队当前的项目；这意味着你要有意识地为团队中做出贡献的人员创造机会，帮助其提高能力、获得知名度，增加其与公司内其他人员的接触机会。

当然，我也不是总能做好这些事，但这对我来说是一种成功的运作模式。

Q　你每天是如何安排时间的？

A　我刚刚提到，我一直担任数据服务领域的技术负责人，并承担了工程经理的很多职责。

作为技术负责人，我负责界定并组织实施我们团队的技术策略和方案。我会努力强化公司内部对这些策略价值的认知，必要时我会在全公司范围内进行推广。每年我都会做几次回顾，看看公司取得了哪些进步，公司内部发生的哪些变化意味着我们需要对这些策略进行一些调整。我仍然会定期写代码，当然比团队中的其他工程师少，重要的是我坚持“手不离键盘”的工作方式，只有这样才能确保我做出的技术策略以及其他宏观层面的决策，是以团队其他成员的实际经验为基础的。在我设定的技术方向上，我非常关注团队中其他工程师的成长和发展。具体来说，我努力通过指导帮助我的队友理解如何进行技术决策、如何通过解决客户方面（或业务方面）的问题或提供价值来支持这些技术决策；我努力帮助我的队友理解如何推进工程项目，包括问题描述、产品发布及长期运营等方面；我努力帮助我的队友了解如何针对不同的受众，包括工程师同行、“工程管理”小组、非技术利益相关者等，采取恰当的沟通方法。总的来说，我努力帮助我的队友达到能够自力更生的程度，即他们可以按照我的技术策略、方向和方法进行操作和交流，而不需要我一直在他们身边提供帮助。

虽然我们小组没有产品经理，但像“了解内部客户的需求”和“管理利益相关者”这样的问题仍然存在。我们团队最近聘请了工程经理来负责这些事，我在这方面也分担了一些工作：我与内部客户进行大量的沟通，及时回答他们提出的一些简单的问题，了解新的工作需求（如建立新数据集等），提出工作方案建议，设定我们开展新工作项目的预期时间等。

我们小组没有项目经理，但相关需求也依然存在。我很信赖授权的方式，我授权团队的每个成员承担起其负责的项目——如利益相关者身份更新等的管理责任。我在项目管理策略方面做了大量的指导工作，比如主动和团队成员沟通，询问他们是否存在风险和障碍，以便我可以帮助他们清除这些风险和障碍，以及考虑如何持续创造价值、保持增长趋势等。

我花了大量时间来培养能与我配合的内部成员和业务环境。我有时会看看合并报告需求；有时会读读公开的技术规范和提案；有时会参加数据科学和分析团队的各类内部演示会，他们会展示已经完成的项目或正在探索的想法。这些虽然都是小技巧，但有助于我了解和掌握当前的形势，也是我们团队季度策划活动的一个重要信息来源。

作为一名技术负责人，我是公司工程技术负责人团队的成员。这是一个由工程部门的所有技术负责人组成的正式团队，目的是分享背景、交流想法，推动工程领域技术方案的进步。这个团队可能会不时举行一些专门的讨论，并进行一些特别的工作。此外，所有主管人员、高级管理人员和首席工程师都经常会接到电话，这意味着他们在必要的时候可以参与问题讨论，分配人员和项目，并广泛地建立彼此之间的联系。我们与谷歌公司建立了紧密的合作关系，它是我们云服务的提供商。有时，我会花时间与分配给我的合作小组成员们聊聊天，谈谈我面临的挑战、我的计划、解决问题的恰当方法、一些可能有用的培训方法等。

目前，我正逐步退出技术负责人的角色，以后我每天的工作方式肯定会发生变化，但我真的不确定那将会是什么样子。

Q 你认为“主管 +”工程师在哪些方面最有影响力？

A 当我结束了一天的工作时，觉得自己帮助同事排除了障碍、保持了良好势头的时候，我会觉得自己的工作特别有价值。

这可能是帮助数据服务团队的一个队员思考出解决一个复杂技术问题的几种方案，并帮助他分析和评估了这些方案的即时价值与长期可持续性；

也可能是帮助团队成员思考如何深入研究一项新技术，以及这项技术能否用来解决我们面临的三大问题中的一个。

这可能是帮助另一个团队的同行分析他们在上个季度交付的产品是否实现了真正的业务价值或客户价值，以及如何围绕这些价值编写文案、进行推广。

这也可能是发现一项短期的“组织工作”由于没有达成共识而处于停滞状态；或者鼓励一位同行自主做出决策，取得利益相关者的适当反馈并推动决策完成。

在我的职业生涯中，我一直都有这种感觉：我欣赏同行们的成功，就像欣赏自己的成功一样。担任技术责任人无疑提升了帮助他人这件事的重要性。以前这只是我喜欢做的事情，现在这件事不仅是我喜欢做的，而且对我团队的健康发展也非常重要。

Q 你认为哪些事情是你在成为“主管 +”工程师后才能做到，在此之前无法做到或不会去做的?

A 我刚刚提到，一旦你在 Mailchimp 公司成为“主管 +”工程师，你就会成为“工程管理小组”的成员。

值得注意的是，“主管 +”工程师通常有更多代理人，从而拥有更多自己的时间。当他们把时间花在主要职责以外的工作上时，会遇到较少的阻力，当然这是我个人的经验。

我会有更多的机会去教育、指导和支持更多团队以外的同事。这是我晋升为“主管 +”工程师之前也在做的工作，但晋升之后这种工作明显增加了。这绝对是我工作中非常有意义的一部分，所以我很欢迎这种转变。

有一些业内同行们认为职位无关紧要，但我完全不同意这种说法。我的个人经历和我对就职过的公司的观察都表明，职位还是很重要的。

Q 目前有一个比较流行的观点，那就是要成为一名“主管 +”工程师，需要提前完成一个主管级项目。你完成过这样的项目吗？如果完成过，那是什么项目？

A 在某种意义上，我想我的确完成过这种项目。

我加入 Mailchimp 公司时是一名高级工程师。我刚来公司就被拉进了一个项目团队。这个项目团队中还有一名工程总监和两名首席工程师，这个项目旨在构建 Mailchimp 公司的第一个内部自助分析平台。

这个项目的一个关键之处是有效且高水平的执行能力。不管对我来说是好是坏，项目中还有另外两名首席工程师就意味着公司对我的期望可能不会那么高。但我立即投入工作并为项目的核心方面做出贡献，而且几乎不需要别人提供手把手指导。后来，我成为团队中的主要贡献者之一。最终，我被正式任命为技术负责人，并继续指导这个项目。它被纳入了我目前负责的数据服务工程团队的项目。

这个项目的另一个关键方面是在整个公司具有知名度。它被列入公司的重点计划，这意味着管理层会关注这个项目，当然，随之而来的压力也不小。项目团队在整个过程中保持了非常好的势头，并最终成功搭建了初始版本的分析平台。同时，我的经理和团队的首席工程师都有意为我创造机会，让我去展示项目团队的工作。我在一次全公司的工程大会上展示了我们的项目成果，还在一次工程招聘活动中做了一次技术演讲。

得益于这个项目的成功，以及受到 Mailchimp 公司企业文化的影响，我在进入公司不久后就能与公司各级别的工程师们合作，并与其他部门的分析师进行交流。这是大多数人需要花上一年左右的时间才有机会做到的。

因为我在与更高级别的工程师们合作时总能把工作做得又快又好，所以尽管那些更高级别的工程师是这个项目真正的技术负责人，但他们有意帮助我在整个公司获得关注并建立人际关系网。

后来，我又作为技术负责人工作了一段时间，这段经历非常有意义，也非常有价值，随后我便得到了晋升。

Q 你认为哪些建议对你晋升到“主管 +”职位很有帮助?

A 第一条建议来自我的经理马克 · 赫德伦德（Marc Hedlund）。他建议我用第三人称来编写自己的绩效评估报告。这样做的原因在于，我们在给别人写评论时更倾向于表扬别人而不是批评别人。这很简单，但对我来说非常有用。说来也怪，这么做也让我理解了怎样才能顺畅、连贯地描述我所做的工作及其给公司创造的价值。

第二条建议来自丹 · 麦金利（Dan McKinely），他是我上文提到的主管级项目的高级工程师之一。当我向他问起我的优点和缺点时，他给了我很直接的反馈。他指出，在公司内建立良好的人际关系是一项重要的技能，因为工程管理人员在人或社会方面的属性并不会消失，事实上，它们是完成任何工作的关键。

第三条建议来科达 · 黑尔（Coda Hale），他是我上文提到的主管级项目的另一名高级工程师。他谈过如何扩大影响力，这可以从两方面进行：首先，有效地为其他工程师设定技术方向；其次，在他们完成你安排的工作时，对他们进行指导，使他们充分发挥各自的才能。

第四条建议是我自己作为技术负责人的经验：有意识地为团队成员们创造机会，让他们自由扩充技能并学到更多东西。

Q　对于刚刚担任“主管 +”工程师这一职位的人，你有什么建议?

A　不要企图解决工程部门的所有问题。据我所见，那样会让人精疲力尽，而且你很快就会感到厌倦。要慢慢适应、逐步开展相关工作。你之所以得到晋升，是因为公司认可你已经能够在主管工程师的层面开展工作了，因此你不需要再去做一些特别与众不同的事情来证明自己的能力，你只需要继续做好那些让你获得晋升的工作就足够了。一旦你计划着手做某件事情，那么就从那里开始。

沟通和写作能力是很关键的，一定要多写东西。当我们思考问题或有一些想法的时候，即便你没有打算要跟别人分享这些内容，也应该马上把它写下来。通常，如果我无法用一个语法连贯而简洁的段落清晰描述一个问题或者一个观点，这就意味着我还需要提高自己的写作能力，否则我很难说服他人这是一个值得投资的项目。此外，使用书面文字可以更有效地传达你的想法和进行相关的讨论，这可比安排一次大型会议来向所有人推销你的观点要容易得多。

尽量让你的经理的工作更轻松一些。不要只给他们带来麻烦，要向他们提供解决问题的建议。如果可能的话，尽量多提供几个建议，同时别忘了询问他们的反馈意见。这样，你的经理就不必亲自为你解决所有问题，他们自己的事情可能已经够多了。他们可以根据自己的经验来帮你判断应该采用还是放弃这些建议。对某些人来说，根据你提供的解决方案进行分析，说明方案为什么可行或为什么不可行，可能比让他们自己想出一个具体的解决方案要容易得多。

有意识地为那些直接跟你合作的工程师创造机会，帮助他们提高个人能力，让他们有机会受到关注，有机会接触到公司里他们平时接触不到的人。

要尽早建立广泛的人际关系网。当你遇到需要找一定的关系才能解决某件事情的情况时，这会有所帮助。如果你第一次与某人接触时，你们就为一个招聘问题的两种解决方案而争论不休，那么你跟这个人的关系就已经完了。当然，我不是让你去讨好别人，但如果你事先跟某个人搞好了关系，那么你后续跟这个人进行合作就会变得非常容易。

上面的建议都是非常有帮助的，你可以把它当作一个菜单，从中选择你觉得还不错的建议，然后试着去实践。记得将你的经验分享给下一个想要成为“主管 +”工程师的人。

Q 你考虑过从事工程管理工作吗？如果考虑过，你最终又是如何决定选

择“主管 +”工程师的职业道路的?

A 经常有人问我这个问题。

我确实设定了一个首席技术官的目标，但这更像是一种方向性的目标，以确保我不会对自己的职业发展感到自满。在 Mailchimp 公司晋升为首席工程师，对我来说就已经实现了这个目标。在我目前的层级，我能够创造真实、具体的商业价值。因此，我认为我可以继续保持目前的状态，继续坚持走技术之路并获得回报。

此外，虽然我没有正式担任工程经理的职位，但我也一直承担着我们团队的工程经理的很多职责。因此，在工程管理方面我也有很多想要做的事情。我现在已经能够把我的想法付诸实践并收获经验了。所以，我确信我当前的所有需求都已经得到了满足。

Q 你从哪些渠道（比如书籍、博客、个人等）学到过有益的东西？在这个领域，你的偶像是谁?

A 能与来自技术领域和非技术领域的各种人就技术问题进行有效的语言交流是一种技能，我每天都在努力培养和磨炼这种技能。我在学习这种技能方面的一个榜样是凯尔西・海托尔（Kelsey Hightower），另一个榜样是我的大学教授，他给我讲授了几门软件工程课程。他的课不多，但上他的课总是比上其他人的课能让我学到更多的软件开发知识。他们两个都知道怎样更好地解释事物，并能根据受众不断地调整交流方式。

我看过一些博客文章，它们帮助我打造和完善了我的技术方法和策略，这些文章包括：皮特·霍奇森（Pete Hodgson）的《交付架构策略》（*Delivering on an Architecture Strategy*），这为实现特性交付和基础架构之间的可持续平衡提供了一个框架；詹姆斯·考林（James Cowling）的《垫脚石而非里程碑》（*Stepping Stones not Milestones*），这篇文章讨论的是如何通过大型架构方案来创造真正的价值。

基薇·麦克明：信任感需要自己建立，而不是通过职位获得

Fastly 公司高级首席工程师

Q 请介绍一下你现在的角色：你供职于哪家公司？你的职位是什么？你和你的团队主要做什么类型的工作？

A 我是 Fastly 公司的高级首席工程师。Fastly 公司是一个前沿的云平台，提供内容分发网络（Content Delivery Network，CDN）等服务。我在首席技术官办公室工作，这个办公室由大约 10 名首席工程师和高级工程师组成，他们直接向首席技术官汇报工作。首席技术官办公室的每个成员都有自己的关注点，我主要负责 API。

Q 在你所在的公司，“主管 +”工程师主要做什么？你是怎样安排时间的？

A 在首席技术官办公室里有几类不同的分工，还有一些首席工程师是直接在工程团队里工作，而不是在首席技术官办公室里工作的。在首席技术官办公室里工作的工程师们，有一些致力于互联网标准的制定或学术研究，有一些致力于深入的技术研究和原型设计，还有一些致力于培养团队去建

立一些全新的东西。目前，在 API 负责人的职位上，我与更广大范围的工程组织保持着密切的联系。

这些工程师负责不同的事情，但他们有一个共同的目标，那就是从整体、长期和系统的角度看待事物。他们还试着在整个工程中寻找并帮助解决那些可能被忽视或被遗漏的问题。首席技术官支持他们的工作，但不会决定具体的分工，那取决于他们自己。

我从来没用过百分比来衡量我的时间。我的一些工作是分阶段进行的，比如把一件事更多地安排在这周，把另一件事更多地安排在下周。我的大部分时间都花在写作、研究和与人沟通上。我与 API 团队和经理们定期会面。我会先花时间把一个长期的战略进行分解，然后做研究、写提案，最后在公司里推进这个提案。最近我很少写代码，但在不忙的时候，我也会编写一些演示工具来支持更广泛的工作。写代码仍然令我非常愉悦。

Q 你认为“主管 +”工程师在哪些方面最有影响力？哪些事情是你在成为“主管 +”工程师后才能做到，在此之前无法做到的？

A 作为普通工程师是很难挤出时间的，你必须在各项计划指标的约束下快节奏地工作。作为“主管 +”工程师，你会得到更多的信任，并有更多时间和空间去尝试一些东西。

当你有一个头衔时，你就不必再在证书上花太多精力。头衔能为他人提供你的背景资料，让你从一开始就更受尊重，这点显而易见。你还可以接触到高管，因而你可以更早地获得信息，并可能参与或影响一些决策。

Q 你会花时间去推动技术、实践、流程或架构方面的变革吗?

A 公司专门聘请我来为 API 设定战略方向，其中一部分工作是把握我们的技术方向和策略选择。我把这看作是一种协调练习。你知道我会去做研究类的艰苦工作，去分析所有信息、提出各方都能接受的方案和建议。我会把所有机构和工程团队的背景信息都考虑进来。

我通常会提出自认为对公司最有利的方案，但大家可能会不认可我的方案。你知道的，他们经常这样做。我做事的方式不是靠说一句“我有权告诉你该怎么做”这么简单，我也从来没见过那种风格会奏效。

对于有争议的决策，我会与相关团体的代表们进行会面。我会与工程师们会面，告诉他们我的建议，并问他们:“你们对此有何看法? 我还漏掉了什么? ”我还会与管理层和产品人员会面，可能还会与法律、文档、安全或其他方面的人员会面，具体要视项目需要而定。我也做过顺序相反的事情，就是先做演示，然后打电话给大家问他们的反馈意见，而不是等待人们在文档中留下评论。

Q 你推进过什么事情吗?

A 在我目前的工作中，我一直努力推进的一件事是为 API 的变更设计文档。这样就要求大家在写代码之前，即进行变更的成本还比较低的时候记录下用户的工作流程，以及支持这些工作流程的界面大概是什么样子。有时候，一件看似简单的事情其实很难做到，尤其是当团队还不习惯这种工作方式时。

我的方法是不断提醒大家，正是那些用户的痛点引导着大家去做出改变。我们并不是为了完善理论、优化代码或获得关注而做出改变，而是为了“这些是用户的痛点，而你知道这种方法最终会有助于解决这个问题”这一目标奋斗。

我会让其他人关注同样的事情，比如在 API 评论方面，我将开始与更多的工程师进行合作。当我做出评论时，我会试着让别人了解我的观点，并在整个过程和对话中鼓励他人。

Q 你赞助过其他工程师吗？赞助其他工程师是你工作的重要方面吗？

A 这一点目前还不是我关注的重点。在 GitHub 公司，我意识到我在资历和任期方面有一定的优势，并在那里赞助了一名工程师。我会给他越来越多有挑战性的工作，鼓励他对不清楚或好奇的地方提出疑问，支持他更多地去承担责任，并取得大家的认可。

Q 你是如何在公司内建立信任感的？

A 在 Fastly 公司，我从一开始就得到了信任。刚开始，公司是聘请我来做一些具体工作的。我记得我问过“这有时间要求吗”，我还问过公司对战略的看法。公司高层明确地告诉我，他们期望我能弄明白这些并告诉他们。所以他们无疑给了我相当多的信任和责任。

自己建立起这种信任，而不是通过职位来获得，这一方式有利也有弊。当你建立起信任时，同时也建立起了很多人际关系，这就是我在 GitHub 公司的工作方式。不过，通过我目前的工作，我发现在没有背景的情况下加入公司，成为一个新人也非常有好处。这样一来，当大家想“哦，好吧，可能我们一直都是这么做的”的时候，作为新人就可以很方便地提出各种疑问。这样就可以解放思想，不拘泥于过去。

Q 目前有一个比较流行的观点，那就是要成为一名“主管 +”工程师，需要提前完成一个主管级项目。你完成过这样的项目吗？如果完成过，那是什么项目？

A 我从未听过这种叫法，但我理解它的意思。我确实领导和设计过那种类型的项目，解决过一些棘手的工程问题，有几次都对公司产生了重大影响。但很可惜，这些经历都没有让我得到提拔。不过，它们确实给我的职业生涯带来了进步。这些项目给了我经验、知识和信心，让我能够以不同的方式定位自己，使我能够在公开会议上发表演讲，让我知道“我已经完成了某件事，可以再做某件事”。

Q 你觉得发表公开演讲获得知名度对你取得目前的职位重要吗？

A 是的。总的说来，我认为这是促进我职业发展的一个重要因素。我认为通过发表公开演讲获得知名度不是必须做的，但如果做了肯定是有帮助的，起码对我来说是很有帮助的。我的第一次会议演讲是比较被动的，因为会议组织者认为我有艺术背景，可能会有一些有意思的观点可以分享。这太可怕了，所以刚开始我想拒绝，但我妈妈说服我接受了邀请。所以对我来说，公开演讲一开始是一种比较偶然的、不是很刻意的策略。

最重要的是，我喜欢那些在会议上遇到的人，而且演讲者圈子为我带来了工作机会。

Q 你最初是如何获得“主管 +”工程师职位的？你觉得哪些因素对你获得这个职位的贡献最大？

A 我目前被 Fastly 公司聘为高级首席工程师。坦率地讲，对我来说影响最大的因素是跳槽。我所做的工作并没有发生太大变化，跳槽是让我最终获得晋升的原因。

有些人极力主张聘用我，我确定这帮助很大。我和这些人之前没有共事或合作过，但他们对我的工作很熟悉。

Q 远程工作是否影响了你的职业发展？

A 我觉得没有影响。我一直在远程办公，我觉得这样在沟通中可能会有意外的收获。我适应这种状况已经很长时间了，我会有意识地开展谈话，建立人际关系。况且，我工作过的公司在很大程度上都是比较分散的。我可以想象，如果公司中的远程办公人员只是少数，或者公司不推崇分散式办公，那么远程工作将成为一个很大的问题。

Q 你认为哪些建议对你晋升到“主管 +”职位特别有帮助？

A 没有，我没有得到过什么好的建议，都是一些老生常谈，比如“这很好，现在你必须再次证明它”。有一些建议鼓励人们向个人英雄主义方向发展，比如“你需要发明一些不同寻常或神奇的东西来获得肯定”。实际上，有很多的发展方向可供选择，如果主管工程师的方向走不通，那么工程管理方向常常有助于实现晋升。

Q 你能否给刚开始担任“主管 +”工程师这一职位的人提点建议？

A 我想到的是，找到你的同行或建立支持你的关系网。就像管理层一样，你越往上走就越孤单。找到那些仍然会挑战你的同行很重要，你可以和他们一起进行头脑风暴。他们的工作领域可能与你不完全一样，他们甚至可能处在与你不完全相同的行业，这些都不重要。

Q 你是否考虑过从事工程管理工作？如果考虑过，你最终又是如何决定选择“主管 +”工程师职业道路的？

A 我试过从事工程管理工作，但体验不太好，我意识到这不是我的兴趣所在。我非常尊重工程管理，以至于除非有特别正当的理由，否则我是不会去做工程管理工作的，而这个正当的理由就是支持他人。

Q 你从哪些渠道（比如书籍、博客、个人等）学到过一些有益的东西？在这个领域，你的偶像是谁？

A 参加会议对我来说是一种学习渠道，与成熟、低调、优秀的工程领导者和工程师们一起工作也是一种学习渠道。我第一个要推荐的就是查

德 · 福勒（Chad Fowler）和他的《我编程，我快乐》（*The Passionate Programmer*）一书。戴维 · 托马斯（David Thomas）也是我的榜样，我第一次学习 Ruby 语言时经常去参加他的研习班，他的《程序员修炼之道》（*The Pragmatic Programmer*）也是一本很棒的书。

伯特 · 范：晋升是运气、时机和工作结合的结果

Slack 公司高级主管工程师

Q 请介绍一下你现在的角色：你供职于哪家公司？你的职位是什么？你和你的团队主要做什么类型的工作？

A 我是 Slack 公司平台团队的高级主管工程师。在该公司推出 Slack 应用程序指南后不久，我就很幸运地加入了该公司，因此我有机会帮助 Slack 平台发展到它今天的样子。

我所做的工作很难一概而论，但目标始终是一致的：让研发人员能够在 Slack 平台的基础上进行开发，让客户的工作和生活更简单、更愉快、更高效。这方面的例子包括构建新的平台功能、提高 API 性能、编写文档，以及与合作伙伴、内部集成商和第三方开发人员一起工作以确保他们能够构建出有影响力的软件等。

Q 在你所在的公司，一位“普通”的“主管 +”工程师一般做什么工作？你也需要做这些工作吗？是否还会做一些不同的工作？

A 在 Slack 公司，“主管 +”工程师所做的工作差别很大，具体取决于你

在公司的哪个部门、你的团队构成和规模，以及业务对你的要求。“主管 +”工程师通常是项目的技术负责人，这意味着他们会帮助编写技术规范，从不同的利益相关者那里获得反馈，与设计和产品人员密切合作以决定要构建什么，并负责推动项目的技术实施。他们还指导其他工程师，改进面试流程和工程文化，开发工程流程和工具，并为项目重构和技术债务提供技术指导。“主管 +”工程师要负责帮助其他人把工作做得更好，成为一个“力量倍增器”。

我的职务范围包括以上我提到的所有事情，但我个人倾向于较少关注具体的某项技术，而更多关注技术所带来的好处。因此，我可能会花时间对几乎肯定会被抛弃的概念进行原型设计，或者围绕特定的用户流收集使用指标，以便更好地理解如何改进系统。我经常会在 Slack 平台上开发应用程序，以便真正了解开发人员的实际体验，并积极尝试在其他人使用的平台上开发应用程序，比较哪些是有效的、哪些是无效的。与公司的其他工程师相比，我编写的用于生产的代码要少得多，但我完全不介意这一点。

Q 哪些事情是你担任“主管 +”工程师后才能做到，在此之前无法做到的？

A 在过去的一年里，我对各种产品理念做了很多实验，其中一些已经演变成我们平台的实际功能。我有机会这样做的部分原因是我通过其他已经完成的项目建立了公司对我的信任，不过拥有一个主管级职位的确让我在选择工作时多了一些灵活性。

不管是好还是坏，我也参加了很多以前从未参加过的战略和规划会议。如果你想知道从领导者的角度来看香肠是如何制成的，也许你需要先想清楚自己是否真的想知道香肠是如何制成的。

Q 现在，你花在实际开发上的时间越来越少了，你如何确保及时掌握项目的实际运行情况？

A 我发现最好的办法就是定期与公司的工程师们进行一对一交流，并花大量时间倾听。如果你花时间与工程师们建立关系，让他们觉得可以对你坦诚以待，那么你就可以了解到当前工程状态的很多信息。作为一名“主管 +”工程师，你不会真正影响到某个人的工资或他们下次晋升的机会，所以如果你让工程师们了解你，他们会对你更加坦诚。

Q 你认为在你获得“主管 +”工程师职位的过程中，最重要的两三个因素是什么？你之前工作过的公司、你的居住地或你的教育经历对你的职业发展有何影响？

A 我的教育经历非常优秀——我从大学毕业，获得了计算机科学学位，没有债务或助学贷款。这些条件给我带来了好处，那就是可以比较自由地挑选一份工作，而不用担心怎么支付房租或是否能找到一份新工作。由于这种自由性，我对要去工作的地方变得更加挑剔，在挑选工作时也更讲究策略。

我知道大多数人没有这种条件，但对我来说，我认为重要的是要做一些我觉得有意义的事情，做那些我认为对世界有积极影响的事情。我相信我的选择带来了回报，因为这样的公司会吸引志同道合的人，这些人会继续在其他公司里做出同样的选择，然后这些公司很有可能会以同样的方式结成同盟——这不是精英制度，你的职业关系网也很重要。一方面，我和其他人一样在公司网站上申请职位，我通过这种方式得到了 10 份工作。另一方面，我同时也笨拙地给公司的一位经理发了一封电子邮件申请职位，虽然我已经很多年没有联系过他了，但我尊重他，而且知道他认可我作为一名工程师的能力，因为我得到了那个职位。在我所处的行业，我有很多选择来安排时间——当你很幸运地处在一个有选择权的职位上，如果你没有定期评估自己的工作，就是对自己不负责任。

也许有一天你会成为这样一种工程师：当你在 Twitter 上宣布你要开始一个新工作时，以前和你共事过的人就会为你设定一个 4 年后的提醒，如果到那时你学到了几乎全部的东西，他们就很有可能会挖走你。但在那之前，你就只能写一些尴尬的邮件给那些你想要共事的人。

Q 你认为哪些建议对你晋升为“主管 +”工程师特别有帮助?

A 我听到的最好的观点是“晋升为主管工程师是运气、时机和工作成绩共同作用的结果”。以下是我亲身经历的一次晋升过程：

1. 与你的经理建立关系，并充分信任彼此。坦诚地告诉他你想要什么。建立这种信任的前提是你能很好地完成他给你安排的任务。

2. 因为你的经理信任你，所以当他听到对公司有重大影响的项目时，他就会积极推荐你去参与这些项目。否则你就只能自己去寻找或创建一个项目，并推动项目成立，这要困难得多，但仍然是可行的。

3. 成功地完成并交付项目。

4. 这个项目对公司产生了重大影响。

5. 因为你成功地完成了一个对公司有重大影响的项目，所以当你的经理提议为你升职时就很容易获得批准，这也是你的经理乐于做的事情。

我希望你能看到运气和时机对以上晋升过程的影响。如果你和你的经理相处不好怎么办？如果你的经理离开公司或升职了怎么办？如果你所在的公司没有什么有趣的项目怎么办？如果这个项目注定要失败怎么办？如果项目成功了但没产生什么影响怎么办？

以上这些情况都是可能发生的，对于这些情况，我没有什么普适性的建议可以告诉你，但我有一个建议，如果你一直得不到升职，你可能需要对自己诚实一点，分析一下你是从什么时候开始处于这样的境地的。在这种情况下，获得晋升的唯一途径可能是先离开公司去做一些其他的事情。在离开一段时间以后，你可能会以一个比离开时更高的职位回来。但这很像重温一段失败的关系：你仍然想留在那里吗？还是会有太多的负担以至于根本无法留下？

Q　你能否给刚刚担任“主管 +”工程师这一职位的人提点建议？

A　这虽然是工程界一个常开的玩笑，但很多人进入这个行业确实是因为他们不喜欢与人交谈。作为“主管 +”工程师，为了能有效地开展工作，你可能需要花很多时间与人交谈。我认为，在职业生涯的早期，你可以通过专注于编写越来越好的代码来取得进步。但从某个时间点开始，你就应该有意识地去关注如何更好地与他人合作。信任他人，给予他们做出技术决策的自由，即便他们做出的是你不同意的决策！了解他人的动机，学会给予负面的反馈，知道何时挑起战斗，这些都是有用的技能。

如果你还没有具备以上技能，那么你可以先试着成为一个大家都想与你共事的工程师。每家公司都有几个这样的人，当他们离职了，有机会时你会试图再次与他们合作。努力成为一个这样的工程师，这将为你的职业生涯打开许多大门。

Q 你是否考虑过从事工程管理工作？如果考虑过，你最终又是如何决定从事“主管 +”工程师工作的？

A 在我职业生涯的早期，我曾经告诉我的经理，我担心我会在某个时候不得不转行从事管理工作。我的经理告诉我：“别担心！在这家公司，我们有两个不同的职业发展方向，那就是管理方向和技术方向（个人贡献者），技术类职位中也有相当于最高级的管理职位的角色，所以你永远不必为了继续晋升而刻意转做管理工作。”他说的话虽然从理论上来说是正确的，但我现在明确认识到，这其中漏掉了一点，那就是在很多公司里，管理类职位的职责不会像技术类职位的职责那么模糊。

你的技术类职位越高，你能模仿的例子就越少，而且这些例子似乎也越来越难以模仿。当你开始深入研究这些例子时，你可能会发现这些人能获得这些头衔，有些是因为公司合并，有些是因为他们是编程语言或框架的创造者，还有些则是因为他们给公司带来了数千万的收入。

我的很多同事出于各种各样的原因转做管理工作，我怀疑其中一个原因可能就是我上文提到的——管理类职位有更明确、更可靠的上升渠道。但我坚信，这不应该成为职业发展的主要决定因素。如果你所在的公司有公开的日程表，你可以去看看你经理的日程安排，以及他每周进行的一对一谈话的次数。这是你喜欢的日程安排吗？

写代码的愿望也不是很容易判断的。我们有技术领导经理的职位，这个职位需要你写代码；我们还有主管工程师的职位，这个职位可能永远都不需要你去编写生产代码，你一天的大部分时间都要在谷歌文档在线办公软件或 Dropbox 工作协作平台上度过。在我的职业生涯中，我从来没有解雇过任何人，也从来没有拒绝给员工升职或拒绝为他们写绩效评估报告——我知道我更愿意从事哪一类的工作。

凯蒂·西尔-米勒：提高知名度很重要

Etsy 公司[①] 前端架构师

Q 请介绍一下你现在的角色：你供职于哪家公司？你的职位是什么？你和你的团队主要做什么类型的工作？

A 我在 Etsy 公司工作，它是一个世界领先的手工艺品商家在线市场。我们帮助商家们把他们的商品展示出来，售卖给世界各地的人。我们专注于为人们提供独特的手工艺品，以替代那些大卖场中售卖的工业流水线产品。

我目前在前端系统团队工作，这是一个产品架构团队，负责我们的前端架构，包括 PHP 视图呈现框架。在过去的几个月里，我没有很积极地参与团队正在做的工作，而是一直以性能顾问的身份专注于提高网络性能，以完善我们的监控和报告系统，确定需要改进的领域，并向产品团队提供性能相关问题的解决方案。

我认为很多公司要么忽视了网络性能，要么不够重视它。当我刚开始

① Etsy 是一个网络商店平台，以手工艺品买卖为特色。——编者注

在 Etsy 公司工作时，多亏了像拉拉・霍根这样的人，他们为公司奠定了良好的性能文化基础。几年前，由于组织变革，我们取缔了网络性能团队。我认为，作为一个组织，我们的成绩依赖于取得的荣誉和不受重视的网络性能。现在，关于"好"的性能的定义和衡量标准，尤其是在搜索引擎性能优化方面，已经发生了很大变化，因而我们又开始重新把网络性能作为工作的重心。目前谷歌正在推动将网络性能作为公司搜索排名的一个重要标准，实际上，有很多公司都越来越重视这个标准。由此可知，这是一个非常重要的领域，对零售商来说更是如此。

Q 在你所在的公司，一位"普通"的"主管 +"工程师一般做什么工作？你也需要做这些工作吗？是否还会做什么不同的工作？

A 关于如何看待"主管 +"工程师这个问题，我觉得有趣的一点是我们确定了提升资历的两种不同方式，但又把所有人都放在一个叫作"主管工程师"的桶里，实际上应该有两个不同的桶。

人们想要成为"主管 +"工程师，一种方式是成为某个特定领域的专家，承担技术领导者的职责，去领导团队或组织的技术改革和前进路线；另一种方式是去拓宽工作范围和关注领域，思考跨领域的问题，推动建立跨团队运作的系统和实践，即成为一位架构师。成为一位架构师并不是说你就不是某个具体问题的专家，你的影响范围甚至比作为一个特定团队的技术负责人要更大一些。

在 Etsy 公司，我们的职级只有这几个：高级工程师（分为一级和二级），然后是主管工程师（也分为一级和二级），最后是高级主管工程师（相当于总监职位）。严格来说，我认为自己是一名二级主管工程师，但我的具体职位是前端架构师。这意味着我不仅要对我的团队所做的事情负责，还要思考整个 Etsy 公司在前端领域所做的事情。未来会是什么样子的？我们需要解决什么问题？我们如何达到目标？我思考所有这些问题，并在公司层面推进那些可能让我们达到目标的技术方法。

Q 在目前的架构师职位上，你还会花很多时间进行软件开发吗？

A 会，这很有趣。我是一名前端架构师，但最近我主要在写 SQL 代码，因为我在做大量的数据分析工作。为了找出需要改进的地方，以及对性能和业务指标影响最大的问题，最近我一直在研究性能指标。为了帮助团队清除障碍或做一些性能小测试，我会不时地写一点 JavaScript 或 PHP 代码。

我确实发现我的进度变慢了，而且随着我的日程表里排满了会议，我甚至要花更长的时间才能找到专心写代码的时间。所以我觉得公司不会想让我再写很多代码了！我现在更专注于寻找有机会的领域，然后试着去游说我的团队或其他团队把这作为首要工作。

Q 你是如何安排时间的？

A 我每天有大约一半的时间花在会议上，其余的时间安排每天都有很大变化。有时我会把剩下的时间都花在写文档上，有时我会用 SQL 做很多数据分析工作，有时我会在 Slack 上与多个团队和不同职位的人们进行交谈。当分配给我一些项目时，我的会议量会大幅增加，我会联系这些团队，去了解他们正在做什么，或者试图影响他们，让他们做出改变。每当发生这种情况，时间的安排就会有很大变化。

Q 我发现担任“主管 +”工程师职位的人往往很难量化他们的工作，你有没有找到有效的方法来衡量你的影响？

A 我很高兴你问到这个问题，因为这正是我非常头疼的事情。我总是有一大堆的项目，这样我在任何时间都可能要参与讨论。而且我有一个不好的习惯，那就是我总会被最新的事情缠住，从而分散对其他项目的注意力，所以我必须认真思考和总结该如何安排我的工作时间。我会关注所有我可能要做的事情，所以要让我选出一天中最有影响或最重要的事情对我来说真的很难。

直到我开始担任架构师这一职位，我才意识到我有多么依赖 Sprints[①] 和 JIRA[②] 看板，以及完成一个任务后就将标签移动到“完成”栏的习惯。我以此来检查自己的工作，知道我正在完成我应该完成的事项。我现在没有那种团队环境来帮助我安排日程，所以我不得不更多地依赖我自己的待办事项清单，为此我还在改进我的系统。

有一件事确实很有帮助，那就是我每天都会跟踪我完成的所有的任务——记录会议、发送电子邮件、在 Slack 上进行讨论等。这样一来，当我与我的经理核对我的正式季度目标时，我会回顾所有的笔记，然后发现“哇！我帮助工程师们解决了 6 个不同实验的性能问题”，或者发现“我帮助这个团队在新功能方面找到了更好的方向”，又或者发现“我为那个工程

① 项目跟踪管理工具。

② 项目与事务跟踪工具。

师写了反馈意见，而且对他很有帮助”。这些都是当时看来微不足道的小事情，但综合起来就显示出了我的真正影响。

Q 你认为“主管 +”工程师在哪些方面最有影响力？

A 我最喜欢做的事情就是找到一个以前没有解决过的新的或独特的问题，再想出一个疯狂的想法来解决这个问题，我那些聪明的同事接受我的这个想法，并真正用它来创造一些很棒的东西。要想做到这一点，首先你得从人们正在做的工作中获取大量的信息——看到这个团队在做某件事情时遇到某个问题，而另一个团队在做另一件事情时遇到另一个问题；然后你得将所有这些信息与你的经验和整个行业发生的事情混合在一起，让它们在你的大脑中停留一段时间，直到所有的信息都发出“咔嗒”的声音，这时你意识到这两个问题背后的深层原因；最后你就会想出一个解决这些棘手问题的计划。

举个例子，在我担任架构师之前，我的团队负责设计系统组件。要对共享的组件进行更改或修复是非常困难的，因为我们没有单一的标记来源和每个组件的模板。公司里的所有人并没有使用同一个模板文件，他们将 HTML 代码复制并粘贴到不同的地方。所以当我们必须对一个组件进行更改时，我们很难找到所有需要更新的地方，因为组件的各个部分分布在不同的地方，并用不同的工具进行管理——有时使用 JavaScript，有时使用 Mustache，有时使用 PHP 框架。

所以我产生了一个疯狂的想法：我们或许可以扩展我们的定制 PHP 框架，来支持代表所有组件的可重用模块，这样我们就能轻松地组合它们，就像我们在 React 应用程序中所做的一样。我去做了一个概念证明，为这个项目写了一份提案，并把它交给了团队。然后团队真的接受了这个提案，并采取行动予以实现。我们建立了支持这个组件系统的基础环境，结果证明，它比此前使用的所有环境都更好、更健壮。

我真正喜欢做的事情是，找到问题并创造性地思考我们如何解决它，然后推动这个方案，并让其他人参与执行这个方案。

Q 你觉得从事前端工作的人员，能否像从事开发工作或基础架构工作的人员一样，为公司创造杠杆价值?

A 是的，我非常肯定这一点。我自己只认识几位专注于前端工作的主管工程师，我认为前端设计作为一种技能，目前在行业中没有得到应有的重视。我很幸运地在 Etsy 公司这样的地方站稳了脚跟。Etsy 公司倾向于雇用“全栈”工程师，而我有丰富的计算机科学基础知识——我在学校的专业是计算机科学，我有全栈的工作经验，理解全栈技术。实际上，我的兴趣和关注点一直都在前端设计，因为它是摆在用户面前的东西。我希望看到更多公司重视前端设计，因为我相信前端设计会带来宝贵的技能和独特的思维方式。

就成为一名主管工程师而言，我认为一名优秀主管工程师所具备的良好素质要比他具体使用哪个堆栈更重要。主管工程师要把工程决策看作是一系列的利弊权衡，而能够清楚地阐明利弊权衡的结果则是一种技能，这种技能你从堆栈中的任何角度都可以获得。

我认为，主管工程师还应该充分了解自己专业领域的相邻领域。我的专业领域是前端开发，但我花了大量时间和精力去了解市场营销、业务目标、用户体验、视觉设计、服务器端的视图层和业务逻辑层、如何将代码发布到浏览器上、浏览器如何将代码呈现为一个网站、用户如何与这个网站交互等方面的知识。有了这些方面的专业知识之后，我就能更容易地了解自己的技术决策和做出的权衡所产生的更广泛的影响。

对所有类型的工程师来说，具备用户同理心都是一项需要专门发展的重要技能。我觉得这项技能在很多专注基础设施建设或开发人员支持的组织中可能被低估了。被这些公司忽略的一个事实是，他们的的确确是有用户的。我在前端基础设施部门工作，我们实际上试着将自己看作是产品工程师，只不过我们正在构建的产品是供其他工程师使用的系统。所以我们是有消费者的，我们是有用户的。当我们为自己设计的系统设计 API 时，我们实际上是在为用户设计 API，所以我们需要了解我们的用户——产品工程师，这样我们才能做好 API 设计。

我个人认为，前端设计工程师也是优秀的主管工程师，因为他们习惯不断地分析用户、不断地思考用户将如何与他们设计的系统进行交互。用户同理心是前端人员带给公司的一种巨大力量。

Q 现在，你花在开发工作上的时间越来越少了，你如何保持对公司开发工作现状的准确认知？

A 圈子，圈子，圈子，重要的事情说三遍。一对一的关系尤其重要，因为我是全职的远程工作人员。显然，现在几乎每个人都在远程工作，但作为一个不完全分散的团队中的远程人员，你必须真正认识到你在与谁交谈，并确保与多个团队和多个小组都保持联系，以便能够充分利用这些关系网络。

在 Etsy 公司，我们真的很幸运，因为我们有几个不同的资源群供员工在公司内建立关系。我在一个名为“在科技公司被边缘化的性别身份”（marginalized gender identities in tech）的资源群中非常活跃，这个群里有公司里几乎所有工程部门的人。“远程员工”资源群也是如此，这个群里有公司里几乎所有远程办公的人。我认识到掌握公司内发生的重要的事情是非常有意义的，所以我会抽出时间去指导更多的年轻人，定期与他们进行一对一谈话，并参与线上讨论，从而培养和强化这些联系。我还会尽力确保在整个产品工程中都与工程师们保持交流，因为产品工程师们是我们的客户群。

我目前正努力与经理们建立更多的联系。很长一段时间以来，我在技术方向拥有非常好的人际关系网络。在过去的几个月里，我一直在努力扩大我的关系网络，力求把更多的工程经理们包括进来。在很多时候，我所做的工作需要“非权力性影响力”，我从不自己做出决策，而是尽力影响其他人做出的决策。很多时候，经理们才是最终做出决策的人。

Q 你是如何赞助其他工程师的？赞助其他工程师是你工作的一个重要方面吗？

A 我很幸运能在 Etsy 公司与拉拉・霍根共事几年，她经常谈论赞助。作为一名科技领域的女性，我自己从赞助中获益良多，也看到了赞助的价值。我确实投入了很多时间和精力去赞助其他工程师。

大约一年半以前，我和我的另一位主管工程师同事安迪・亚科 - 明克（Andy Yaco - Mink）都注意到，产品团队们并没有一种很好的沟通方法去分享他们正在开展的工作，或是与产品基础设施团队进行联系。为了解决这个问题，我们提议并开始每月召开一次会议，我们称之为“产品工程论坛”。这是一个开放的论坛，人们可以在此提出问题、分享工作、庆祝胜利，或是请产品基础架构团队的人来分享他们的工作。

我们完全没有预料到的是，这也成了一种很好的创造赞助机会的方式。每个月，安迪和我都需要弄清楚大家做的哪些事情是比较有意思的，可以广泛地进行分享，比如哪些实验取得了有趣的结果？谁在做那些应该分享的酷酷的东西？然后我们会联系这些团队的工程师，告诉他们：“你应该来论坛谈谈你最近在做的工作！”这真的很容易，只需要花上 5 分钟。虽然不那么正式，但这是帮助他们获得公开演讲经验的好方法。

从那时起，有一些人来参加论坛并发表了演讲，后来这些人在公司全员会议或小组会议上也发表了演讲，他们中至少有一个还在一次大型会议上发表了升级版的演讲。我们听到有一些人说，他们在晋升材料中把自己曾在论坛上发表过演讲当作他们领导能力的证明，这感觉真是棒极了！

Q 你是在目前的公司首次获得了“主管 +”工程师的职位，你晋升为“主管 +”工程师的过程是怎样的？

A 我当时被聘为高级工程师，因为那时公司还没有主管职位，后来公司改变了这个政策。在加入 Etsy 公司之前，我在这个行业已经工作了将近 10 年，但主要是在规模较小、知名度较低的公司。在来 Etsy 公司之前，我已经做了 5 年多的前端技术负责人。正因为如此，我已经非常适应导师和负责人的角色了。我花了很多时间与管理层、产品和设计部门密切合作，制定方案并执行计划。总的来说，我觉得自己已经完全适应了技术负责人的角色。

当我来到 Etsy 公司后，这里的平台比我之前的要大得多。这里的工程部门比我以前待过的任何工程部门都要大。我要学习很多关于大规模经营的知识，还要努力理解这与在小公司时有多大的不同。我学着了解数据，我还自学了基本的统计学以便理解实验架构。

从一开始，我就到处寻找可以改进的地方。我会对大家说："嘿，我们不应该做这件事，我们应该做那件事。"例如，我注意到大家一直在用旧的方式编写设计系统的 JavaScript 组件，所以我说："咱们为此设计一个框架和一个标准的模板文件吧。"这是一件我认为显而易见的小事，却是我们实践中的一个大进步。我认为，晋升到主管岗位的一个重要条件就是要能够发现问题，并能积极主动地解决问题，而不是放过这些问题。

我在 Etsy 公司待了不到两年就被晋升为主管工程师了。当时，我的经理是新来的，他不知道我的职业经历。我们密切合作、齐心协力地准备了我的晋升材料。我听过别人关于管理方向和技术方向最终发展结果的经验之谈，这也成为我晋升过程中的重要参考意见。作为一名远程工作的员工，除非你积极主动，否则你的很多工作可能会被大家忽视，因为你的工作主要是通过 Slack 聊天室收集需求或文档，这些工作不会出现在经理们经常关注的地方。你永远是自己最好的推荐人，作为一名远程工作的员工则更是如此。你必须花大量的精力来确保你的成绩是公开的，是大家都知道的。

Q 对你晋升到"主管 +"职位影响最大的两三个因素是什么？你之前工作过的公司、你的居住地或你的教育经历是如何影响你的发展的？

A 此前我已经讨论过创造力、主动性、同理心等因素，我还没有充分讨论过的是沟通和透明度。想要晋升为主管，那你一定要确保你的工作能被别人看到，大家知道你的名字，而且你要有很好的声誉。

我很幸运能加入一个构建前端基础设施的团队，我们所做的工作使我们必须向所有工程人员发送很多邮件，这样我们就获得了很多关注。在基础设施领域工作则不然，这里有很大一部分工作是为客户服务，也就是帮助那些进入你的 Slack 聊天室的人解决问题。在回到学校完成计算机科学学位之前，我做了几年客户服务工作，因此我在后续跟同事的互动中总会竭力去遵循之前在客户服务中得到的经验教训：随叫随到，保持谦虚，专注于认真倾听和理解人们的需求。当你真的关心和帮助同事时，你的这些优点就会体现出来了。

Q　你是否认为有些公司特别擅长培养“主管 +”工程师？

A　说实话，除了 Etsy 公司，我真的不知道主管工程师在其他公司是如何工作的。所以我的看法可能比较偏颇！我认为 Etsy 公司很擅长培养主管工程师，因为我们有一种“重视技术精英”的强大内部文化，还有一种“不随意指责”的文化，并且我们有“在更大的世界里做好事”的愿望。我认为这会让 Etsy 公司培养出真正聪明、善良的员工，而智慧和谦逊的结合会使员工最终成长为优秀的工程师。这种环境的自我强化造就了优秀的榜样，又造就了那些想要效仿榜样以获得晋升的人。所以我认为，总体而言，我们有一大批正在 Etsy 公司工作或曾经在 Etsy 公司工作过的人，他们为主管工程师们树立了良好的榜样。

当然，在很多规模较小、知名度较低的公司里也有一些很出色的员工，他们从事与主管工程师类似的工作，但没有被称为主管工程师，而是以另一种方式被公认为技术领域的领导者。在很多公司里，拥有强大技术领导能力的人会成为经理，他们甚至想都没想过担任主管工程师的职位。在一家大公司里工作的员工，很容易把主管工程师当作最终发展目标，但要记住，职业发展其实有很多不同的方式。

Q 你认为哪条建议对你晋升为“主管 +”工程师最有帮助?

A 这是别人给过我的最好的建议，我一定要告诉其他主管工程师这条建议。那就是存在一种误解，人们认为成为主管工程师就可以掌控自己的工作，每个人都会听你的，并按照你的意愿行事，而事实与此恰恰相反！你想要获得晋升已经很长时间了，然后你终于成为一名主管工程师。突然之间，一切都变得模糊不清。你的职责从解决一些明确的问题转变为负责找出这些问题，然后还要说服人们，让他们认识到解决这些问题的重要性。你将面临与你之前的职业生涯完全不同的挑战。

Q 你能否给想要晋升到“主管 +”工程师这一职位的人提点建议?

A 我曾两次被提名为主管工程师，但直到第三次才得以晋升。我认为最终使我得到晋升的原因是我的总监对我的帮助。因此，我建议你一定要发展自己的人际关系网，去拜访你的总监或副总裁，因为是他们最终决定你能否升职，而不是你的同事，也不是你的经理，所以你要让他们知道你的名字和工作。在晋升讨论中，你要让他们想起来“哦，就是她发了那封关于这个项目的工程邮件”，或者“我看到他总是在 Slack 聊天室里回答大家的问题”，抑或“他在那次会议上发言了，对吧”。

当人们，尤其是女性和从事非信息技术类工作的人来找我寻求建议时，我想他们最想听我谈的是如何成长为一名技术领导者，所以当他们听到我说“你可能已经具备了技术技能，你需要做的就是提高你在公司的声誉”时，他们会感到很惊讶。如果没有良好的声誉，你是无法晋升为主管的。人们期望公司唯才是举，然而事实往往并非如此，想要获得一个主管级的职位有很多影响因素。

Q 你如何应对高级职位带来的不确定性和模糊性？

A 培养完善的自我认知是很重要的，因为这会帮你看清楚你正在追求的东西中有哪些是你真正想要的。不要只因为有些东西对公司有好处就去追求它，当然这真的很难做到。你必须准备好放弃你喜欢的东西，改变方向，尝试新的东西。如果你目前采取的方法不起作用，那么就强迫自己去改变。

我也非常喜欢丹·纳关于克服阻力的演讲，因为这是你成长为技术领导者时经常会遇到的事情。我经常思考“没有权威的影响力”这个概念，因为当你是一名主管工程师时，你的工作就是弄清楚团队或公司需要做什么，让公司上下围绕这个目标协调一致，并弄清楚在你对管理或最终决策没有取得授权的情况下，怎样才能让人们做到最好。这需要很强的毅力，你必须运用强大的非技术能力来推动事情的发展。

Q 你曾经从哪些渠道（比如书籍、博客、个人等）学到有用的东西？在这个领域，你的偶像是谁？

A 我已经说过很多名字，尤其是拉拉·霍根，丹·纳。我喜欢朱莉娅·埃文斯（Julia Evans）所做的每一件事，我真的很幸运曾经在一个项目上与她合作过。曾在 Etsy 公司工作过的莱恩·丹尼尔斯（Ryn Daniels）写了很多关于职业发展的博文。塔尼娅·莱利的经历对我来说是一个很大的鼓舞，因为她是一位很厉害的职场妈妈，同时也是一位受人尊敬的技术领导。在前端领域，妮科尔·沙利文（Nicole Sullivan）、珍·西蒙斯（Jen Simmons）和伊桑·马科特（Ethan Marcotte）等对我都有相当多的启发。另外，我真的很喜欢读卡米尔·福尼尔的《管理之路》一书。我从来没有做过管理方面的工作，所以这有点像一个黑匣子。对我来说，主管工程师的角色就像一个完全不用去维护人际关系的经理，任何能帮助我洞悉管理世界奥秘的东西都是有益的。

丽图·文森特：把最难的部分交给团队，让他们有机会发挥

Dropbox 公司主管工程师

Q 请介绍一下你现在的角色：你供职于哪家公司？你的职位是什么？你和你的团队主要做什么类型的工作？

A 我现在是 Dropbox 公司的主管工程师。实际上，我此前就担任过 Dropbox 公司的主管工程师，然后离开 Dropbox 公司加入了另一家初创公司，几个月前我又回到了 Dropbox 公司。我回来是因为 Dropbox 公司开放了一个可以启动内部孵化器的有趣机会，我们正努力促进公司内部的创新。Dropbox 公司已经成为文件同步领域的一个强大品牌，但也面临着很大的竞争，所以我们需要做更多的工作，并扩展新产品。孵化器团队由首席执行官直接领导，是一个非常小的团队。

我在 Dropbox 公司工作的时间很长，我和这里的很多人建立了非常密

切的联系，所以当人们给我推荐这个职位时，我觉得这个职位听起来好像很有趣。我也当了几年的经理，有些渴望重新写代码。在这些因素的共同影响下，我又回到了 Dropbox 公司。

这个孵化器项目分为两个部分。

第一部分是一个比较经典的孵化器。在这里，公司的所有工程师都可以提出想法并获得启动资金，当然他们需要尽力展示产品在市场上的适应性或其他方面的进步，从而每隔几个月持续地获得资金。我们还处在起步阶段，目标是让一些有潜力的项目逐步走入正轨。

第二部分则是工程师。他们永远是孵化器的一部分，总是在孵化器中产生新的想法，并在很大程度上实现自主运作。

我是这个长期“侦察队”的两名工程师中的一名，我们计划在接下来的一年里发展壮大我们的队伍。这个工作跟我以前做过的所有工作都大不相同，这也是我想加入的原因。这对我来说是一个巨大的转变。老实说，刚开始的几个月既很有趣，也很让人沮丧。因为我的主要目标是迅速地尝试大量的新想法，但其中很多想法都不会有任何结果，这时就很难衡量我们的工作是否有意义。我只能学会在更长的时间跨度里衡量我们的工作——不是以我今天交付的成果来进行衡量，而是以我未来能够影响公司交付的成果来进行衡量。

Q　在你所在的公司，“主管 +”工程师一般做什么？

A　Dropbox 公司中有两种“主管 +”工程师：一种是技术负责人，他们负责大量的协调工作，为团队做设计，并花时间推动项目；另一种则更像是专家。

我最初成为主管工程师的时候无疑是一个技术负责人。我带领一个由 8 名工程师组成的团队，开展了一个为期 18 个月的项目。那个项目存在很多错综复杂的关系，有很多棘手的情况。我必须积极推进与项目有关各方的沟通交流，还得弄清楚怎样将项目的各个部分合理分配给队员，从而既能帮助他们成长又能确保项目顺利完成。

专家们则在某个特定领域有着深厚的专业知识，比如 Python 的创建人吉多・范・罗苏姆（Guido van Rossum）。专家们会承担非常复杂的项目并自己负责实施，这些项目其他人通常无法承担。专家比技术负责人要少很多。

Q 这些专家主要是从外部聘任的吗？

A 有一些专家来自业内，比如范・罗苏姆和 Facebook 的机器学习研究团队中的很多非常有经验的人，也有很多专家是企业自己培养出来的。这可能与 Dropbox 公司推出职级体系比较晚有关，这让大家有更长的时间对自己的技术进行非常深入的研究。

Q 你是怎样安排时间的？

A 在孵化器项目中，就目前我担任的职位来说，我整天都在做“主管 +”工程师的工作。但在之前的技术领导角色中，我做了很多不同的事情。

我也在写代码，但并不多，这类工作可能占据我 20% 左右的时间。我曾经是桌面客户端业务的技术负责人，那时我花很多时间协调和进行项目指导。我也花很多时间与招聘部门合作，我之所以这样做，是因为我对招聘很感兴趣，而不是因为我必须这么做。

例如，我曾经负责专业面试流程设计、更新简报和候选人筛选等工作，我还做了很多关于多元化项目的工作。这也是我在职业生涯中多次尝试工程管理类职位的原因之一，因为我喜欢参与公司的发展。

Q 你认为“主管 +”工程师在哪些方面最有影响力？

A 有一件事让我对自己的工作感到非常自豪，那就是我们的工程水平有了很大的提升。早在 2017 年，我是为数不多的几名被选中参与工程职级体系更新项目的技术类工程师中的一名，其他大多数参与者都是总监或经理。我很自豪，因为新的职级体系影响了 Dropbox 公司在工程、产品和设计领域的每一个员工。

深入思考公司的发展会如何改变员工的角色和责任也很有趣。我们引进具有不同背景的人，我们希望能够以健康的方式激励每个人。这个工作与我的日常工作大不相同，并将我推到了舒适区之外。

我也为我的主管级项目感到自豪，这个项目在技术上非常复杂，它让我有机会帮助团队中的很多人获得成长。几年后，有一些已经离开公司的工程师给我发了邮件，告诉我他们现在非常自信，也告诉我他们当时从那个项目中学到了很多东西。

正是通过那个项目，我的经理帮我认识到，我作为技术负责人的最初想法是不够好的。起初我的想法是“把这个项目分成 20 个部分，把 18 个部分分配出去，把最难的两个部分留给我自己”。而我的经理敦促我把最难的部分交给团队，让团队成员有机会发挥。

Q 你会花时间去推动技术、实践、流程或架构方面的变革吗?

A 作为一名技术负责人，我花了很多时间去推动变革。我会参与很多不同领域的架构和技术讨论，包括我专业领域之外的，因为人们似乎相信我的直觉。我认识很多有着惊人的技术直觉的工程师，他们暂时还没有获得主管工程师的头衔。当然，获得这个头衔确实是证明他们有这种直觉的最好证据。

我更喜欢引导团队来做出最后的决策。如果我脑子里有一个非常明确的“正确的决策”，我会尽力引导团队去做出这个决策，而不是直接说出“这就是正确的决策”。

Q 你怎样赞助其他的工程师? 赞助其他工程师是你工作的重要方面吗?

A 我很肯定自己是一个赞助者。执行力是我工作中最有回报的部分之一。我喜欢建造东西，我也一直喜欢帮助别人成长。当我看到那些我指导或帮助过的人完成一些很棒的事情时，我会感到非常自豪。

作为一名主管工程师，尤其是一名女性主管工程师，我觉得很多人都很尊敬我。在管理者的职业道路上似乎有更多的榜样，所以在埋头写代码之外，我也试着将树立榜样作为我职责的一部分。我的意思是，我可以选择继续埋头写代码，这样也很好，但我更想帮助其他人，尤其是那些非常缺乏自信的人。

经常会有人来对我说“我不知道如何迈出下一步”或者“我不知道如何成为一名主管工程师，所以我要去当一名经理”。我想帮助他们找到适合自己的路。作为一名主管工程师，我认为能让大家注意到我，并向我提出这样的问题，也是我职责的重要部分。

Q 有哪些事情是你在担任“主管 +”工程师后才能做到，在此之前无法做到的?

A 没有什么事是不担任这个职位我就不能做的，但这个职位确实给了我信心。除了职位，另一件让我充满信心的事情是我意识到其他人也在与冒充者综合征作斗争。这点是我在与一位工程师的谈话中了解到的，在所有与我共事过的工程师中，我认为他是最自信的一位。当我跟他谈论此事时，他说:“我会质疑我所做的每一件事。我回家后会为那天早些时候说过的话感到痛苦，反复思考我说过的话是否愚蠢至极。”

正是这次谈话加上这个职位，使我相信自己可以做好一名主管工程师。这些都给了我信心，让我想要去做更难的项目，或者让我的经理敢于给我更多的项目去做。

Q 你在 Dropbox 公司晋升为“主管 +”工程师的过程是怎样的?

A 我加入 Dropbox 公司一段时间后，他们推出了职级体系。在第一个职级审查季，他们把主管工程师职位授予了极少数的工程师。当时他们还在校准职级，我是在第二个审查季获得主管工程师职位的。

到第二个审查季的时候，我已经当了一段时间的技术负责人，我和我的经理都觉得我显然已经是在主管工程师的层面执行任务了。在审查周期开始之前，我们确实重新看了一下新的职级体系的定义，以便确定我是否还存在什么差距，但总体来说进展相当顺利。

Q 对你晋升为“主管 +”工程师影响最大的两三个因素是什么？

A 对我来说，其中一个重要因素无疑是知名度。我获得知名度的一部分原因是我在正常的工程职责之外还做了很多事情。

比如，有一年夏天我参与了实习生招聘和运营项目。在参与这个项目期间，我与来自不同团队的很多实习生导师一起工作。由于 Dropbox 公司的实习生课堂通常都比较大，因此我几乎在整个公司都变得有名起来。参加招聘工作也有帮助，如果你每个月都要主持几十次招聘情况汇报，并推动招聘部门和业务部门对话，那么你就会与工程领域的每个人都有互动。此外，我还帮助新员工入职，为新员工做核心工程演示。

有一位赞助者也非常重要。我和我的经理的关系非常好，我和我的经理的经理关系也非常好。我认为这也起到了很大的作用。

Q 你认为去做一些被称为“黏合剂”的工作是否有直接价值？

A 这类型的工作受到 Dropbox 公司管理层的高度重视。管理层和许多非常资深的主管工程师都大量参与了这种工作，尤其是招聘工作（也许在有的地方，这不被认为是一项“黏合剂”工作）。参与这种工作不是我晋升到主管工程师的唯一决定因素，不过要做好这种工作，确实需要你能在拥有影响力和拥有强大技术优势之间找到平衡。

Q 目前有一个比较流行的观点，那就是要成为一名“主管 +”工程师，需要提前完成一个主管级项目。你完成过这样的项目吗？如果完成过，那是什么项目？

A 关于这一点，虽然 Dropbox 公司没有提出明确的期望，也没有将其列为正式要求，但大家普遍认为我们应该至少完成一个主管级项目才能获得晋升。我想不出有哪个没有做过这类项目的主管工程师能够获得晋升的。这种项目通常是由一位工程师担任技术负责人，同时有很多人参与。

我肯定完成过主管级项目。Dropbox 最初是人们下载并安装在计算机上的一种个人消费类电子产品，当我们推出 Dropbox 企业版的时候，有人要求 Dropbox 个人账号和企业账号能够同时运行，以便在不需要注销和重新登录的情况下进行切换。最初的功能是在巨大的时间压力下编写的，需要运行两个 Dropbox 进程：其中一个进程用于个人账号，另一个进程用于企业账号。我的主管级项目要求通过一个 Dropbox 进程实现个人账号和企业账号同时登录运行。这个项目困难的部分在于涉及从内核到用户界面的方方面面，因此我必须了解 Dropbox 系统的每一层。

起初我们以为完成这个项目需要 6 个月，结果最后花了 18 个月。在相当长的一段时间内，这个项目占用了桌面客户端团队的大部分精力。

Q 你能分享一个对你晋升到“主管 +”职位特别有帮助的建议吗?

A 在我职业生涯的早期，我本能地想要做那些我认为很好实施的项目，而不是那些尚不明确但会帮助我成长的项目。我得到的建议是要走出舒适圈，申请做团队中有难度的项目。想要晋升为主管工程师，你必须知道并完成比你现在知道和完成的更多的事情。重要的是，要不断超越你正在做的事情，要勇敢去做那些你认为很难的事情。

这与冒充者综合征有关，你可能不想尝试任何事，除非你绝对确定自己能够做好。你必须接受这样一个事实，那就是你可能会失败。但没关系，你总得试试。

Q 你能否给希望晋升到“主管 +”工程师这一职位的人提点建议?

A 人们经常来问我:“接下来我该怎么做才能晋升为主管工程师? ”我告诉他们，要对你的经理开诚布公，坦率地告诉他们你希望从职业生涯中得到什么。我早期在与我的经理的谈话中犯过一个错误，那就是只告诉他我认为他想要听到的话，而没有说出我的真实感受。

当我的经理问我是否对一项工作感兴趣时，我就会琢磨他为什么这样问，他是想让我做这项工作吗? 因此，即使我对这项工作不感兴趣，我也会说我很感兴趣。当他问我一个项目进展如何时，可能项目实际进展得很糟糕，但为了不让他失望，我会告诉他一切都很好，而不会说我需要帮助。

后来，在某个时间节点，我突然意识到我的经理其实在管理我们的团队。他正在寻找一种方法，让我获得成长，变得高效、快乐，并成为最好的工程师。因此，与你的经理建立有效的联系和获得他的赞助的方法，就是要对他开诚布公。

当我自己成为一名经理时，这点对我来说尤为明显，因为我希望我的团队中的每个人都能成为主管工程师并获得晋升。我想要找到给他们升职的理由，并与他们一起努力。

Q 你是否考虑过从事工程管理工作？如果是的话，你最终又是怎样决定选择“主管+”工程师的职业道路的？

A 我确实做了相当多的工作，因为我对这两个岗位需要做的事情都感兴趣。我对培养人才感兴趣，我真的很喜欢招聘工作，我发自内心地喜欢面试工作，我乐于了解团队是如何成长的。同时我又很享受写代码，在我花了一些时间做管理工作之后，我又会很希望重新开始写代码。

我开始做指导和管理工作以后，没过多久，我就发现自己对职业发展的想法有了很明显的变化。那段时间的摇摆不定让我看到了很多不同的观点。作为一名经理，你有非常明确的职责，比如统计人数和绩效评价；而主管工程师的职责则非常模糊，各公司之间存在差异。正是由于主管工程师职责的模糊，很多原本更喜欢做工程师的人调转方向去做了管理，这也是我们把这么多的主管工程师职业的相关信息公开提供给大家作参考的价值所在。

Q 你从哪些渠道（比如书籍、博客、个人等）学到过有益的东西？在这个

领域，你的偶像是谁？

A 我读了很多书，但我的阅读比较随意，更看重娱乐性。对我影响最大的是那些被我视为导师的人，这些人大部分是我的朋友、前领导和前同事。我每个月都会抽时间与那些过去与我共事、了解我以及我信任的人共进午餐，或者只是喝咖啡聊聊天。正是我们之间那些关于职业挑战和成长的对话，让我走到了今天。

里克·布恩：与你的领导保持一致

优步公司基础设施副总裁战略顾问

Q 请介绍一下你现在的角色：你供职于哪家公司？你的职位是什么？你和你的团队主要做什么类型的工作？

A 我是优步基础设施副总裁的战略顾问，这意味着我和工程总监、公司级项目经理们都是基础设施领导团队的成员。优步的基础设施工程部门大约有 700 人，分布在 6 个子组织中，比如负责数据中心和服务器、存储、开发平台等的组织。我和副总裁一起处理关于技术和文化方面的战略，以及特殊项目。

战略顾问是一个涉及范围较广的角色，我可能会从事以下工作：

- 评估未来两年的技术需求。
- 协助副总裁在未来 6 个月的规划中优先考虑创新。

- 挖掘未被发现过的重要区域，并协助提高正在进行的相关项目的效率。
- 了解工程师们在重大组织变革前后的感受。
- 如果有两个需要合作的团队在某些问题上的意见相差甚远，我将协助他们进行交流，帮助他们找到解决问题的有效途径。

这个职位的工作内容涉及工程、文化、心理学、组织设计和战略等领域。我找到了两种方式来描述这个职位，它们都来自流行文化：第一种是《权力的游戏》中国王的“黄金之手”，这是我对这个职位最好的类比；第二种是《白宫风云》里的幕僚长里奥，他总是说：“我听从总统的安排。”在我的职位上，我要说的是：“我听从基础设施副总裁的安排。”

虽然现在只剩我一个，但之前有两个人担任基础设施副总裁的战略顾问，我们会根据各自对项目的喜好来分配工作。她通常更关注与经理和领导者相关的项目，而我更关注与个人贡献者和工程相关的项目，当然我们还是努力在所有的领域都做了一些事情。

战略顾问这个职位有点不同寻常，它是由马修·门格林克（Matthew Mengerink）在担任基础设施副总裁后不久创建的。据我所知，我们公司和我们的首席技术官办公室是唯一设有这种职位的组织。马修之所以创建这个职位，是因为他认为在工程团队内部拥有组织的完整背景信息很有价值，他想为自己的决策创建一个反馈回路。

在优步的基础设施组织中，这是一个非常有价值的职位，因为基础设施组织是一个非常庞大的组织，而我可以提供一个完整的综合视角。

Q 你怎样比较你担任的角色与技术项目经理（Technical Project Manager，TPM）这一角色的异同？

A 这是一个有趣的问题。前几天我正在思考高层领导和我自己的角色之间的区别。在基础设施领导团队中，我们有战略顾问和项目经理，过去，我们还有人担任参谋长这一角色。

在我看来，技术项目经理是一个组织范围内的运营角色。他们在较高层级上开展工作，确保基础设施内的主要项目能够持续运行、按照常规节奏进行评估，并将所有努力和新方案付诸实施。高层领导的职责是确保整个领导团队良好地协同运作，确保所有参与运营和领导基础设施组织的人员、团队、信息都在有效地运行。

我所担任的战略顾问角色则需要掌握更广泛的知识，包括技术和文化知识，从个人和组织层面深入了解问题的细节，然后融入工程智慧。在此基础上，我会整合出一套意见和建议，并将其传达给组织的领导或整个领导团队。我每天绝大多数工作都是直接与组织总监和项目经理一起完成的。我向组织总监提交建议，取得他的意见和批准，然后与项目经理们一起将这些建议变成现实。

Q 你如何看待与赞助者保持一致的重要性？

A 这种一致性是干好这个职位的关键——几乎是必不可少的。马修和我在原则、价值观、世界观、对情商的重视、执行方法和哲学观上都非常一致。在很多事情上我们都保持了一致，这几乎是一种共生关系。

与赞助者保持一致对提高工作效率至关重要。这不仅是战略顾问和副总裁之间工作上的联系，也是里克和马修私人之间的联系，这是一种很好的联系。

就我担任的职位来说，我经常连续几周都在不同的办公室里办公，但我仍然必须像马修的直接代理人一样工作。当我走进一间办公室后，我会想："要是马修在这里会做什么？他想问什么问题？他在这个问题上会给出什么指导意见？"因为我不能总是跑去找他讨论，所以对他的观点有深刻的理解是至关重要的。要作为他的代表并有效执行他的战略和愿景，我必须让别人很信任我，这一点极为重要。人们需要相信，如果马修在的话，我给出的答案与他的答案将是一样的。

这也意味着我必须真正理解马修的目标、意图、价值观和原则，从而确保我已经准备好以自己的声望和信誉来推动这些目标的实现。通常，我的职责包括在工程师们不太清楚项目的背景情况的时候，向他们宣导或解释马修的愿景和执行方案。当我这样做的时候，我必须确保自己不仅理解这些愿景和方案的逻辑和价值，而且深信不疑——否则，宣导就会变得很困难，更会毫无真诚可言。

在我刚开始承担这个职责时，这正是我非常纠结的事情。马修经常告诉我："你是我的代表，你可以自由地用我的名义去推动和执行事情。"但这对我来说很困难，因为我之前从来没有担任过这样的角色。以前我都是以自己的名义去开展工作，现在我要在副总裁的庇护下开展所有的工作。随着时间的推移，我逐渐学会了如何谨慎地使用副总裁的名义，因为我不想过度使用它。

我也意识到，有时候我需要让大家明白我正在扮演哪个角色。我很喜欢指导大家，但有时大家不确定他们是在战略顾问的指导下为组织和公司工作，还是在一位导师的指导下根据他们的个人兴趣而工作。在特定的环境中，我会让大家知道我正在扮演哪个角色。例如，如果我指导的对象想要在更换团队甚至是在离开公司等方面寻求我的建议，他们会想要知道我是从哪个角色的角度来给出建议的。

Q 在你所在的公司，一位“普通”的“主管 +”工程师一般会做什么工作？你也需要做这些工作吗？是否还会做一些不同的工作？

A 我认为最大的区别在于其他高级工程师主要从事技术工作。他们是领导者，因此虽然他们也需要在情商、沟通、合作、冲突解决、宣讲等领域开展工作，但他们每天 80% 的工作都是关于技术问题的。

对我来说，我可能会有几周的时间专注于一个关于团体心理学或组织设计的项目。尽管技术问题总是存在——即使只是在背景方面，但技术问题并不是我每天工作的唯一焦点。

Q 现在，你花在开发工作上的时间越来越少了，你怎样跟踪了解技术开发工作的最新进展？

A 当我还是一名工程师的时候，我在这方面可以被动一点，因为我身处于代码之中，正在试图提交程序，或处理条款和操作服务等方面的冲突。不过这种方法现在已经行不通了，因为我已经不太接触代码了。所以现在我想要获得这些数据和意识，就需要积极一点。

于是我决定继续留在我的老团队旁边，这样我就能听到关于他们工作的信息。他们可能会抱怨服务器的稳定性，或者抱怨工具存在的差距，听听这些声音是很有帮助的。

我还经常就开发人员体验向大家提问。我在头脑中列出了一个善于提出问题和解决方法的人员名单，我经常与他们联系。这些联系有时候会显得结构化一些，例如填写一个输入调查，而其他大多数时候就只是一个快速的信息检查。

我还会做一些没有严格的时间要求的编程工作，我试着利用这种机会来保持那种写代码的亲切感。不过，我必须小心，确保不要涉及关键的编程工作，因为我知道我没有足够的时间和精力来写代码。

Q 你赞助过其他工程师吗？赞助其他工程师是你工作的重要方面吗？

A 我工作的一个特殊之处是，它本质上是副总裁与我之间的一种内在导师关系。当我开始工作时，他问我："5 年后你想要做什么？你的目标是什么？"当时，我对这些问题其实没有明确的答案。很长一段时间以来，我一直认为，在我们这个时代，就工作保障和发展轨迹而言，写代码是我能够获得的最好的职位之一，这对我来说已经足够了。

当我花时间去思考我的目标时，我发现我喜欢成为其他工程师的榜样并帮助那些刚刚加入优步或处在职业生涯早期的人。我特别喜欢帮助那些刚刚进入这个行业的人，他们可能仍然有点胆怯，这在很大程度上触动了我，这个职位帮助我认识并认可了这一点。之前，我认为这不是一个正当的目标，但后来我意识到，如果这是你想要的，如果这是你的热情所在，那么你就一定要去追求这个目标。

另外，导师对我很重要。在我的生活和职业生涯中，我认为有 6 个人是非常关键的导师。他们中的每一位在我生活的不同阶段都对我产生了巨大的作用和影响，如果没有他们过去对我的持续指导，我将无法成为现在的我。他们指导了我很多，我对他们每一位都非常感激。所以，我认识到导师的力量，并想要确保我能够为其他人也提供这种力量。

有时，导师们甚至不知道他们的言行如何改变了你，甚至不知道几年后会产生什么样的连锁反应。我总是努力让自己成为他人的导师，因为你永远不知道什么时候你能对某个人产生何种改变他生活的影响。你可能只是在对他们来说一个正确的时间，说了一句正确的话，或提供了一个正确的视角，抑或是恰到好处地推了他们一把。

我总是告诉人们：“说真的，如果你需要我，就来找我。”这是我工作中最激动人心的一部分，我有几种不同的方式来为别人提供帮助。

例如，我每个月都会给大多数工程领域的新员工上一堂工程教育课，那就是想办法把“工程”和“教育”两个词混合成一个词。这门课的授课方式为“课程 + 提问”。在这堂课上，他们可以问我任何有关优步的技术、文化的问题，或者其他任何问题，我会竭尽所能坦诚相告。课程最后，我告诉大家我的邮箱地址，欢迎他们联系我。很多人在那之后联系我，我会就他们提出的关于职业发展、在优步工作或其他方面的问题给他们建议。有时候，他们在办公室里碰到我时，会当面征求我的意见。

我想树立一个工程师的榜样，向其他人展示：我在这里，可以随时提供帮助，这是可行的。当我意识到这对我来说很重要时，我就知道我必须在公开演讲方面做得更好，因为这是让我成为榜样的一个非常重要的途径。公开演讲曾经让我感到害怕，我过去一度非常讨厌公开演讲，但这又是与大量听众接触的关键途径。于是，我告诉自己，我必须喜欢上演讲。从那以后，我学会并成为一个真正的公开演讲者，并深深地爱上了演讲。这是我现在做的最激动人心的事情之一，就像坐过山车。我每次这样做时都会感到紧张，但这是一种激动人心的、有趣的紧张感，而且我在演讲时会感到非常兴奋。

Q 你有没有想过打造自己的外部品牌？

A 我有几个朋友，他们花了一些时间去建立自己的外部品牌，其中一个目前正决定回归公司。因为他意识到自己在优步的工作非常繁忙，根本无暇顾及外部工作。

我对打造自己品牌这件事的态度比较消极。当我公开发表文章或做公开演讲时，我会在领英上发布一个链接，但我完全不会写有关自己的内容。我有时也会想要打造自己的品牌，我对这件事也很感兴趣，但我始终没有做。要打造自己的品牌就必须写作，写作这种方式需要做大量的准备工作去组织想法，而我更愿意通过说话来思考。所以到目前为止，我还没有花太多时间做这件事。

Q 你是在目前这家公司第一次获得战略顾问这个职位的吗？你过去做过战略顾问吗？如果没有，你是如何晋升到这个职位的？

A 我的职业发展之路是非传统的，它不是计划好的，也没有一条可复制的途径，更多是一系列幸运事件的组合。在我之前，罗布・普库努斯（Rob Punkunus）也担任过这个角色。当他决定离开时，马修请他推荐接班人。他推荐了我和凯特，我们两个最后都担任了战略顾问一职。

在那之前，我和马修已经有过几次积极的互动，我们发现彼此有相似的看法和价值观。例如，有一次我们在问答会上收到了大量匿名的恶意评论。看到我们的企业文化朝着这个方向发展，我感到非常不安。我站了出来，要求大家采用更有建设性的方式来表达他们的关切，我认为这与马修产生了共鸣。

当他第一次建议我担任这个职位时，我惴惴不安。我一开始试图让他收回这个提议，表示这不太合适。但我最终还是接受了这个建议，并一直担任这个职位至今。

Q 对你晋升为战略顾问这一职位影响最大的两三个因素是什么？之前工作过的公司、你的居住地或你的教育经历是如何影响你的职业发展的？

A 除了罗布的推荐之外，我想最重要的因素是我做了一些符合马修价值观且引人关注的工作。2017 年，我参加了一个项目，我加入了工作组，去了解和改善网站可靠性工程师（site reliability engineer，SRE）[①] 的文化。在苏珊・福勒（Susan Fowler）发布那篇名为《回顾优步奇怪的一年》（*Reflecting on one very strange year at Uber*）的帖子之前，工作组就已经安排好了。我们的第一次会面恰好是在她发布帖子 3 天之后。我确

① 网站可靠性工程师是软件工程师和系统管理员的结合体，需要掌握算法、数据结构、编程、分布式系统、故障排除等众多知识。——编者注

实认为文化工作组做了一些很杰出的工作，我和其他组员都引以为傲。在 18 个月的时间里，我们以一种很有意义的方式改变了一个上百人的组织的文化。

此外，我个人一直对文化、人类心理，以及行为领域的事物着迷。在我职业生涯中那些工作过的公司里，文化和群体心理学往往是将组织从优秀变为伟大的隐藏系数。我已经通过阅读行为经济学、行为科学等方面的书籍和论文来满足自己在这一领域的好奇心，天然的兴趣极大地促进了我朝着我现在的方向努力前进。

Q 你还记得那些对你晋升到“主管 +”职位最有帮助的建议吗?

A 在我的职业道路上，总会有人告诉我，我比我意识到的更有影响力、更有潜力。我从来没有相信这些话。我和许多其他工程师都花了很多时间质疑自己，人们很容易只看到不好的部分。开会时，我们可能意识不到自己正在激情地谈论某件事，而大家真的在认真听我们说话。有人不断告诉我，我没有意识到自己的影响力，我的观点不仅有理有据，而且对组织有实际的影响。知道这些真的很有帮助。

另一件有帮助的事情是拥有导师。我特别喜欢那些与我持相反意见的导师。我的意思是，他们把我扔进了令我完全恐惧的事情中，但他们确信我已经做好了准备。他们帮助我完成了我认为不可能完成的事情。他们通常是与我共事的经理，我们能够相互学习。

Q 你能否给刚刚开始担任“主管 +”工程师这一职位的人提点建议?

A 说到这个，我可以谈谈我是如何在组织心理学、文化、指导等领域和技术领域都建立了广泛兴趣的。我从来都不是一个纯粹的工程师，不会全天 24 小时埋头写代码，我从来都不是那种人。

对我来说，追随自己的激情很重要。最近，我的兴趣主要在导师制上，偶尔也关心一下其他事情，比如机器学习，这一直是我的爱好。我喜欢研究机器是如何产生并模仿人们的思维的——这个问题是我在技术和心理学方面的兴趣的完美结合点。

当我的激情被激发，并有机会将这些激情与公司需要的东西结合时，我就会抓住机会。例如，我在优步的前团队正为了容量规划而对车队利用率开展深入研究，这是一个很好的机会，可以让我把对机器学习和对站点可靠性的兴趣结合起来。

小公司让我们有机会做很多不同的事情，规模大一点的公司也能给我们提供独特的机会，让我们在自己感兴趣的领域变得更加专业。这也让我能够保持影响力和激情，尽管我从来都不是那种整天坐在键盘前敲代码的人。

Q 你考虑过从事工程管理工作吗？如果是的话，你最终又是如何决定选择主管工程师的职业道路的？

A 这是我有时候会思考的事情。即使是现在，这也是我一直在想的事情。从事管理工作确实在我的可能性清单上。在我的职业生涯中，人们一直在问：“你考虑过从事管理工作吗？”

我现在关注的是，作为一名高水平、全局性的领导者，我应该如何变得更加有效率。也许在不久的将来，我会想去发挥自己的人事管理能力。这其中的吸引人之处在于，对人类行为的研究一直让我兴奋不已，而从事人事管理就获得了绝佳的机会，可以花时间来专门做这件事。

Q 你从哪些渠道（比如书籍、博客、个人等）学到过有益的东西？在这个领域，你的偶像是谁？

A 你知道，在我职业生涯前 2/3 的时间里，我曾经喜欢尽可能多地阅读与技术相关的内容。我会整天在 Y Combinator[①] 网站或我的 RSS（Really Simple Syndication）[②] 阅读器上浏览关于分布式系统、可靠性等方面的内容。现在我更喜欢阅读行为经济学、行为科学、人类心理学、组织战略等方面的内容。

在这些领域里，我真正喜欢的人有丹尼尔·卡内曼（Daniel Kahneman）、蒂姆·哈福德（Tim Harford）、丹·阿里利（Dan Ariely）。还有一些很棒的播客，比如《魔鬼经济学》（*Freakonomics*）、《选择学》（*Choice-ology*）、《隐藏大脑》（*Hidden Brain*）。

此外，去年我开始编撰一份关于人类大脑和行为的书籍阅读清单，我乐于与对这个主题感兴趣的人们分享。

我仍然在 Reddit 上使用 r/linux 和 r/programming，它们取代了 RSS 阅读器，帮我发现了新的阅读内容。

---

① 美国著名的创业孵化器和投资公司。——编者注

② 简易信息整合，一种消息源格式规范，常用于聚合发布更新数据的网站。——编者注

纳尔逊·埃尔哈格：维护一个良好的人际关系网非常有价值

Stripe 公司前主管工程师

Q 请介绍一下你现在的角色：你供职于哪家公司？你的职位是什么？你和你的团队主要做什么类型的工作？

A 我前不久在 Stripe 公司工作，它们开展在线支付处理业务。这是一家拥有约 2 000 人的快速发展的初创公司，大约有 600 名工程师。当我离开时，严格来说我还没有头衔。如果我再待两个月，我就会成为一名主管工程师。因为经过几年的内部讨论，他们前不久终于推出了职级体系。

我之前参与的团队叫作支付架构团队，是一个由三四名相当于主管的工程师组成的团队。支付是 Stripe 公司产品的核心，我们负责支付代码库。我们特别关注代码库的金融基础设施层，并构建数据模型和数据结构来支持 Stripe 公司当前和规划中的所有产品线。

我们做了很多努力，将代码结构与组织结构相结合，包括在快速发展的组织中构建代码结构，这类组织涉及的团队、产品、国家和支付方式都在不断增加。更为重要的是，我们的构架支持跨办公室、跨时区的移植。

我们围绕代码质量和代码体系结构启动了很多项目，并做了一些项目落实和项目重构。我们制订了针对每个项目的指标和目标，让团队去实现这些目标，并为团队提供工具，帮助团队切换到新标准。

Q 支付架构团队是一个长期的团队还是一个临时的项目团队？

A 可能两者兼而有之。这个团队不是一个超级作战团队，没有特定的项目或工作范围授权，当然也不太可能以团队的形式永远持续下去。我们采用了实验性的方法来完善我们的体系结构，力求在过程中不断修改和更新我们的方法。我们希望这个团队最终能够完成它的工作。

Q 在你所在的公司，“主管 +”工程师一般做什么？

A 这个不好说。因为 Stripe 公司目前只是引进了职级体系，还没有明确谁会是主管工程师。但根据哪些人从事最重要、最有影响力的工作，你确实能猜出来谁会是高级工程师。

Stripe 公司有几种明确的主管工程师原型，其中一种从事深层次的技术项目，比如界定范围或建设新的基础设施。在加入支付架构团队之前，我曾致力于构建 Sorbet，这是一个快速且强大的 Ruby 类型的静态检查器，我花了大概一年的时间与另外两名高级工程师一起从零开始构建它。这就是一个深层次的、高度杠杆化的技术项目的好例子。

还有一种主管工程师，他们花时间讨论交叉项目，充当架构师和项目经理的组合角色，协调组织的不同部门来共同解决一些大问题。通常，这些问题光凭我们当前的架构或组织无法解决，因此需要多个不同团队进行协作。

也有一种主管工程师，他们与一个团队或一些团队一起工作，并充当团队愿景的守护者。他们会确定团队努力的方向，以及团队在 1 ～ 5 年内想要达到什么样的目标。他们会在整个组织内努力构建和分享这一愿景，然后努力实现愿景。

Q 你是如何安排时间的？

A 支付架构和 Sorbet 非常不同。Sorbet 更像是一个埋头写代码的项目，而支付架构虽然仍涉及一些编码工作，但因为我们有具体的方法想测试，因此还会涉及我们正在推动的一些想法。

我也做了相当多的项目管理工作，比如看管任务追踪器、每天召开内部沟通短会、找出谁需要帮助或谁遇到了阻碍。我还在公司和工程组织内部充当沟通的“黏合剂”，花时间与那些对我们构建的工具和模式有兴趣的团队进行交谈，并为他们提供建议。

我花了大量时间参加各种会议，弄清楚技术策略。一周的大部分时间里我都在针对发现的问题编写设计文档，同时推广我们认为可以解决这些问题的架构轮廓。另外，作为确定日程、争取投资和优先级的一种方式，我会努力向领导层和其他团队解释并推广这些想法。

Q 你认为“主管 +”工程师在哪些方面最有影响力？

A 最容易追踪影响的是 Sorbet 团队。在两年的时间里，一个 3 人团队将 Stripe 从一个动态类型的代码库转变为一个静态类型的代码库。这影响了全公司 600 多名工程师在编辑和开发环境中的日常体验。

尽管如此，我们很难确定“主管 +”工程师在这个项目上的影响是否真的是最大的。因为有一种观点认为，“主管 +”工程师在架构战略项目上的影响从长远来看将更大。

Q 有哪些事情是你在担任“主管 +”工程师后才能做到，在此之前无法做到或不被允许做的?

A 关于这个问题，使用“允许”这个词可能不是很准确，却很有趣。因为大多数情况下并没有明文规定什么样的人应该得到什么样的职位，更多依赖非正式的资历评价标准。

Sorbet 和支付架构都是比较费时费力的项目，例如 Sorbet 项目需要从很多具体项目中抽调 3 名高级工程师。想要启动这些项目，需要公司给予你高度的尊重和信任，才能获得团队的许可和支持，使他们放下现有工作，在后续一年的时间里转而在这些项目上工作。

Q 你会花时间去推动技术、实践、流程或架构方面的变革吗?

A 这在规划过程中有一定的季节性。优先级最终意味着人员配置，人员配置决策则发生在规划过程中。

规划季是一个比较紧张的时期，但我或多或少会持续思考工程层面的优先级。我注意到很多工程师正面临同一个问题，或者看到了一些降低团队效率的问题。这是我一直在思考的一条反复出现的线索，它会周期性地成为一个亟待解决的优先事项，这时我就会花时间推动建立一个团队或解决一个问题。

Q 你如何赞助其他工程师? 赞助其他工程师是你工作的重要方面吗?

A 这个问题我还没有明确地考虑过，不过我确实帮助过那些不属于我的团队。举个例子，当一些团队要快速接管一个我曾经负责的系统时，我会以顾问的身份与他们进行密切合作，为他们提供背景和建议。

Q 你是在 Ksplice 公司被甲骨文公司收购以后首次获得架构师职位的，你获得架构师职位的过程是怎样的?

A 我不记得 Ksplice 公司在被收购前是否有职级体系。在它被甲骨文公司收购后，我在甲骨文公司工作了一年，获得了架构师的职位，我认为这是甲骨文公司当时最高的技术职级。这其中肯定有一些收购导致的头衔膨胀[①]因素。如果不是因公司被收购进入甲骨文公司的话，我不知道是否还能获得这个职位。

Q 在 Ksplice 公司被甲骨文公司收购以后，你成为架构师，你的日常工作与之前相比有变化吗?

A 我基本上在做同样的工作，当然也有一些变化，那就是我花了更多的时间与甲骨文公司内部的 Oracle Linux 组织进行交互。我需要快速弄清楚我们的产品如何与他们的产品集成，并让他们快速了解我们的技术，以便他们能够使用我们的技术。我在 Ksplice 公司时曾花时间培训新员工，但培训速度比在甲骨文公司时要慢得多。在公司被收购以后，培训新员工仍然是我工作的一大部分。

---

① 指给某个岗位定一个听起来很厉害的名字，而工作职责、资源及待遇等并没有变化。——编者注

Q 对你晋升为“主管 +”职位影响最大的两三个因素是什么？

A 我选择主管工程师的职业道路主要是因为我很早就加入了 Stripe 公司，我当时大约 30 来岁。我认为我与其他人不一样的地方，在于我早早就建立了关于 Stripe 公司背景的非常广泛的认知。这比较容易做到，因为那个时候公司只有 15 名工程师，没有那么多东西要去认识和了解。

随着公司的发展，我花了很多精力试图了解工程领域正在发生的一切，如团队之间的互动、规模扩张的痛点等。我试图从一个不同寻常的全局视角来看问题，这有助于我了解哪些问题是需要解决的，哪些问题是重要的。如果公司有推出特定产品的计划，我能够分析出这个计划之所以很难完成，是因为之前的架构决策或者下游系统目前还不成熟。

随着公司变得越来越大，分析那些重要的依赖关系变得越来越困难，这时尽力保持一个广泛的、系统的视角有助于做到这一点。这种视角还帮助我将团队联系在一起，使我成为信息和想法的桥梁，以及提案的发起人。

许多团队遇到了瓶颈，因为他们只关注自己所在的领域，对其他团队如何与他们融为一体并没有形成成熟的看法，这是因为他们从未在他们支持的其他团队中工作过。我帮助这些团队了解其他团队实际上是如何使用他们的系统的，并将他们与组织内的其他人联系起来，他们需要收集这些人的看法以便更好地开展工作。

随着公司的发展，想要了解所有的背景信息变得越来越困难，对于那些在公司规模较小时没有抓住机会建立全景信息图的人来说就更难了。早起的鸟儿有虫吃，现在我与那些起步晚的人相比有了巨大的竞争优势。

Q 当我访谈基薇·麦克明时，她提出了一个有趣的观点，即有时在没有完整的历史背景信息的情况下看待事物是有帮助的。你有没有发现了解背景信息让你更难前进?

A 当然。我曾经与一个团队进行对话，我准备给他们一个 7 年的历史记录，这个记录的内容是该团队的成员以往做过的失败的项目，以及失败原因。回顾这段历史需要花很多精力，我扪心自问："这些信息真的对他们有用吗？"

有些信息是无用的。如果有人试图完成一个项目却最终失败了，那么可能是因为还有一些非常棘手的技术问题存在。指出存在的问题的确有一定的价值，但大胆地再试一次也有很大的价值，因为距离上次失败已经好几年了，他们现在已经变成了一个不同的团队。

Q 目前有一个比较流行的观点，那就是要成为一名主管工程师，需要提前完成一个主管级项目。你完成过这样的项目吗？如果有，那是什么项目?

A 我本能地会对这种主管级项目持比较谨慎的态度，部分原因是我见过的一些主管工程师并没有管理过这种所谓的大型项目，但他们都是那种非常有效率的专家，使整个项目运行得非常好。

我完成过的最接近主管级项目的一个项目是"Stripe 数据模型发布计划"。我主导完成了这项为期 6 个月的计划，让一些团队在几个项目上协调工作，解决数据模型中的弱点，以合理的方式升级数据模型，并借此实现变革。最终，我完成了这个项目并获得晋升。

从某些方面来说，我认为这不是主管级项目的好例子。我们的工作做得很好，但由于多种原因，它的效果远没有达到大家期待的程度。其中一些问题在我的控制范围内，还有一些问题确实太难解决，而组织并没有足够的资源帮助我在短短 6 个月内解决这些问题。

虽然这个项目并不是我完成得最好的项目，但它确实是一个引人注目、非常高调的项目。它在很大程度上提高了我在公司的知名度和地位。

Q　你能分享一个对你成为“主管 +”工程师非常有帮助的建议吗？

A　我得到的一个教训是不要忽视重点和优先级的重要性。当你掌握了我前面提到的广泛的组织背景时，这个问题更加重要。在任何时候，你都必须能够很轻松地识别出你想做的 30 件不同的事情。

有时候，你可以把这 30 件事情中的每一件都向前推进一点。这种方式可能在一段时间内是有成效的，但你要小心。如果这些事情没有得到解决，而你认为它们应该得到解决，那么你应该一次只选择其中一件事情，集中精力去解决它。完成一件事情后再去完成另一件，而不要一次推进很多不同的事情。

你应该注意是否已经有团队在做这 30 件事。如果已经有团队在做这些工作，但不是朝着你认为有效的方向进行，那么你可以主动联系这些团队，并帮助他们清除障碍。你应该说：“我希望我能做所有的事情，但我不会全部都去做。尽管我认为它们都是主要问题，但今年我只会选择其中一两项去做，暂时忽略其他的。”

Q 你能否给刚刚担任“主管 +”工程师这一职位的人提点建议？

A 第一条建议是，我非常相信康威定律在指导组织技术架构方面的重要作用。

第二条建议是，建立和投入精力去维护你与工程管理领导者的关系，包括经理、总监和副总裁。虽然可能有一些组织结构所特有的情况，但我可以肯定的是，在 Stripe 公司，这些人通常有很多隐藏的权力，因为他们显而易见是可以“回答问题”的人。这些人对确定人员配置和优先级也有很大的影响，与他们保持良好的关系非常重要。这样你既可以用自己的想法影响他们，又可以理解他们所关注的问题。你需要知道他们关注的点在哪里，以及他们认为哪些问题你没有关注到。更好地与管理层保持一致会让很多事情变得更容易。

对我来说很有价值的事情也包括估算。我发现，能够观察一个系统，并习惯性地进行估算，例如这个文件每秒要传输多少 GB，或者这个数据需要多少存储空间，这是非常有价值的。你不必做到很完美，得出一个接近的数据通常就够用了。

Q 你是否考虑过从事工程管理工作？如果是的话，你最终又是如何决定选择主管工程师的职业之路的？

A 我考虑过，但不是很认真。我对自己很了解，至少现在我不是真的喜欢工程管理工作。我发现所有的互动都不是一种可持续的消磨时间的方式。我偶尔也希望自己能够对工程管理工作更感兴趣，因为我确信它是一种获得很多权力的方式，但我很快就会清醒过来，我确信自己不喜欢工程管理工作，而且也不擅长工程管理工作。

Q 你从哪些渠道（比如书籍、博客、个人等）学到过有益的东西?

A 我经常会被问到这个问题，因为我有非常广博的知识。关于这些知识从何而来，我并没有一个很好的答案。我对计算、软件和架构非常好奇，我读了很多不同的东西，我花在阅读软件工程相关资料上的时间特别多，甚至达到了废寝忘食的地步。

对我来说，培养一个高级工程师的人际关系网络也非常有价值。我会和他们非正式地聊一些我们正在开展和思考的事情。当你有私人关系时，在那些大家都关注的问题和他们正在考虑的解决方案上，你会得到很坦率的回答。

我主要是通过在专业领域或学校认识的人和他们的朋友来形成关系网的，而没有刻意去搭建关系网。

我偶尔也会读读技术论文，但并不经常读，也不会系统地跟踪或回顾最近的出版物，有人推荐我就会去读一下。当然，我确实认为，掌握一些基础文献是非常有用的。

戴安娜·波贾尔：负责过主管级项目并不是晋升的必要条件

Slack 公司数据管理工程师

Q 请介绍一下你现在的角色：你就职于哪家公司？你的职位是什么？你和你的团队主要做什么类型的工作？

A 我是 Slack 公司的数据管理工程师，也是数据平台团队的技术负责人。我在 2016 年 2 月加入 Slack 公司，是数据工程团队的第一批工程师之一。我参与构建了很多工具和基础设施，以使数据可用于长期分析。我来公司时，团队刚刚决定使用 Thrift① 作为日志格式。如果有人想要查看日志，他们必须通过定时任务读取 MySQL 生产数据库的备份来实现。

Slack 公司的数据工程团队的目标是让公司中的所有人，包括数据科学家、工程师、产品经理等，都能够访问数据，以使他们能够进行计算、推动业务决策或设计新功能。数据平台团队专注于构建大规模运行的服务和框架，从而增强人们在处理或使用数据库中数据的能力。我的团队拥有以下工具：一是数据发现服务，用于发现任务、表、列和通用元数据；二是日志结构事件；三是管道，用于接收事件并在数据库的原始表中生成它们。

Q 在 Slack 公司，“主管 +”工程师一般做什么？你是如何安排时间的？

A “主管 +”工程师的工作在很大程度上取决于团队的需求和个人的长处。根据我的经验，“主管 +”工程师的职责会随着时间的推移而逐渐改变。在通常情况下，他们的工作重点是那些对公司有战略价值的项目和工作，同时他们还会推动技术发展，提升团队水平。

① 一种 API 描述语言和二进制通信协议的格式。——编者注

我见过的“主管 +”工程师可以分为两大类：专注于纵向发展的工程师（可以称其为专家）和专注于横向发展的工程师（可以称其为通才）。

第一类人，他们往往是某个特定领域的专家，他们大部分的时间都用来写代码或技术设计文档，以便找到专业领域的解决方案。当公司应对一些特殊挑战时，需要这些专家设计技术解决方案去解决那些极其困难的问题。比如，在 Slack 公司，随着公司的发展，我们的系统需要扩展并有效运行。我们就有这样一位首席工程师，他的工作重心就是去检测和解决性能问题。

第二类人通常与领导团队密切协作，从而影响组织或公司级的技术愿景，完善流程和文化。由于涉猎范围非常广泛，他们更加灵活，可以根据项目的优先级和具体需求在工程组织的不同领域工作。

就我个人而言，我喜欢并专注于横向发展。我的时间很大程度上取决于我的团队和组织的需求。我想说的是，今年到目前为止，我有大约一半的时间花在了技术领导工作上，跟大家讨论我们应该关注的比较大的技术投资，剩下的一半时间主要用来指导别人、检查代码、编写代码、处理突发事件和解决关键问题等。这个比例每个季度都会变化。

Q 你认为“主管 +”工程师在哪些方面最有影响力？哪些事情是你在担任“主管 +”工程师后才可以做到，在此之前无法做到的？

A 就我个人而言，我觉得那些在我升职前没有跟我共事过的人，在我升职后明显对我更加信任和尊重了。这个头衔与影响组织或公司的规划和优先事项的能力密切相关。总的说来，拥有这个头衔以后，我对组织或公司的重要事项就有了一定的话语权。

我现在可以参与那些对公司的成败有直接影响的项目，推动这样的项目并成为其中的一部分，这在我之前的职位是不可能实现的。

我还可以给职级较低的员工升职，让大家听到他的声音。“主管 +”这个职位确实为我提供了一些其他人没有的权力，我努力利用这点来帮助我的团队和同事不断进步。

Q 你会花时间去推动技术、实践、流程或架构方面的变革吗？你曾经推动过什么项目吗？

A 我大部分的时间实际上都花在推动技术解决方案、流程、架构或文化变革上，而不仅仅是写代码。我经常参与很多团队的技术设计审查过程，这些团队要构建那些依赖于数据工程的工具和服务的系统。除了推动技术项目，我也非常关注流程改善和文化变革。

我也非常关心事件管理和分析领域。在这个领域，我相信我在组织中发挥了重要的作用。我曾加入公司的灾难恢复团队，参与改进我们的事件分析流程。就我的数据工程组织来说，我还积极参与并推动了我们的总体应急预案和架构，同时还推动了公司的事件响应架构。

Q 你是怎样赞助其他工程师的？赞助其他工程师是你工作的重要方面吗？

A 对我来说，赞助他人是一项重要的工作。我会积极地与很多同事建立融洽的关系，我坚信我们需要彼此协助、共同进步。在走过主管工程师的晋升之路、打败冒充者综合征之后，我终于有机会可以与那些杰出人士一起工作。他们曾悉心指导我，并对我的成长产生了巨大影响。这些我曾经共事过、长期以来一直是我的导师和榜样的人有：乔希·威尔斯（Josh Wills）、斯坦·巴博林（Stan Babourine）、波格丹·加沙（Bogdan Gaza）和特拉维斯·克劳福德（Travis Crawford）。

对我来说，指导和培养我身边的人一直都很重要。作为一名主管，你会有一些别人没有的特权和能力。我会尽自己最大的努力来帮助我身边的人。

Q 你是在 Slack 公司第一次获得“主管 +”工程师职位的，你是直接被聘任为“主管 +”工程师的吗？如果不是，你晋升到“主管 +”工程师的过程是怎样的？

A 我刚入职 Slack 公司的时候，是一名中级工程师。一年以后，我升职为高级工程师。作为一名高级工程师，我有机会参与很多在组织或公司范围内具有影响力的项目，其中很多项目与公司的业务指标直接相关，对公司能否顺利上市至关重要。

在我担任高级工程师两年以后，我的经理告诉我，我的工作表现完全符合更高职级的要求。他认为这是一个充分的理由，所以他计划推荐我升职。在 Slack 公司，晋升主管工程师需要准备晋升材料，需要用清晰的细节和量化信息证明你的工作表现达到了某个职级，这些细节和信息主要包括技术质量、影响、协作和执行等方面。我们共同努力，为我的晋升材料准备所有必要的细节。作为一名技术工程师，如果可能的话，我强烈建议你与经理一起编写晋升材料，这份材料应该是团队共同努力的结果。晋升材料准备好以后，会有一个专门的晋升委员会负责评估，这个委员会由公司里的一些高级管理人员和“主管 +”工程师组成。

Q 对你晋升为“主管 +”工程师影响最大的两三个因素是什么？你之前工作过的公司、你的居住地或你的教育经历是怎样影响你的职业发展的？

A 我回顾并反思了当年作为初级工程师时的所思所想，我认为成为“主管 +”工程师的主要因素是要相信你能做到，不要让胆怯或冒充者综合征蒙蔽了你的双眼。

总的来说，我对自己的职业发展一直都很用心。我每年都会花点时间去思考我正在做的事情，思考我想要集中精力去发展的方面。我发现这么做非常有意义，这样我就能够反思我目前正在做的事情，问一问自己在当前的环境中还能否获得成长，并思考一些新的机会。

2015 年底，当我决定离开 Twitter 公司时，我发现 Slack 公司正在组建数据工程团队。对我来说，能从零开始构建和设计系统、服务和框架是一件特别让我激动的事情。我在 Slack 公司加入了一个新组建的团队，这是一个很特别的机会，对我晋升主管岗位无疑起到了不小的作用。我有机会参与那些对整个组织或公司都很有影响力的项目。比如，我参与的第一个大型项目就把 MySQL 生产数据库上大约 1/4 的负载转移到数据仓库，这一项目为公司节省了数百万资金。

我成为主管工程师的另一个关键影响因素是我身边的人。我很幸运，在我的团队中找到了非常出色的榜样和导师。当我刚来 Slack 公司时，我属于一个 4 人团队（其他人都是高级工程师），这使得我很渴望证明自己。在项目中积累指导记录、知名度和技术质量口碑也有助于我晋升主管岗位。我认为工作不只是一份工作，我对待每一个项目和问题都投入了很多热忱。

Q 目前有一个比较流行的观点，那就是要成为一名“主管 +”工程师，需要提前完成一个主管级项目。你完成过这样的项目吗？如果完成过，那是什么项目？

A 不，我没有完成过特定的主管级项目，在 Slack 公司，这并不是晋升的必要条件。公司的职级体系给出了每个职级的总体要求和职责范围。“主管 +”职级的职责范围已经从组织范围向公司范围扩展了。

我一直都在挑战自己，总是想要在组织中推动变革并产生影响。我觉得我做过的最有影响力且有助于我晋升为“主管 +”工程师的项目，是参与构思并实施了公司业务指标（如 ARR[①]）的技术设计，以确保流程可靠且可扩展，最重要的是流程可复制。这是一项很关键的措施，因为 Slack 公司正在进行上市的准备工作。

Q 你有哪些有助于晋升到“主管 +”职位的建议吗？回过头看，你觉得有没有更简捷的晋升路径？

A 我觉得非常有帮助的一个建议是，要理解“主管 +”工程师的工作和责

① ARR 指年度经常性收入（Annual Recurring Revenue）。——编者注

任不仅是写代码。一般来说，能使你晋升为高级工程师的因素并不能让你晋升为“主管 +”工程师。因为各个公司之间存在着差异，所以去了解你所在的公司对这个职位的期望，甚至是整个行业对这个职位的期望，是非常重要的。

要积极跟你的经理和同事合作，寻找对自己有挑战性的项目，不断扩大你的工作范围。我觉得非常有意义的一件事是，我投入了很多精力去培养我的领导能力和沟通技巧。我也开始以不同的思维方式去构思和思考一些事情。当我感到压力或对自己的能力不确定的时候，通常说明我正在成长，并踏入了一个有很多成长机会的领域。

Q 你能否给刚刚担任“主管 +”工程师这一职位的人提点建议?

A 担任“主管 +”工程师这一职位意味着承担更多的责任，你要成为同事们的强大后盾。作为技术序列工程师（个人贡献者），我认为动手能力一直是比较基础的事情，真正困难的地方在于要实质性地改变和影响自己的组织。

我觉得，在担任“主管 +”工程师期间，不同时期专注于不同的事情是很正常的，也是意料之中的。关于“主管 +”工程师应该做什么，实际上并没有明确的定义。

Q 你是否考虑过从事工程管理工作？如果是的话，你最终又是如何决定选择“主管 +”工程师的职业道路的?

A 实际上，每隔几年我都会问自己这个问题。每次自我反省思考这个问题的时候，我的答案都是“不，我现在还不想当经理”。我热爱编程。我很确信，如果想要成为一名成功的经理，那么工作重心就不应该是写代码，而应该是竭尽全力推动团队的发展。我特别喜欢参与技术决策和思考技术解决方案，即便随着职级的提高，我花在编程上的时间越来越少，我也不想完全放弃这种体验。

不做工程经理并不意味着你就不能影响别人或帮助别人成长。作为“主管 +”工程师，你仍然需要具备很多核心管理技能。我发现阅读管理类书籍很有帮助。事实上，我认为这两种角色虽然是在两个平行的轨道上，但它们的作用会比大家想象的更加相似。

在以后的某个时间点，我对这个问题的答案可能会发生变化，但这也没关系。

Q 你从哪些渠道（比如书籍、博客、个人等）学到过有益的东西？在这个领域，你的偶像是谁？

A 我用 Twitter 比较多，我关注了很多科技领域的人。我通常会关注那些在会议上讲过话的人和我的同事，我对他们的 Twitter 内容很感兴趣。这些人包括卡米尔·福尼尔、拉拉·霍根、乔希·威尔斯、薇姬·博伊基斯、戴维·加斯卡、朱莉娅·格蕾丝、霍尔登·卡劳、约翰·阿尔斯帕瓦、查理蒂·梅杰斯、西奥·施洛斯内格尔、杰茜卡·乔伊·克尔、萨拉·卡坦扎罗、奥林奇·布克。

我也喜欢读书，我每年要读大约 50 本书。从去年开始，每读一本书，我都会尽力在我的 Goodreads[①] 账号上写一个小评论。我发现以下几本书很有用：

- 《高难度谈话 II：感恩反馈》(*Thanks for the Feedback*)。
- 《绝对坦率》(*Radical Candor*)。
- 《管理之路》。
- 《别找替罪羊》(*Leadership and Self-Deception*)。
- 《所谓会带人，就是会提问》(*The Coaching Habit*)。
- 《首先，打破一切常规》(*First Break All the Rules*)。
- 《被讨厌的勇气》(*The Courage To Be Disliked*)。
- 《沃顿商学院最受欢迎的成功课》(*Give and Take*)。
- 《错不在我》[*Mistakes Were Made (But Not by Me)*]。

丹·纳：要学会从领导者的视角来看待和解决问题

Squarespace 公司的主管工程师兼团队负责人

Q 请介绍一下你现在的角色：你就职于哪家公司？你的职位是什么？你和你的团队主要做什么类型的工作？

A 我是 Squarespace 公司的主管工程师。Squarespace 是一个领先的

① 阅读分享网站，相当于美国的豆瓣网。——编者注

多功能一体化平台，致力于打造美好的在线形象，包括网站、域名、在线商店、营销工具、日程安排等。我还担任国际化平台团队的负责人，这个团队负责构建和维护 Squarespace 产品国际化的基本要素。工程师使用我们自有的工具和数据库来创建本地化的产品。

Q 在 Squarespace 公司，“主管 +”工程师一般做什么？你是怎样安排时间的？

A 在实践中，我认为“主管 +”工程师们的日常职责各不相同，这取决于他们具体的角色及在组织中的职责。

我是团队的负责人，这意味着我要从业务和技术两个方面对团队负责。在业务方面，我花了很多时间与公司的不同团队和职能部门会面，包括产品、战略、客户运营团队或部门等。我想要尽可能多地参与其中，从而确保我的团队计划切实地反映了公司最重要的事项。

在技术方面，我经常审阅技术文档并用白板勾画出团队的工作范围。我目前已经较少参与编程工作，而将更多的时间花在解决构架决策和部署策略等问题上。作为主管工程师，我实际上比普通工程师写的代码要少得多。这种情况并没有普遍性，不过在我的团队中，我的时间花在扮演决策者或者监督者的角色上将更有价值。我很幸运，因为我的团队已经配备了非常优秀的工程师们，所以我较少参与编程工作对我的团队没有产生什么实质性影响。

在 Squarespace 公司，很多“主管 +”工程师并不是团队负责人，他们也会写很多代码，还有一些“主管 +”工程师则专注于工程过程和文化建设。总的来说，我认为“主管 +”工程师的职责与他所处的环境是高度相关的。

Q 你认为“主管 +”工程师在哪些方面最有影响力？你认为哪些事情是你在担任“主管 +”工程师后才可以做到，在此之前无法做到的？

A 我在更高级别的工程讨论中占有一席之地，这些讨论是针对更高级别的项目和团队展开的。我们会定期召开主管工程会议，讨论技术性和非技术性团队遇到的各种问题。举个虚构的例子，当我在这类会议中发现入职流程中的问题时，我会很得意。

很难将工程师入职这样的问题划归给哪个具体的团队负责，虽然问题的归属尚不明确，但问题的重要性不会因此而降低。我认为“主管 +”工程师的一个关键责任，就是要乐于去解决所有阻碍工程师开展工作的问题，这些问题既包括技术策略也包括文化建设。

关于发生的改变，在日常工作中，通常在谈话一开始时我的职位就提供了很高的可信度。虽然我并不是在倡导“重视职位、轻视观点”，但如果我说职位没有帮我解决我以前可能很难解决的问题，那我就是在说谎话。

Q 你会花时间去推动技术、实践、流程或架构方面的变革吗？你能分享一个你影响了组织的例子吗？

A 我觉得不应该按照类别来区分这些变革。我希望我们的工程团队和产品尽可能做到最好，能够按照我的要求去协助处理一些可以做出改变的事项。以下是一些例子：

- 当我刚来公司时，公司正处于员工大幅增长的时期。我注意到，除非碰巧在一起工作，否则我们很难认识其他团队的人员。所以我就创建了一个休闲聊天室，用于工程师之间增进联系。这个聊天室由一台计算机控制，每两周随机选取两名工程人员，让他们有时间一起喝咖啡聊天。这间聊天室在过去两年多的时间里一直在为大家创造增进联系的机会。
- 从我的个人经验来看，我认为工程领导普遍会感到孤独。在与同事交谈时，我也听到一些人说起这个问题。所以我就和一些同行创建了一个非官方的工程管理读书俱乐部，这个俱乐部向团队负责人和工程经理开放。现在本公司有两个自发的读书俱乐部，每个俱乐部大约有 10 名成员，俱乐部为新老负责人们提供了一个可以相互了解、相互支持的安全空间。大家都认为读书俱乐部起到了非常积极的作用。

公平地说，这两个例子都不是必须有“主管 +”头衔才能完成的事。但我确实认为，要想成为一名高效的“主管 +”工程师，就必须关注和解决文化差距，就像关注和解决技术差距一样。

Q 你在 Squarespace 公司第一次获得了“主管 +”工程师的职位，你晋升为“主管 +”工程师的过程是怎样的?

A 我刚加入公司的时候是高级软件工程师，比主管工程师低一级。我很幸运加入了一个团队，这个团队当时正在开展一个对公司影响比较大的项目，我一加入这个团队就马上参与到这个项目中去。这个项目最难的部分涉及我很熟悉的一个领域，即跨代码库的大范围、根本性的变更。我提出了一个替代架构的建议，进行了原型的搭建，并最终完成了发布。我认为这个替代架构为项目的成功奠定了很好的基础。这个架构后来成为我们的前端翻译系统，我在我们的工程博客上为此专门写过一篇博文，介绍我们是如何构建这个前端翻译系统的。

我还负责新翻译系统的沟通和教育工作，比如在内部会议上介绍架构、发送一些关于项目状态的电子邮件等。我的经理提出了一个很好的推广理由，即将这些技术贡献用于一些有意义的文化活动，比如内部演示、工程联系聊天室等，这也得到了工程总监的认可。

Q 你能否给刚刚担任“主管 +”工程师这一职位的人提点建议？

A 我觉得升职是一种额外的锻炼，它会迫使你去关注那些你之前不必关注的事情。关注更多的事情是很有难度的。

举一个简单的例子：实习生们关注的是他们在 3 个月内可以完成的功能的狭小方面，团队中的全职工程师们关注的是这个功能的整个生命周期，团队负责人和经理们关注的是组成产品的一系列功能，总监们关注的则是组织所拥有的整套产品。

在职业发展的道路上，每提升一个级别，就意味着你除了要关注当前角色需要关注的所有层面，又将要多关注一个层面的事情。

我觉得主管工程师的角色与此类似，因为你将要离开特定技术领域的舒适区，踏入一个更广泛的领域：工程。作为团队负责人，你将要离开技术舒适区，踏入一个影响工程输出的、更有挑战的领域。阻碍工程团队的进步、被团队忽略的最大问题是什么？除了技术领域的那些问题，这些问题现在也都是你要考虑的了。

因此，虽然主管是大家都渴望获得的头衔，但它同时也包含了更多的重要责任——不管你愿不愿意，你现在都是一位领导者了。

Q　你赞助过其他工程师吗？赞助其他工程师是你工作的重要方面吗？

A　我认为赞助是所有高级职位的重要责任，赞助对任何工程组织的发展都具有重要的意义。对于不同的职位，“赞助”的定义可能各不相同。对我来说，一种具体的赞助方式是给大家提供露面的机会，例如：

- 让级别低的团队成员有机会在更大规模的会议上展示自己的工作。
- 联系那些刚刚发布了出色功能的团队，请其为我们的工程博客写一篇文章。
- 鼓励我在休闲聊天室里遇到的那些有独特经验或观点的人在内部会议上进行展示。
- 确保会议不被少数人的观点主导，征求参加会议的所有人的意见。
- 在比较大的场合，给予那些做出了优异成绩但没被大家注意到的人公开的表扬。

拉拉·霍根有一篇很棒的文章是关于赞助实践的，那就是《赞助是什么样子的？》。

Q 你考虑过从事工程管理工作吗？如果是的话，你最终又是如何决定选择“主管 +”工程师的职业道路的？

A 是的，我目前仍在很认真地考虑这个问题。虽然我知道把这两个职业选择看作是互斥的可能更方便一些，但我实际并不这样认为。

我仍然既喜欢写代码，也喜欢管理团队。我认为，有能力在较高的层次上把这两方面都做好，对在工程领域取得长期的成功是至关重要的。关于这个话题，查理蒂・梅杰斯有一篇很精彩的文章《做工程师还是做经理》，我建议大家都去读一读。

梅杰斯认为，“选择经理之路或选择工程师之路”是一种错误的二分法，花点时间交替扮演这两个角色，会让我们在这两个方面都做得更好。这也与我自己的经历相一致。我能成为一个更好的管理者，因为我知道在一个管理混乱的项目中做一名技术工程师有多么糟糕；我也能成为一个更好的技术工程师，因为我知道当一个项目进展糟糕时，该在何时以何种方式发出警告。

我认为构建软件的一项最重要的战略技能，就是做出务实决策的能力。我经常看到的一种失败情形是，产品经理提出业务需求，工程师提出技术要求，双方都不愿意退让和妥协。解决这个问题的唯一方法，是在充分理解双方立场的基础上进行调解，才能有效地缓解对峙的局面，而建立同理心的最佳途径就是真正从双方的角度去看待问题。

关于职业道路这个问题，我的回答是：在来 Squarespace 公司之前，我的职位是工程经理。我喜欢做工程经理，但我也很想维持我的技术能力，所以我接受了技术方面的职位，就这样晋升为主管工程师了。

Q 你从哪些渠道（比如书籍、博客、个人等）学到过有用的东西？在这个领域，你的偶像是谁？

A 在工程管理方面，我有两本很棒的书要推荐。

我一直以来最喜欢的一本关于工程管理的书是安迪·格鲁夫（Andrew Grove）的《格鲁夫给经理人的第一课》（*High Output Management*）。我每年都会把这本书从书架上拿出来重读一遍。这本书中的很多观点极大地影响了我对工作和管理的看法，例如“衡量管理者的标准是他们所管理的组织的产出”“授权不是放弃”，以及工程和管理杠杆的概念等。在工程管理策略方面，我始终认为格鲁夫的书是最好的。

在人性化管理方面，我确实非常喜欢拉拉·霍根的《弹性管理》。2013 年，在 Etsy 公司，我开始了在纽约的职业技术生涯。非常幸运的是，拉拉成为我的第一任工程经理。她是一位善于解决情绪和性格疏导、心理安全感培养和赞助同事等方面难题的大师。我在她的直接领导下工作了将近 4 年的时间，她真的非常优秀，孜孜不倦地以身作则。

在非书籍资料方面，我订阅了《非理性繁荣》（*Irrational Exuberance*），我非常喜欢读这个季刊，威尔·拉森会从高度务实和战略的角度，定期发布一些关于工程管理的文章。我最近还发现了马蒂·卡根（Marty Cagan）的博客“远见”，我非常喜欢其中的内容，主要是因为产品管理是一个我不太熟悉的领域，我想多了解一些。

我的榜样是多年来一直跟我密切合作的一些了不起的同事。在 Etsy 公司的 4 年时间里，我坐在丹尼尔·埃斯佩塞特（Daniel Espeset）旁边，学到了大量关于将技术执行与文化影响相结合的知识。看着拉拉在我们的工程团队中推动并最终实现了薪酬平等，我从中获益良多。我的现任同事塔尼娅·莱利建立了我们的工程流程，并不断进行优化，以支持公司规模的不断扩张。通过观察她做这些事情，我也学到了很多。我亲眼看见这些人以强大的勇气克服过程中的重重困难，不断将公司变得更好，这使我大受鼓舞。

乔伊·埃伯茨：与其费力弥补缺点，不如专注于强化自己的优点

Split 公司的高级主管软件工程师

Q 请介绍一下你现在的角色：你就职于哪家公司？你的职位是什么？你和你的团队主要做什么类型的工作？

A 我是 Split 公司的高级主管软件工程师，负责我们称之为“专家中心”（center of expertist，COE）团队的后端工作。Split 是一个功能标记和测试框架。我们的重点是让客户能够在 CI/CD 中进行独立部署和发布，并支持 A/B 测试。我的团队负责网络应用程序的大部分主要业务逻辑，包括从数据存储到接口的所有内容。还有一个独立的团队主要负责测试，包括所有详细的数据统计工作。这样一来，我们就可以更专注于主平台的业务。

Q 在 Split 公司，“主管 +”工程师一般做什么？你是如何安排时间的？

A 从某种程度上讲，我还是个新人，所以我还在努力定义我的角色，这也是担任更高级别职务的必经之路。现在我还在努力适应，我每天可能会花大概一半到 3/4 的时间在我负责的团队的工作任务上，就像这里的其他工程师一样。剩下的时间，我用来与其他工程师进行交流，和他们一起工作，商讨很多长期架构和策略，包括未来的 API 和平台规划、我们希望如何开发授权框架、拆解和分离编译项目等。

我最近还接手了后端的领导工作，这需要与另一位工程师合作。我们目前在努力制定后端技术的目标，确定技术项目的优先级，还主持了一些关于标准的讨论。如果这些还不够的话，我还会定期写博文，并在会议上发言。

Q 你认为“主管 +”工程师在哪些方面最有影响力？你能想到哪些事情是你在担任“主管 +”工程师后可以做到，但在此之前是做不到或不会做的？

A 当我能为某个领域设定技术愿景，并让人们朝着这个愿景奋斗时，我感觉自己的影响力达到了极点。我想大家都希望自己的代码架构能变得更好，或者至少能得到某些改进。我发现人们总是想得到更好的东西，至于这样东西是什么，他们并不清楚。我喜欢帮助这类人确定目标、了解目标，并给出一个如何实现目标的总体规划，即使这个目标从未实现也没关系。我们都朝着同一个方向前进，我们清楚地知道自己想要做什么，这样我们就可以与产品部门协作，优先安排这些事项。即便我们不能使整个项目都得到优先安排，我们也知道如何达成目标，这样我们就可以逐步地做出改变，慢慢地向着目标的方向不断前行。打个比方，只要我能建立一个目标，并可以做一些努力使我更接近这个目标，我就会去做。如果没有目标，我们就永远不会去做这些事。但是只有目标还不够，我们还要让每个人都理解目标并愿意为之奋斗。我刚才提到的那些努力的作用在于，如果每个人都把自己的努力看作他应该做的，那么我们就会发现大家都在朝着同一个目标努力。

与职级还比较低的时候相比，我现在具有更强的主人翁意识和责任感。我一直都愿意去改变，但在我职级还比较低的时候，我认为有些事情是别人该去解决的，而现在这些事情都是需要我去解决的了。我可能会把某件事情推后处理，因为我认为它没有其他事情重要；我也可能会把一件事情交给其他人处理，但我骨子里仍然认为这些事情是我应该负责的。我不再认为其他人应该对这些事情负责。我对自己的选择和决策能力非常有信心，我不会自己做完所有的事情，因为要处理的事情实在太多了，但我也不会指望其他人会主动来做这些事情。因此，如果我觉得某件事值得做，那我就会去做，或者把它交给其他人去做。

Q 你会花时间去推动技术、实践、流程或架构方面的变革吗？你推动过什么项目吗？你能分享一个你影响自己组织的例子吗？

A 是的，这些事情我都会做。在我目前的职位上，我想说这些事情是我工作的很大部分。作为一名工程师，我也在一个具体的团队中贡献力量。但是，我的工作更多是及时发现那些我之前见过的陷阱或比较大的问题模式，以避免重蹈覆辙。我认为我的责任是通过技术、架构或流程来提高大家的工作效率。但我不会为了改变而改变。多年来，我一直在推动一些事情，包括重写我们的电子邮件通知系统、重新规划测试流程、重做几个授权框架等。

对于一些事情，比如电子邮件系统检修，我没有做任何重大的修改。

只是每次当产品部门想要添加通知时，我都会提醒他们，我们的系统就要崩溃了，在修复之前我们确实没办法再添加通知了。当我据理力争时，我周围的工程师意识到他们也可以据理力争。起初，产品部门往往会放弃添加通知，后来他们决定要修复这个系统。在这种情况下，我们的主要作用就是向他们解释系统可能存在的风险，并就系统的修复给出建议。

对于其他事情，比如授权框架，我的任务是要找到一个解决方案。在这些情况下，即使人们本来就想要一个新的或更好的解决方案，你仍然需要说服他们你的方案就是正确的选择。对于异常复杂的系统，人们通常会认为他们发现了你遗漏的东西，或许他们确实发现了。所以你应该尽早地、经常地征求反馈意见，并仔细记录你做了什么以及这样做的原因，你是否考虑过其他方案以及为什么没有选择其他的方案，这些记录至关重要。人们需要有被倾听的感觉，他们需要知道你充分考虑了他们的意见，他们还想知道你的思维过程。更为重要的是，他们需要知道你做了充分、透彻的研究，而不是随意做出选择。实际上，当我审查其他人的设计时，这也是我真正想要了解的内容之一，即这个设计是否还考虑过其他可能性。

Q 你赞助过其他工程师吗？赞助其他工程师是你工作的重要内容吗？

A 是的。一旦你担任了更高级别的职位，假如你决定要好好利用这个机会，那么去赞助别人就会成为你新工作的一部分。我加入 Split 公司还没有多久，所以我还没有很多机会来做这件事，但我相信这种情况是会改变的。赞助有时候是一件大事，比如推荐人们去负责项目或管理团队。在更多时候，赞助其实是一些小事情，比如鼓励那些缺乏自信的员工向他们通常无法接触到的高级管理人员展示他们的成绩，或者找一些合适的方式将工作授权给那些可以从中获得成长的人。虽然不做赞助工作也可以成为一名高级主管工程师，但是不做赞助工作能否成为一名优秀的高级主管工程师呢？我想每个人都有他自己的答案。赞助是我们培养员工的一种有效方式。我想说的是，培养他人是我工作中最重要的一个方面。

Q 你是在 Box 公司第一次获得“主管 +”工程师职位的，你晋升到“主管 +”职位的过程是怎样的？

A 在 Box 公司，我们会提交一份晋升材料，陈述我们已经在更高层面上按照工程规范开展了工作。我们的经理也会提交推荐信，这两份文件会一起提交给晋升委员会，这个委员会是由经理和技术方面的人员（至少比我们申请的职位高一个级别）组成的。委员会审核晋升材料，请经理回答问题，然后提出审核意见。我们的副总裁有权改变委员会做出的决定，不过据我所知，这从未发生过。如果审核的结果是未通过，委员会会反馈原因。我们可以补充一些信息以争取改变审核结果，也可以下次再重新提交申请。补充信息有时候确实会有用，所以如果你对结果不满意，可以试试去补充信息。我喜欢这个过程，因为这一过程让那些最了解我们的人来把我们的成绩写出来。即使你的经理不同意，你也可以自己去提出申请。但我又不太喜欢这个过程，因为这一过程有些微妙地歧视了那些缺乏自信的人和那些对自荐晋升比较纠结的人。这也导致了经理们在启动工程师的升职流程方面的主动性有所降低，因此目前通常是工程师们直接找经理们，说他们想要升职，而不是经理们去建议哪些工程师应该得到晋升。

Q 对你晋升为“主管 +”工程师影响最大的两三个因素是什么？你之前工作过的公司、你的居住地或你的教育经历对你的晋升有何影响？

A 我觉得居住地的影响不大。在我职级比较低的时候，教育经历帮我获得了很多面试机会。但随着职级的提高，教育经历对我的帮助就少了很多，至少直接的影响少了很多。对我来说，我认为 3 个最大的影响因素是之前工作的公司、知名度和机会。

我认为在很多公司都有晋升的可能性，但在一家发展迅速的初创公司工作对我的帮助是最大的。我刚加入 Box 公司时，工程部大约有 30 人。当我 8 年后离开时，工程部已经有几百人了，大部分人员增长发生在头 4 年中。正是在这里，我真正了解了环境、人员和代码。

后来，公司持续发展，那些有动力并愿意接受挑战的人有很多机会可以负责一个项目或接受技术方面的挑战。随着我们不断成长，我们的机会也越来越多。与此同时，我的周围也出现了相当多我可以学习的人。在这之前，我在一家特别小的初创公司工作，那儿只有 2 ～ 4 个人，确实没有这样的学习机会。

我所说的获得知名度是指找到一些方式让大家了解你。我一直在现场工作，我发现这样很容易获得知名度。即便你是远程工作，这也可以实现，当然那可能有点挑战性。如果你的工作做得很好，但没人知道，晋升的时候你就可能会被忽略。此外，随着你职级的提高，你的一部分工作变成了指导和教授他人、帮助公司建立科技品牌，所有这些都是大家可以看到的。获得知名度可以采取多种形式，我认为做到以下这些事情会起到比较积极的作用：我在我们公司的 Slack 论坛上非常活跃，随时随地回答大家的问题。我也写了很多博文，还做了一些内部和外部的演讲；我还积极参加了我们公司的“科技女性”小组，这样我就通过工程与不同的人群建立了联系。

最后一个重要因素是机会。每个人对机会的看法可能大不相同，对我来说，有一个机会特别有帮助，那就是我加入了我们公司的 API 标准委员会。一开始我确实有点犹豫，因为我觉得自己不算是 API 方面的专家，但我阅读过几本关于 REST 的书籍，之前也承担过各种 API 方面的工作，我掌握了相当扎实的基础知识。这个委员会的强大之处在于，它涉及工程领域的许多团队，这让我有机会与很多不同的工程师一起工作，也使我获得了较高的知名度。从此，我有了清晰的目标，明确了自己该如何影响他人并成为一个为质量而奋斗的人。委员会的项目在整个工程领域都有着广泛的影响，这让我能够从整体上思考一些事情，如这个例子中我们的 API 标准。

Q 目前有一个比较流行的观点，那就是要成为一名“主管 +”工程师，需要提前完成一个主管级项目。你完成过这样的项目吗？如果完成过，那是什么项目？

A 实际上我并没有完成过这样的主管级项目。我在升职的 6 个月前刚从管理层轮岗回来，所以我引用了管理经验作为领导能力的证明。当时，我正领导 Box 公司技术方面的一个非常小的团队开展一个跨公司的合作项目，以满足另外一家公司开发团队的需求，同时尽可能地减少开发工作量。我是一个工程 API 工作组的成员，负责建立并维护我们的 API 标准，我有几个辅助项目也在同时进行。我认为这些事情都有助于我的晋升，帮我补全了升职所需的各项要素。

Q 你觉得哪条建议对你晋升到“主管 +”职位特别有帮助？有没有更简捷的途径可以晋升到“主管 +”职位？

A 我在某个时间点得到过一条建议，那就是要强化自己的优点。我们每个人都有优点和缺点，我们花很多时间讨论自己需要改进的地方。这很容易让人觉得，最好的进步方式就是消除自己所有的缺点。但如果这些缺点真的是我们非常薄弱的方面，那么我们可能需要做大量的工作、花费大量的精力才会勉强得到一点改善。很显然，我们都想确保自己没有任何真正糟糕的缺点，但那是不可能的，人无完人。与其费力弥补缺点，不如专注于强化自己的优点。我们怎样才能把自己擅长的东西变成自己的超能力？另外需要考虑的问题是，我们怎样用自己的优点来弥补自己的缺点？比如，我是一个非常内向的人，不喜欢跟不认识的人交往，我也很惧怕跟陌生人打交道。但我擅长写作，也喜欢写作。我习惯于写公开的博客，这样可以结识那些我原本不愿意接触的人，并获得更多的关注。事实上，我相信我从中获得的好处，要远远多于去参加很多聚会所能得到的好处。

我想到的另一个更具战术性的事情，是与我们在 Box 公司撰写晋升材料的过程直接相关的。大家给了我几条建议，第一条建议是，应该在确定自己做好了升职的准备之前就写好晋升材料。这会让我们看到自己在哪些方面可能还存在差距，也能帮我们明确一些我们还要努力的非常具体的事项。而且在写好晋升材料以后，我们可能会惊讶地发现，虽然我们自认为还没做好准备，但实际上已经具备升职条件了。第二条建议是，要非常清楚自己的差距在哪里。当晋升委员会审核晋升材料时，所有的内容几乎都是正面描述。因为大家申请晋升时通常不会提到任何负面的情况，所以委员会不会刻意寻找那些负面的信息，但他们会去寻找那些没有提到的内容。空白点在哪里？可能是那些我们想要回避或不想讨论的内容。从这个角度来看我们的晋升材料，我们有没有遗漏什么？我们在掩饰什么？一定要做好这些准备工作。第三条建议是，要讲好自己的故事。我们的晋升材料模板上有一些尖锐的问题，当然这些问题对每个人来说可能都不一样，尤其是对那些级别更高的人来说，我们也不希望这些问题是一样的。当你考虑这些问题的答案时，不要只是回答问题，要想想自己的优点是什么？自己的超能力是什么？自己的故事是什么？然后想清楚怎样将故事融入回答中。如果我们在回答问题时能把自己的优点包含进去，那么晋升材料就会好看得多。

如果我在管理方面没有走弯路，我可能会更快地晋升到主管职位。尽管如此，但我并不后悔这么做，因为我学到了关于思考方式、机构运作以及大型项目的优先级方面的很多东西。所有这些都有助于我开展技术方向的工作，并最终帮助我晋升为高级主管。虽然我很确定晋升为主管后，升职速度会放缓，但实际上我不太确定下一个职位是什么。我觉得如果没有下一个职级，我可能会在主管工程师的职位上停留很久。所有的这些都说明，虽然我没有选择最快速的晋升路线，但我还是学到了很多东西，这些东西在更长的时间内能帮助我走出困境。

Q 你能否给刚升职到“主管 + ”工程师这一职位的人提点建议？

A 你的级别越高，就越少涉及写代码的工作。当然，不同于人事经理，你的工作仍然有很强的技术倾向，你可能至少会做一些编码工作。但职位越高，你的工作就越多地涉及指导和培养你周围和更广范围的人、通过打造公司的公众技术品牌来打造你的团队、关注那些应当予以改进或矫正的比较大的技术趋势、为团队或公司设定技术愿景，以及为技术债务项目争取资源。你的工作更多地涉及那些比较宏观的事项，你需要让其他人也参与进来。突然之间，沟通能力、领导能力和说服能力比之前任何时候都更重要。

Q 你是否考虑过从事工程管理工作？如果是的话，你最终又是如何决定选择“主管 +”工程师的职业道路的？

A 实际上，我在 Box 公司曾经做过大约一年半的管理工作，我发现我讨厌管理工作，你可以在我的博客上找到有关这个话题的更多内容。而且我发现在大多数公司里，管理职位和“主管 +”职位的工作内容实际上存在很多重叠之处。这两种角色都要具备指导他人、领导他人和说服他人的能力，都需要从技术和人员两个方面进行更宏观的思考，并更多地关注长期目标。虽然我不打算回到管理岗位，但我在从事管理工作期间确实学到了很多东西。在我后来晋升为“主管 +”工程师以及更高职位的过程中，这些经验都起到了很积极的作用。

Q 你从哪些渠道（比如书籍、博客、个人等）学到过有益的东西？在这个领域，你的偶像是谁？

我一般不会刻意去关注某个特定的人，而会向身边的所有人学习。老实说，我认为自己已经从无数不同层次的人那里学到了东西，这其中包括比我资历低很多的人，下面举一些例子。

以前有一位经理，每当我遇到问题向他寻求帮助时，他总是反问我觉得应该怎么做。然后，他会告诉我直接向某人反馈，或者告诉我按照自己的想法去做，不必向他请示。他让我认识到，虽然他作为一名经理愿意给我支持，但如果我能自己做到这一点，我会学到更多的东西，并成为更好的自己。他教会了我要自己对所有事情负责。

另外，我还要提到一位与我共事的首席工程师，他告诉我不要试图自己做完所有的事情。在我刚刚从我的经理那里学会承担责任以后，有一段时间我忘了我不是一个人在做事。当然，我听过人们谈论授权，但从完成短期任务的角度去了解授权是一回事，而真正授权他人去决定事项的优先级、去设定团队的技术目标、去跟进落实一项新方案又是另一回事。

我还有一位同事，她有时会让我很抓狂，因为她解决问题的方法与我完全不同。当我认为情况已经很明朗时，她会要求我做出说明；当我认为大家已经达成了共识时，她会要求我做出详细的解释。但她也是我共事过的最睿智的工程师之一。与她共事让我认识到，采用不同的方法可以产生同样好的效果，而且有时将两种相反的方法组合在一起产生的效果，可能远远优于采用其中任何一种方法所能达到的效果。她在我认为显而易见的事情上发现了漏洞，虽然她有时让我抓狂，但我们一起完成了一些让人惊喜的事情，我也因此变得更好。

达米安·申克尔曼：做管理只是因为我想不断学习并攻克难题

Auth0 公司首席工程师

Q 请给大家介绍一下你现在的角色：你就职于哪家公司？你的职位是什么？你和你的团队主要做什么类型的工作？

A 我是身份服务平台 Auth0 公司的一名首席工程师。我在“系统架构”小组工作，该小组目前有 3 名首席工程师。我们与不同的团队合作制定战略计划，并制定公司的技术战略、架构决策和指导方针。

在撰写本文时，我作为一个新产品的功能负责人，正与一个身份和访问管理（Identity and Access Management，IAM）团队合作，并与其他团队一起推动一些关于可靠性和可扩展性的新方案。

Q 在你所在的公司，一位“普通”的“主管 +”工程师一般做什么工作？你也需要做这些工作吗？是否还会做一些不同的工作？

A 在工程板块内部，我们是按领域划分团队的，比如现在的身份和访问管理团队、开发人员体验团队、服务管理和平台团队。Auth0 公司的主管工程师需要在某个具体领域从技术上领导团队。主管工程师通常是某个团队的一员，当然他同时也会积极参与跨领域的项目。

首席工程师在本公司的职级体系中是主管工程师的下一个职级。首席工程师可以在一个特定的团队中工作（纵向发展），也可以同时在多个团队中工作，他们的工作范围覆盖整个组织（横向发展）。我目前致力于纵向发展，这意味着我既要负责具体的项目，又要为我们的平台确定技术战略、技术选择，并领导设计和架构工作组。

设计和架构工作组有 6 名成员，包括 3 名常任首席工程师，以及 3 名主管工程师（或高级工程师），后者每 6 个月轮换一次。这个工作组负责确定一些决策和指导原则，以推动公司在某些特定方面的技术，比如避免语言扩散，这样我们就可以一次性构建库，大家也可以轻松切换团队。这个工作组还可以与团队协作，参与大型计划的技术审核工作。

我的角色最大的不同之处在于，我在这家公司工作了 6 年多，其中 3 年多是担任工程总监，这样我就拥有了“最广阔的视野”。我经常与产品团队和平台团队合作制定计划，也经常与公司的其他部门合作，参与和潜在大客户的洽谈，与我们的法律团队商议合同语言，或与营销部门合作等。

Q 你是怎样安排时间的?

A 我每天的时间安排变化比较大。我每周通常会有很多会议，所以我尝试了一种新的安排：在周一、周三和周五召开分组会议，周四不做安排，周二只处理紧急事务。因为我们都是远程办公，所有会议都是线上进行的。

在会议日，我的安排通常包括：首先，与我的经理、工程副总裁、团队经理或技术负责人进行一对一的交流，通过这种交流我可以很好地跟进他们负责的项目的进展情况，了解他们遇到的问题，我觉得如果不密切跟踪这些项目的进展情况，我自己有效完成工作的能力就可能会受到影响；其次，召开团队会议，主要是对设计和架构工作组进行工程指导。

有时，会议日中也可能有一些非常规的会议安排，这种会议的主题可能包括：

- 宣讲我作为技术负责人负责的具体计划。
- 协助一些团队明确如何启动一些事项。
- 参与设计方案的审核。

在周四（我会尽量安排在周四），我会花时间思考以下问题：

- 当前的计划及进展情况。

- 后续（下个季度或下一年度）我们可以或应该做什么。
- 编写文档、指引、博文等。
- 做做概念验证（Proof of Concept，POC）或者写写小工具（不经常）。

Q 你认为“主管 +”工程师在哪些方面最有影响力？如果可以举个例子就更好了。

A “主管 +”工程师最大的影响力在于有助于实现人员扩展，即在公司内部对尽可能多的员工产生积极的影响。对此，《可复制的成功》（*Scaling Up Excellence*）一书提供了一个简单易懂的类比：人员扩展是一场地面战争，而不是一次空袭。这需要很多的时间和耐心，要实现目标，你需要使整个公司在目标和实现目标的方式上都保持协调一致。

作为一名首席工程师，我努力寻找机会或差距，我相信这些机会或差距将为很多人明确长期发展的方向。让产品交付团队的大约 200 个人围绕某个主题开展协作，显然比自己写代码去解决问题要有价值得多，因为这将影响更多的人。

Q 你认为有哪些事情是你在担任“主管 +”工程师后才能做到，在此之前无法做到或不会做的？

A 在来到 Auth0 公司成为首席工程师之前，我曾担任工程总监一职。有趣的是，当我作为首席工程师和大家谈话时，大家的抵触情绪都大大降低，而且他们在一对一谈话中也非常放松。我认为可能是因为，作为首席工程师，我并不能“代表组织的一部分”。

在这个方面，作为技术方向的个人贡献者感觉确实好很多。

Q 你会花时间去推动技术、实践、流程或架构方面的变革吗？你推动过什么项目？能分享一个你影响组织的例子吗？

A 对快速增长型的公司来说，一个常见的问题就是公司通常会“缺乏确定性”。大家对未来会发生什么都很困惑，这使得我们在做技术决策时行动缓慢、效率低下。团队不确定是否应该使用某种技术，因为他们不知道这种技术在未来是否会得到支持。团队也不确定是否应该以某种方法来构建某种产品，因为他们不知道这种方法是否与公司的长期技术战略匹配。图 5-6 展示了不同的团队方法与公司长期技术战略的关系。

我认为自己需要一个长期的方向，从而明确怎样解决当前的技术问题、怎样缩小初始状况与未来愿景之间的差距。更准确地说，我们需要一个记录在案的技术战略，详细说明为了取得长期的成功，我们应该做什么，不应该做什么。

在跟一些人交谈后，我了解到他们都接触过很多使人迷惑的信息和谣言，这些信息和谣言让他们不敢做出决策，例如“我听说公司未来会选择某一项技术”或“我听说我们的平台团队不会支持另外一项技术”，又如有传言称我们将对某个客户的需求及其技术提供支持，这在公司内部引起了混乱。人们不断地听到某件事，但从未有官方的计划公布。有鉴于这种情况，我写下这些问题，并将所有的问题串联起来，以便将这些信息转化为知识。

我意识到我们需要同时采用短期和长期方法来解决这个问题。

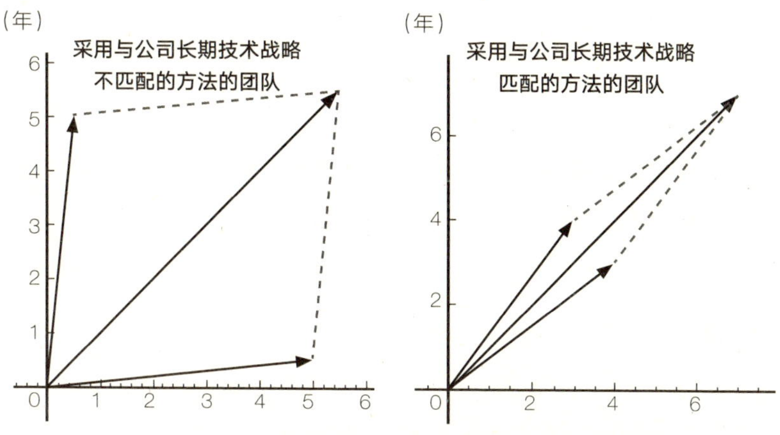

图 5-6 团队方法与公司的长期技术战略方向随时间的变化

采用短期方法时，我们必须落实一些比较紧迫的短期事项。团队需要做出技术决策，需要在短时间内拿出比较成熟的技术规划和路线图。我还认识到，当有了长远的规划和决策后，自然就会出现一些例外的情况。我组建了设计与架构工作组，这个工作组还负责编写指导方针和建议，包括“经批准的”技术选择，以引导团队做出无须审核的独立决策，并建立了 RFC 审查流程。

采用长期方法时，我提出了我认为公司需要决定的一系列问题。我针对高管人员和技术人员分别准备了演讲稿。对于高管人员，我做了一个比较简洁的演讲，运用了一些非技术性的类比和解释，并提供了可行的解决方案。对于技术人员的演示则要详细得多，其中包括很多技术术语。我使用了“根回”一词，并提前与工程副总裁、其他高管和同事分享我的建议，从而在正式做出决策之前取得认可。更具体地说，我会提前与大家取得联系，询问他们的想法和意见，并取得一定的认可，从而确保在正式讨论我的决策时，他们不是第一次看到这些想法。我们在正式会议上讨论折中方案，并达成一系列决策。所有决策都记录在决策日志中，我们会以书面形式向相关方承诺将贯彻执行这些决策。

Q 现在，你花在开发上的时间越来越少了，你如何了解并跟进项目的实际运行情况?

A 这个问题涉及两个方面：跟进技术的发展，以及跟进 Auth0 公司的发展和工程团队的当前状态。

以下是我为了跟进 Auth0 公司相关事项所做的工作。

在公司内部，我通过 Slack 聊天室或一对一谈话与一些技术负责人和工程经理进行沟通，关注并跟进项目的实际情况。这样有助于我掌握第一手信息，也有助于我分析问题并找到通用的解决方案。

在公司外部，我与客户或潜在客户进行交谈，了解他们如何使用本公司的产品，如何阅读关于 Auth0 和身份空间的推文和新闻。

与其说我在“跟进”，不如说我本来就很喜欢技术领域。当然，我也确实在尝试跟进，不过行业里每个月都在发生很多重要的事情，想要去跟进所有事情很困难。开会和不亲自动手搞开发就意味着我不能像我希望的那样跟进所有重要的事情，接受这个事实也很重要。一旦接受了这一点，我就可以开始优先考虑那些更有价值的事情了。

即使我不经常写代码，我还是会通过读书、抽时间做概念验证、阅读某些主题的博客或论文，以及要求负责一些具体的新方案来跟进项目发展的最新情况。

Q 你如何赞助其他工程师？赞助其他工程师是你工作的重要方面吗？

A 是的，我做了很多赞助工作！我是公司工程领导团队的一员，我们每周开两次会，讨论组织相关的议题。除了参加这些例会，我还会参加有关中期计划的会议，并密切关注项目的实际情况，这样有助于我了解未来可能出现的机会，以便在适当的时候提出建议。

每当有新机会出现时，我就会提出我认可的人员名单，并解释为何我认为他们可以较好地利用这个机会。如果我可以为他们提供技术上的帮助，我一定会及时提供指导。

Q 你是在 Auth0 公司第一次获得首席工程师这个职位的，你是直接被聘任为首席工程师的吗？如果不是，你晋升到这个职位的过程是怎样的？

A 我的经历比较特别。2014 年 5 月，当我刚来 Auth0 公司工作的时候，我是公司的第五名工程师，大概是第十名员工。当时公司还没有设置职位，也没有职级体系或其他类似的设置。大概 2015 年左右，我开始指导一些新员工，并与他们进行一对一谈话。快到 2015 年底的时候，我有了自己负责的项目，同时还指导其他人，也参与招聘工作等。2015 年末，Auth0 公司的首席技术官兼联合创始人马蒂亚斯・沃洛斯基（Matias Woloski）想要物色一名工程团队的负责人，他问我是否愿意担任工程总监一职。

我的职业生涯给我提供了能够最大限度地学习和攻克难题的机会，这一点我感到非常幸运，这也是指导我做决定的主要原则。当年，我还是一个 25 岁、生活在阿根廷的工程师。当马蒂亚斯给我提供去领导一个远程办公并飞速发展的硅谷工程机构的机会时，我理所当然地回答："好的。"我从来没有想过"我想做管理"之类的问题，做出这样的选择只是因为我想不断地学习并攻克难题。

事情进展得很顺利。我学到了很多关于组建团队、组织和领导人员的经验。因为我是公司的第一批工程师之一，所以我从零开始构建了很多系统。我也喜欢技术谈话，我在这个职位上为产品、平台和基础设施团队做了很多技术指导工作。2019 年初，作为工程总监，我觉得自己的学习速度比以前慢了，我想要更广阔的发展空间。在与 Auth0 公司当时的工程副总裁克里斯蒂安・麦卡里克（Christian McCarrick）进行了多次谈话后，我意识到自己要面对的下一个挑战是成为 Auth0 公司的技术领导者。2019 年 8 月，我转职为首席工程师。

Q 对你晋升为首席工程师影响最大的两三个因素是什么？你之前工作过的公司、你的居住地或你的教育经历对你的发展有何影响？

A 我喜欢古罗马哲学家塞涅卡（Seneca）的一句名言："所谓幸运，就是当你做好准备的时候，机会恰好来了。"要成为首席工程师，你既需要做一些正确的事情，又需要很多运气。下面我将列举一些帮助我获得首席工程师职位的关键因素，并展示一下运气是如何在其中发挥作用的。

我的第一份工作在阿根廷。大学期间开始工作是很常见的，但高中毕业后，我就在一家叫作 Southworks 的很不错的公司里找到了工作。此处有两项关键因素：

- 这家公司从事比较尖端的技术项目，这给了我很多磨炼技能的机会。
- 作为微软公司的供应商，这家公司以远程工作为主。这意味着我们不仅重视技术能力，还经常练习沟通、管理和其他人际交往方面的能力。

我高中一毕业就可以在软件行业找到工作，这是因为我 11 岁的时候就告诉妈妈我想“制作电子游戏”，我的父母就给我找了一所教编程的高中。

那时我本来要去另外一家公司工作，可我高中的一个朋友告诉我，她的哥哥在 Southworks 公司工作，他们正在招聘初级员工。她成功地说服了我，于是我决定暂缓去另外那家公司，先去看看我能否加入 Southworks 公司。

我是 Auth0 公司的第一批工程师之一，多年来，我负责构建公司大部分的产品和基础设施，这使得我很容易给大家提供帮助，并在各种问题上都能给出一些比较有价值的看法。作为一名工程总监，我还了解了许多关于公司业务的情况，这些都有助于我更有效率地做出贡献。

任何创业公司的成功都离不开在很多关键的时间节点遇到好运气。如果 Auth0 公司没有那样飞速发展，我就没有机会了解我做了什么，也没有机会成为现在的我。这一点尤其重要，因为我生活在阿根廷，那里的软件行业规模比美国小得多，而且大多数公司都没有制定明确的职级体系。

我小时候爱打篮球。我在十几岁的时候就意识到，不管你个人得了多少分，赢得比赛最终的胜利才是最重要的。这从两个方面影响了我的工作方式：一方面，我经常提醒团队成员我们是一个团队；另一方面，我做了一些“弥补差距”的事情，这帮助我形成了领导能力和人际交往能力，随着我职业生涯的发展，这些技能都发挥了很大的作用。

Q 目前有一个比较流行的观点，那就是要成为一名主管工程师，需要提前完成一个主管级项目。你完成过这样的项目吗？如果完成过，那是什么项目?

A 我没有负责过主管级项目。由于我在 Auth0 公司的特殊成长经历，我似乎跳过了这个部分。作为一家初创公司的技术总监，我有机会在技术方面负责很多重大的、关键的项目，但这其中并没有一个具体而明确的“主管项目或首席项目”。

我认为最接近主管级项目的是我在 2017 年和 2018 年期间负责的提高 Auth0 平台可靠性和可扩展性的项目，我领导的一些项目为部分关键客户提供了更高级别的服务等级协议。

Q 你能否给刚刚晋升到“主管 +”工程师这一职位的人提点建议?

A 主管工程师在不同的地方可能要管理不同的事情，所以我要给出的第一条建议是尽可能与更多的人进行交谈，以确定他们对你的期望到底在哪些方面。

我要告诉大家的第二条建议是要有耐心。大家能够做到主管工程师，可能是由于技术方面非常专业并取得了一定成果。但随着职级的提升，工作的成果会需要一些时间才能得到体现。你可能同时在做很多事情，那么这些事情的影响需要更长的时间才能体现。你现在也正在影响更多的人，他们也需要更长的时间才能看到你现在看到的东西。有耐心地逐步影响并教导他人，你就会得到长期的回报。

我要告诉大家的最后一条建议是，你应该习惯把事情记录下来并重复给别人听。记录下你的想法、计划、推理和标准是拓展自己的方式。当你用文档写下一些东西时，大家就可以方便地获取、阅读和引用这些东西。“记录下来”比“只是谈论谈论”要好得多，这样我们的观点更容易得到传播，还降低了被误解的可能性。重复也是很有必要的，因为仅仅发布书面文档是没有用的，我们必须与他人分享自己的想法，通过问答活动、午餐研讨会和其他会议去反复阐述自己的想法是非常有价值的。

Q 你考虑过从事工程管理工作吗？如果是的话，你最终又是如何决定选择“主管 +”工程师的职业道路的？

A 我之前没有这个计划，但当我有机会成为工程总监时，我抓住了机会。我的想法是，在技术和管理这两条路中间还存在一条路，你可以在这两条路之间反复试探。中途改变路径的难度有多大具体取决于不同公司的要求，也取决于作为主管工程师或首席工程师的技能需要有多专业，我认为这种改变还是可能实现的。

现在，我对继续发展我的技术能力和领导能力非常感兴趣，因为我认为这将给我带来有价值的挑战。

Q 你从哪些渠道（比如书籍、博客、个人等）学到过有益的东西？在这个领域，你的偶像是谁？

A 我试着在 Twitter 上关注一些人，他们在做一些我认为很有趣的事，我可以从他们身上学到一些东西。Twitter 上有那么多人在做很有趣的事，有那么多东西可以学！这些人包括：

- 阿芙雷与杰普森（Jepsen），他们的作品中关于分布式系统的内容非常棒。
- 塔尼娅·莱利，她分享了一些非常不错的内容，比如 Squarespace 上的 RFC 流程和成为“黏合剂”（在工程经理方面）。
- 戴维·福勒，他分享了很多关于 .NET 框架和 ASP.NET 内部构件的内容，我觉得很有意思。他还分享了自己成为 ASP.NET 架构师的过程。
- 在 Auth0 公司，我的同事乔恩·阿利（Jon Allie）是一位很棒的工程师，也是一个人品很好的人。他崇尚简约，能快速地把问题解释得非常清楚，而且为人非常谦虚。

我目前还没有找到专门讲技术方向的高级主管工程师职业发展的书籍或类似内容，写一本这样的书可能会很有趣。我最近读了《软件架构》（*Fundamentals of Software Architecture*），这本书在描述主管工程师这个角色的同时，也很好地解释了其职业发展道路中的细微差别和灰色地带。

读一些讲管理技巧的书籍也很有用。读这些书有助于培养我们的管理意识，了解指导、一对一谈话、招聘等流程，这些对“主管 +”工程师是非常有用的。在《格鲁夫给经理人的第一课》一书中，安德鲁·格鲁夫将“技术经理”定义为“不直接管理他人，但即使没有严格的组织授权也会对他人的工作产生影响的人”。这个定义听起来与“主管 +”工程师极为相似。我强烈建议你读一读《软件人才管理的艺术》(*Managing Humans*)这本书，因为书中分享的故事既简单又有趣，而且能够使你与管理者产生共鸣，这一点对于“主管 +”工程师也很重要。《高效能人士的七个习惯》(*The 7 habits of highly effective people*)也是一本好书，书中为“主管 +”工程师们提供了很多很好的经验。还有一本很棒的书是《加速》，这本书将公司的成功与工程实践和成果联系起来，从而有助于“主管 +”工程师去影响利益相关者，尤其是高管层。

德米特里·彼得拉什科：当我能够完善工程战略时，我感觉自己非常有影响力

Stripe 公司基础设施负责人技术顾问

Q 请介绍一下你现在的角色：你就职于哪家公司？你的职位是什么？你和你的团队主要做什么类型的工作？

A 我是 Stripe 公司的主管工程师，担任基础设施负责人的技术顾问。

Stripe 公司的基础设施部门负责基础设施服务，包括计算、网络、存储、数据库、数据工程、性能与效率、可观察性服务和开发工具。我们的工作使 Stripe 公司的工程师们能够专注于产品开发。

“开发人员生产力小组”是我成长的地方，该小组构建了 Stripe 公司产

品开发过程中使用的流程、工具和核心库，包括测试框架、linter 工具（一种检查代码风格或错误的小工具）、类型检察器等。我一开始是这个小组的工程师，当时它还只有一个团队。后来，我成为该小组的核心技术负责人。

Q 在你所在的公司，一位“普通”的“主管 +”工程师一般做什么工作？你也需要做这些工作吗？是否还会做什么不同的工作？

A 在 Stripe 公司，“主管 +”工程师不仅是一个职位，而且是与影响力、沟通能力、人员和项目领导能力等预期标准对应的一个级别。“主管 +”工程师会担任不同的职位，我现在的职位是技术顾问。在这个职位上，我与基础设施负责人拉胡尔·帕蒂尔（Rahul Patil）密切合作，我们提前研究重要议题，深入研究重要问题，包括设计、代码、分析等方面的问题，集思广益思考技术行动项目，协助紧急的技术跟进工作，并为数据收集编写代码等。这个职位的作用是扩大拉胡尔的视野范围和战略思维，因此我从不会直接做出技术决策。

在担任技术顾问之前，我担任过核心技术负责人，这个职位的作用如下：

- 核心技术负责人帮助团队做出技术决策，这些决策应当相互协调，并能够与 Stripe 公司其他团队做出的技术决策良好地配合。在 Stripe 公司，团队自行做出多数的技术决策，因此一个经验丰富的核心技术负责人可以帮助各团队协调这些决策，以确保决策能取得更好的效果。当各团队间就某个技术问题的分歧无法达成一致时，核心技术负责人还可以充当中间人，负责调停这些纠纷。

- 核心技术负责人引领 Stripe 公司的技术发展方向。他们提出公司亟待解决的、最重要的问题，并确定解决这些问题的高级技术方法。
- 核心技术负责人代表自己的团队与其他团队的负责人进行协商，并将协商的结果反馈给自己的团队，从而使自己的团队与其他团队协调一致。
- 核心技术负责人为其他工程师创造机会，使他们能够从事有影响力的项目，并帮助他们取得成功。

在担任核心技术负责人的时候，我曾与“开发人员生产力小组”的负责人和团队经理们密切协作。我们相互交流工作内容，为商定的目标共同努力。

这两个职位（核心技术负责人和技术顾问）的工作内容是很相似的：它们都需要与工程经理密切合作，共同分析用户和工具需求，并想办法满足这些需求。而工程经理对公司的非技术约束（比如资源约束）通常会有更深刻的理解。

Q　你是如何安排时间的?

A　我的理想安排是周一、周三和周五参加会议，以一对一谈话或团队会议的形式，就短期和长期的计划和策略进行协商；周二和周四只做编码工作。在现实中，根据团队的实际需求，我可能会参加更多的会议或做更多的编码工作。如果我正在努力推进一个新的项目，那么通常在项目刚开始的第一周中，我会减少参加会议的时间，集中精力在整理项目概要上，认真思考项目的整体设计、交付时间及重要节点、安全及可靠性；在接下来的第二周中，我会与相关方讨论项目建议书，并处理相关反馈。

虽然很难找到时间写代码，但我认为写代码也很重要，因为它让我与项目保持了紧密的联系，并使我成为连接业务需求（或优先级）与工程约束之间的桥梁，而这正是核心技术负责人的职责所在。

Q 你认为“主管 +”工程师在哪些方面最有影响力?

A “主管 +”工程师，尤其是核心技术负责人，经常需要为新项目设定方向。有时，一些项目的目标很好，而且可以解决实际问题，但往往因为起草项目建议书的团队缺乏经验、无法写出好的方案而错失良机。当我能够帮他们完善这样的项目建议书时，我感觉自己非常有影响力。在这种情况下，科学的预算可以大幅缩小工作范围，并创造更多的价值，从而帮助他们更快地做出成果。在另外一些时候，我发现他们的一些点子比他们最初预计的更有用，或者为他们指明项目更有可能成功的发展方向。在以上这几种情况下，我都会因为可以为其他工程师赋能而觉得自己很有影响力。

Q 你认为哪些事情是你在担任“主管 +”工程师后才可以做到，在此之前无法做到的?

A 没有，Stripe 公司不希望“主管 +”头衔成为获得新机会的唯一大门。我相信我们都很擅长自己正在做的事，核心技术负责人也是如此。我们会选择擅长代表他人意见的工程师担任该职位。在我成为核心技术负责人之前，我也认为上一位担任这个职位的保罗・塔扬（Paul Tarjan）总是能确保我的观点得到展示。

Q 你会花时间去推动技术、实践、流程或架构方面的变革吗？你曾经推动过什么项目？能分享一个你影响组织的例子吗？

A Stripe 公司聘用我专门为 Ruby 语言引进类型检查，这项工作包括与纳尔逊和保罗一起设计和实施 Sorbet 类型检查器，并培育相关的应用文化。

在 Sorbet 项目的早期，我们根据 Stripe 公司的需要仔细选择了要添加的功能。我相信我们的项目已经成功地覆盖了 Stripe 公司的产品使用类型系统的大多数场景，同时保持了系统的简洁性。这样就形成了倡导复杂性和精英化的类型系统和文化。我很高兴我们的努力避免了该项目从非类型化转向另一个极端。

现在，作为技术顾问，我推动的这一变革将产生巨大的影响，其中最常见的影响体现在 Stripe 公司产品的可靠性、可扩展性、安全性和生产效率方面。这可能会改变数据分片或存储的方式，或者改变我们应对变更管理的方式。我现在希望找到或培养一个可以很快接手重要项目的人，他需要就他负责的项目提出一个风险可控的计划，其中要有明确的时间节点。我会经常与他进行交流，帮助他缓解风险，发现机会，这样我就只需要参与项目的早期阶段了。

Q 现在，你花在开发上的时间越来越少了，你怎样跟进行业的实际发展情况？

A 当我还是核心技术负责人的时候，我每周至少还有几天时间会写代码。

我会与团队中的其他工程师密切协作，我们不断相互学习。

现在，作为技术顾问，我不能像以前那样经常写代码。我现在的工作主要是在代码出现错误的情况时排查代码，这一工作要求我具备良好的洞察力和对项目的深刻理解。为了做到这一点，我经常与内部团队进行交流，持续跟进设计方案，尤其是我支持的团队的系统故障阈值和故障模式的设计方案。

作为技术顾问，了解客户的需求是非常重要的。为了做到这一点，“开发人员生产力小组”在 Stripe 公司范围内开展了针对工程师的调查，他们希望从调查结果中寻找阻碍工程师们提高生产效率的因素。例如有些工具运行变缓，或者用户群日益增长的需求并没有得到很好的支持。

虽然通过这项调查很少会发现我们不知道的事情，但它是一个可以用于相对优先级排序的好工具：我们可以发现有多少人在抱怨某些事情，从而对这些事情进行优先处理。

此外，我曾在 Stripe 公司的餐厅随机与员工共进晚餐。我会问他们 3 个问题：

- 你主要做什么工作?
- 什么因素使你的工作变得困难?
- 基础设施团队可以做些什么来为你提供帮助?

通过这个方法，我可以达到两个目的：首先，将我与员工联系起来，发现他们的需求；其次，我可以通过一些讨论来缓解那些尚未在基础设施方面得到支持的团队的不快情绪，类似于“是的，我们可以通过做这些事情来帮助你们，现在我们一起来看看，为做到这些事情，我们应该暂停其他哪些事情”。每到这个时候，我们往往会发现，尽管他们希望我们解决他们的痛点，但他们并不希望以降低当前项目的优先级为代价来解决这一问题。

在我逐渐淡出核心技术负责人这一角色的过程中，我创建了现在叫作“开发人员生产力大会”的小组。该小组聚集了“开发人员生产力”团队的领导者，其中的每个成员都与 2 ～ 3 个产品团队建立了高度信任的关系。他们会每月对自己负责的团队进行访谈，并与小组的其他成员一起对访谈结果进行汇总分析。

Q　你怎样赞助其他工程师？赞助其他工程师是你工作的重要方面吗？

A　虽然本公司并不要求主管工程师必须赞助其他工程师，但我相信赞助其他工程师将有助于我们成为更加成功的“主管 +”工程师，因为你可以为他人创造机会并帮助他们取得成功，而这会帮你获得更大的影响力。

我的确赞助过多个项目，从项目规划、项目启动到项目避险。同时，我也培养了一个人，当我要去做别的事情时，他可以接替我的工作。

指导和赞助之间存在一定的区别，这两种工作我都会去做。指导是帮助人们成长并对其产生影响，赞助是帮助一个人去争取一个可以展示其能力并使其产生更大影响的职位。在与其他的团队合作时，我会试着让他们做一些稍微远离舒适区的项目，并在这些项目上赞助他们，然后我会指导他们并帮助他们取得成功。

Q 你是在现在的公司第一次获得“主管 +”工程师的职位的，你是直接被聘任为“主管 +”工程师的吗？如果不是，你晋升为“主管 +”工程师的过程是怎样的？

A 我没有直接被聘任为“主管 +”工程师。我在 Stripe 公司经历了两次提职才达到“主管 +”工程师级别。这两次晋升的过程是相似的：当一名员工已经在某个级别水平上工作了一段时间后，Stripe 公司会为这名员工升职，并调整对该员工的衡量标准，以便他继续按照新级别的要求开展工作。

Q 哪两三个因素对你晋升为“主管 +”工程师的影响最大？

A 以下因素按重要性递减排列：

- 关注外界变化对业务和公司的影响。
- 参加会议或小组讨论，并帮助取得更好的结果。
- 努力学习技术知识。

就我个人而言，在获得“主管 +”工程师职位之前，我在第二个因素上已经取得了一点成绩。我在公司内部积累了一些影响力，大家认为我是可以给出技术建议的人。但我还需要提高沟通和协作的技巧，这样我才能建设性地帮助团队之外的人。他们可能是第一次见到我，尽管他们的项目有良好的愿景，但可能还没有做好完善的计划。

这里有一个技巧，那就是在会议结束后马上和与会者私下聊天，征求他们的反馈意见，尤其是在会议进展得不那么顺利时。这让我了解到，我所做的事情可能会让参会的人感到不舒服。在一些情况下，我会真诚地问大家怎么样可以做得更好一些，这样有助于改善原本很糟糕的会议结果。

Q 你之前工作过的公司、你的居住地或你的教育经历对你的职业发展有何影响?

A 关于公司，我很庆幸自己加入了 Stripe 公司，这里有相当多的机会，这一点对我确实帮助很大。

关于教育，我获得了一个非常实用的博士学位，是关于如何构建快速且可维护的编译器的，我所学的东西与我的工作碰巧非常对口，我致力于帮助一家公司扩展其工程范围。虽然我的教育经历对我很有帮助，但我认为这其中也有很多运气的因素：我在正确的时间加入了正确的实验室。当 Scala3 项目诞生的条件成熟时，我在实验室待的时间已经足够长，已经不是个新手，而这个项目又诞生得足够早，因为我那时还没完全确定自己的研究方向。我不确定是否会建议其他人去攻读博士学位。据我所知，我的许多朋友通过在 Stripe、谷歌或 Facebook 公司开发系统，已经在完成博士学业所需的 4 年多时间里学到了同样多的东西。如果你想了解数据库是如何工作的，你不仅可以在研究数据库的实验室里了解到这些，你还可以在那些对数据库有高要求的公司和有团队专门负责改进数据库的公司里了解到这些。尽管如此，我个人并不后悔攻读博士学位。

关于居住地，我为了读书来到俄罗斯，然后从俄罗斯来到瑞士参加计算机科学领域最好的一个博士项目，最后从瑞士来到美国加入 Stripe 公司。

每当我在一个地方感到已经没有什么发展空间了，我就忍不住想要换个地方。在那些新的地方，有一些比我优秀的人。通过向他们学习，我成长了很多。我很难判断美国与欧盟相比是否更适合我，但根据我的经验，换一个地方生活确实帮我获得了很多成长。

Q 目前有一个比较流行的观点，那就是要成为一名“主管 +”工程师，需要提前完成一个主管级项目。你完成过这样的项目吗？如果完成过，那是什么项目？

A 这是一个很难回答的问题，因为在我完成的那些项目中，Sorbet 项目是个大型的项目，足以作为我的主管级项目。但纳尔逊和保罗也负责这个项目，可以说是我们 3 个人密切合作完成了这个项目，因此很难将这个项目的成功归因于某一个人，这是整个团队取得的成果。

在公司对项目进行第一次绩效评估时，我们 3 个人都被提醒应该明确哪些成果是由哪个人做出的。我们在第二次绩效评估中没有再遇到类似的问题，但并不是因为我们刻意划分了职权范围，而是因为这个项目进入了下一个阶段，在这个阶段我们根本不需要“在相同的 10 个文件中快速迭代”，因此我们自然而然地就拥有了更清晰、更广泛的职权领域。

我负责“内部架构 / 子类型”，以及“与用户沟通”；而保罗则负责“修改代码以适应类型检查器的需求”；纳尔逊显然更了解 Stripe 公司的其他系统是如何运转的，所以他负责“工具与系统的集成”。这种安排发挥了我们的强项：我有设计类型检查器的经验，这是我的博士学位主要研究的方向；保罗拥有重构程序代码的超强技能；纳尔逊关于系统的知识非常丰富，并且他在 Stripe 公司工作的时间足够长、加入得足够早，几乎了解 Stripe 公司的每一个系统。项目推进到了这个节点，这些领域都变得明确了，因此每个人自然而然地成为各自领域的直接负责人，当然其他人偶尔也会帮一些忙。

在 Sorbet 项目结束之后，我在比较短的时间（6 个月）内完成了另外两个比较有影响力的项目。我相信完成这两个项目是我获得“主管 +”工程师职位的最后一步。如果非要让我选一个主管级项目的话，我仍然会选 Sorbet 项目，因为这个项目的范围特别广泛，不论从技术方面还是文化方面来看都是如此。

Q 你还记得哪条建议对你晋升为“主管 +”工程师特别有帮助吗?

首先，与马丁·奥德斯基（Martin Odersky）和昂德雷·洛塔克（Ondrej Lhotak）的合作帮助我理解了复杂系统是如何协作的，以及怎样清楚地解释这些工作原理。

其次，布赖恩·戈茨（Brian Goetz）帮助我了解了一个简单而健壮的系统要想经受得住大量应用和设计的考验，背后需要做多少工作。

最后，保罗·塔扬向我展示了调整沟通方式，从而引导所有相关方取得建设性成果的重要性。

Q 你能否给刚刚晋升到“主管 +”工程师这一职位的人提点建议?

A 以 Stripe 公司为例，“主管 +”工程师是在各自不同的领域里工作的。

因此你必须确保你与你的经理就你应该实现什么样的影响、在实现这种影响的过程中你可以做出哪些妥协达成一致意见。在与你的经理的沟通中，你必须清楚地说明你做出了什么样的妥协，以及这样做的原因。

Q 你考虑过从事工程管理工作吗？如果是的话，你最终又是如何决定选择“主管 +”工程师的职业道路的？

A 过去，每次当我考虑这个问题，我都会问自己和周围的人：“这是不是一种可以带来更大影响力的方式？”到目前为止，每一次我得到的答案都是“似乎并不是这样”。

即便如此，我还是发现了一些伟大的管理者，比如詹姆斯·艾里（James Iry）、斯科特·麦克维卡（Scott MacVicar）、威尔·拉森、克里斯蒂安·安德森（Christian Anderson）和沙恩·奥沙利文（Shane O'Sullivan）等，即使是作为技术方向的个人贡献者，你也会从他们提出的管理技巧中受益匪浅。

斯蒂芬·范（Stephen Wan）：要想达到平衡，总会面临一些压力

Samsara 公司主管工程师

Q 请给大家介绍一下你现在的角色：你就职于哪家公司？你的职位是什么？你和你的团队主要做什么类型的工作？

A 我是 Samsara 公司的主管工程师。

我于 4 年前来到这家公司工作，当时这家公司刚成立快一年，大约有 50 名员工。现在，我们公司有 1 000 多名员工，工程团队遍布海湾地区、亚特兰大和伦敦。

我刚开始工作的时候，并没有团队这种概念，我们十几个工程师碰到什么事情就做什么事情。9 个月后，我们才围绕当时的几个核心产品组建了产品团队。我曾经短暂地领导过一个产品团队，后来又转到了刚刚起步的基础设施团队，并成立了前端基础设施团队。这些年来，我的精力逐渐转移到堆栈方向上，并在后端和可观测系统上做了一些工作。

现在，我在基础设施与平台团队工作。我大部分时间都与开发人员经验团队一起工作，该团队负责构建工具以保持全堆栈开发工作流程的高效性。

Q 在你所在的公司，一位“普通”的“主管 +”工程师一般做什么工作？你也需要做这些工作吗？是否还会做一些不同的工作？

A 本公司多数“主管 +”工程师都在网络基础设施或设备固件领域工作，我也是其中的一员。不过，这些“主管 +”工程师所做的工作多种多样，所以很难说清楚他们到底在做什么工作。

如果比较一下技术方向和管理方向的职级，就会发现“主管 +”工程师通常会被视为是与工程总监相当的职位。“主管 +”工程师可以选择参与很多通常是为经理们特设的事务，例如参加跨工程的总监会议，或者与基础设施与平台团队一起讨论路线图规划和管理同步问题。最近，本公司的“主管 +”工程师还经常受邀参加一些制定晋升标准的会议。

这种设计难免给人一种“主管 +”工程师脚踏两只船的感觉。其实，“主管 +”工程师的角色与高级工程师的角色完全不同，他并不是技术方向的个人贡献者。同时，这一角色与更加注重人员问题的管理角色也非常不同。

在威尔提出的“主管 +”工程师原型中，我认为自己的角色介于问题解决者和技术公关之间。我的一个乐趣就是每 6 ～ 12 个月就可以转换一个不同的角色，与不同的小组人员一起解决系统各个部分的问题。

Q 你是如何安排时间的？

A 我每天的时间安排变化很大。现在，我努力把周二和周四作为会议日，这样我就可以在每周剩下的时间里专注于其他工作。

在会议日，我会与密切合作的同事进行一对一谈话，以及参加员工会议。我还会花一些时间与某些人一起审查代码和设计，或参与更多的开放式设计讨论。

在每周剩下的时间里，我致力于找出当前面临的问题，并为未来的项目奠定基础。哪些系统需要投资？我们的团队执行情况如何？我们的团队应该为哪些即将发生的变化做好准备？在每周剩下的时间里，我会做广泛意义上的准备工作。

这种安排与我之前的工作内容是非常不同的。我不再直接执行项目，也不再负责团队中个人层面的工作，而是把自己的时间集中在更广泛的视角和更长远的思考上。

值得注意的是，我很难保证自己每次写代码的时间能超过一天。所以即使我试图每周至少留一天时间来写一些代码，可当大家在考虑工程进度时，也并不会把我的份儿计算在内。

在微观层面，我建立了一份名为“斯蒂芬在做什么？”的文档（见图 5-7），这个文档促使我以小时为单位来衡量剩下的工作。文档的主体部分是针对本周工作的安排，此外还有针对未来几周的一些提示。每到周一，我就会特别标注出上周未完成的项目。这样一来，只有极少数项目会延期完成。

这种模式旨在帮我集中注意力。过去，有很长一段时间，我试图整理出一份待办事项的清单，但最后的结果总让我感到压力过大：不管我怎么做，清单中的大多数待办事项好像最终都无法完成。

Q 你会花时间去推动技术、实践、流程或架构方面的变革吗？你推动过什么项目？能分享一个你影响组织的例子吗？

A 是的，我会这么做。技术或方法每个季度都在发生变化，推动变革最终占据了我大部分的工作时间。在剩下的少部分时间里，我帮忙编写了一些文档，阐述我们怎样处理设计文档、进行代码审查，以及处理代码所有权。

例如，我花了几个季度帮助产品团队启用了服务级别目标（Service Level Objectives，SLO）工具。

我们当时已经有一套相当成熟的服务机制，也有稳定的客户群，但我们对正常运行时间的测量手段还很原始。虽然我们有很多指标和仪表盘可以看，但在系统中断时，我们很难判断这对客户造成的实际影响，因为我们缺少用来进行沟通的界线和定义，比如“受影响的客户百分比是多少？读操作和写操作都包括吗？这是突发事件还是已有的程序缺陷？”等类似问题。

斯蒂芬在做什么？

季度目标

- 研究：分布式追踪 poc
- 设计合伙人：99.5% 可用性测量
- 设计合伙人：良好的前端错误处理能力
- 设计合伙人：具有安全性的组织隔离部署计划
- 设计合伙人：部署状态迁移计划

10 月 14 日

- [ ] 就基础架构和平台的开发计划进行头脑风暴
- [ ] 亚当的产品团队轮换计划
- [ ] 与威尔一起跟进联合计划
- [x] ~~与凯莉讨论 terraform（开源基础架构即代码工具）分拆~~
- [ ] 审查开发工具（dev）、操作系统命令行工具（exp）、目标与关键成果（okr）初稿
- [x] ~~审查：http://github.com~~

10 月 20 日

- [ ] 修改变更申请：与亚当或阿施讨论 buildkite（开源工具）工作负载改进，编辑推出时间表
- [ ] 重新评估延时监控器（latency monitor）自 10 月 9 日以来的假阳性或阴性集合

图 5-7　名为“斯蒂芬在做什么？”的文档

想要引入 SLO 工具，当然需要开展一些新的工作。但我觉得，我在该项目上的大部分时间都花在了写文档、与人沟通，以及为团队做顾问等方面。我们希望人们能够理解端到端的可靠性目标、如何定义目标、如何在系统中断时讨论目标、如何在系统中测量目标、如何跟踪目标，以及如何在目标异常时做出反应。要达到这样的效果，还需要进行大量的磨合。

与大多数的大型“迁移”一样，让众多团队采用 SLO 工具是迭代进行的。我们首先与一个具有高感触支持的团队一起试用了新工具，然后厘清与组织内其他部门进行广泛磨合的机制。我认为，我在此处起到的一个关键作用是，既能在如何使用这个新工具的具体操作层面上与工程师们进行讨论，又能说服总监级别人员，让他们相信支持 SLO 工具是非常值得的。

这种模式在我作为主管工程师经手过的多数项目中都适用。我的角色是协调各团队，使其最终达成一致，从而在整个组织内部推动变革。

Q 现在，你花在开发上的时间越来越少了，你怎样跟进项目实际的发展情况?

A 我每周都会花一些时间写代码，并进行代码审查，即便只是修复一个小漏洞。我试着花时间去做那些技术人员每天都会做的工作，包括审查代码、浏览文档、处理系统中断情况等。

当然，这还不足以在我的脑海中维护一个高度真实的模型，因为太多的团队之间发生了太多的事情，所以很难逐一跟进。因此，作为补充，我还会有意识地积极寻求他人的反馈意见，并听取他人的第一手经验。

我还试着在组织里建立反馈循环。我推动公司开展了为期半年的开发团队调查，其中包括关于本公司的技术系统和工程文化的调查。调查的结果对于全面了解组织上下的真实感受非常有帮助。

Q 你赞助过其他工程师吗？赞助其他工程师是你工作的重要方面吗？

A 是这样的。我试着有意地把自己的部分工作交给其他人，自己后退一步，让其他人有锻炼的机会。

在组织层面，我认为通过一些途径可以结构化地支持其他人，使其成为具体事务的专家。举个例子，有很多不同的后端系统为我们的核心网络应用程序提供支持，经过长时间的运行以后，这些系统之间的数据流变得难以理解，页面性能也受到影响，我们需要一个工具来解决这个问题。有鉴于此，去年年底，我致力于引进一个新的分布式跟踪系统。

我此前曾参与过性能工具的早期迭代工作，对于这些系统比较了解。在新项目中，我的一个具体目标是让更多的人尽快跟上进度。要实现这个目标，仅仅掌握系统设计的技术基础是远远不够的，我的团队成员在未来的几年里必须成为这个领域的技术专家。

这就意味着我要花更多的时间与那些即将成为跟踪技术专家的人进行讨论，而花在写代码或做设计上的时间则要少得多。当我与产品团队进行 beta 测试时，我会委派另一名工程师去做销售宣传、设计演示或者团队培训工作。

如今，跟踪系统得到了广泛应用，并由我们的可靠性工程师和可观测性团队进行全面管理。那些当时与我共事的人，现在也都变成了相关性能问题的专家。

在个人层面，我总是可以在一些小的事情上帮助他人，使他们站到聚光灯下成为焦点。赞助可以从小事做起。如果你刚刚开始你的职业生涯，我可能会建议你去承担新系统设计中更多未知的部分、为新文档撰写草稿，或者在团队会议上演示成果。

这种小小的推动可能正是促使某个人进步的动力。在其他的一些时候，这种推动也可能体现为一次很好的指导机会。有些事情（比如第一次建立赞助或指导关系）可能会让你觉得很棘手，但多做几次就好了。一旦取得成功，赞助方和指导方都会很有成就感。

此外，想要达到平衡，就总会面临一些压力。我们想让员工不断成长、取得更高的职位、获得更多的回报并能做出更全面的决策。我们同时也希望这些决策的制定方式和我们努力的方向能够保持一致。这是一项困难的工作，需要花费大量的精力才能取得一个令人满意的结果，敷衍了事可不行。

Q 你是在现在的公司第一次获得“主管 +”工程师职位的，你是直接被聘任为“主管 +”工程师的吗？如果不是，你晋升为“主管 +”工程师的过程是怎样的？

A 当我刚来这家公司的时候，这里还没有设置技术方向的个人贡献者职位。2019 年，公司引进了职级体系，那时我才被授予了主管工程师职位。

作为团队中早期的工程师，我的确拥有很大的优势。这段历史使我非常了解公司过去的决策，知道我们遇到过哪些陷阱，并可以协助公司将新项目安排在一个好地方。

在公司发展的每个阶段，我们都会增加更多的人员和管理层，还会有一个“重新学习”的过程来帮助每个人了解组织的运行方式。随着时间的推移，团队的工作范围逐步缩小。渐渐地，每个团队只能看到拼图的一小部分。但我的头脑中还保存着大部分的工程历史，这不仅有助于我把部门中的团队联系起来，还让我占据了先发优势。虽然我与机构中的部门和团队不再直接共事，但我仍然可以与他们维持良好的个人关系。有了这样广泛的个人关系网络，我自然能够找出那些对组织影响最大的因素。

Q 对你晋升为“主管 +”工程师影响最大的两三个因素是什么？你之前工作过的公司、你的居住地或你的教育经历等是怎样影响你的发展的？

A 我所受的教育不那么传统，我学的是电子工程而不是计算机科学，而且我在获得学位之前就辍学了。这种经历迫使我更加注重自学，同时也让我非常缺乏自信。因为没有适当的学历证书，我在早期的很多软件面试中都落选了。在职业生涯的早期阶段，极度缺乏自信的感觉让我竭尽所能去学习尽可能多的东西，从而掩饰那些我担心自己不了解的事情。

辍学前的那个夏天，我在 Stripe 公司实习。也许是因为那是我的第一份工作，那里的企业文化让我感到非常振奋，他们高度关注客户的体验，为了不断提高客户体验而努力研发新技术。这段经历对我后来的择业标准产生了很大的影响。

离开学校以后，我开始在一家规模比较小的创业公司工作。在那里，我真的不知道自己在做什么。我在这家公司的时候，公司的生意不太景气。值得庆幸的是，我在那里跟一些很有思想的主管工程师共事过一段时间，他们很喜欢指导我。那一段工作经历，最终让我明白了我应该去尝试各种我喜欢的事情，这对我来说是好事，但对公司可能没什么好处。

在那之后，我又在一所高中的计算机夏令营工作了几个夏天，负责教学龄儿童一些基本的计算机知识。这种教学心态无疑让我更能体会人们最终是如何理解计算机系统并与之进行互动的。

后来，当我加入 Samsara 公司时，这些经历让我清楚地知道我想要什么样的工作——作为一名工作经历比较丰富的员工，我确实有一些影响力可以塑造这里的工作方式。

在 Samsara 公司的头三年，我很幸运地可以与那么多有思想的同事一起工作，我现在的很多工作习惯和思维模式都来源于这些同事。如果没有他们，我根本无法到达现在的位置。

Q 目前有一个比较流行的观点，那就是要成为一名“主管 +”工程师，需要提前完成一个主管级项目。你完成过这样的项目吗？如果完成过，那是什么项目？

A 不，我没有完成过具体的主管级项目。回顾过去，我在这些年中完成的某些项目经过时间的累积后可能达到了这个标准，但当初我们并没有明确讨论过这些项目是不是主管级项目。

从概念上来说，我对那种过分强调的、所谓的“主管级”项目持怀疑态度。而且我很担心，如果我们过分重视那些建设组织的工程师，忽视那些执行组织指令的工程师，有可能会促使大家形成一种个人英雄主义的心态。随着时间的推移，我更希望能看到有计划的迭代，并且在迭代过程中各个部门步调一致，因为这些才是一个经过了深思熟虑的工程所应该体现的。

我很高兴，因为 Samsara 公司似乎也认同我的观点。最终，在我们的职业规划文档中讨论得更多的是大家在单个大型项目上的执行情况。

Q 你能否给刚刚晋升到“主管 +”工程师这一职位的人提点建议？

A 说到建议，我想到了以下两点。

第一，要习惯多说话。我认为，从高级工程师到主管工程师的一个重要转变是更加关注人员管理，协调冲突事项的优先级，消除误会，使大家协调一致等。尽管主管工程师们通常都没有直接下属，但他们是在一个由技术和人员组成的系统中工作，他们最大的影响力也来源于对技术和人员所产生的影响。

第二，尽可能不要让自己精疲力尽。当我刚刚升职为主管工程师的时候，我很容易陷入一种心态，那就是我要对发生的所有事情负责，我要事无巨细，面面俱到。过了一段时间，我才意识到，这个职位并没有要求我加倍努力参与到每件事中去，相反，我需要依靠组织中的其他人来帮助我完成变革。信任他人，把问题交给他们，并期待他们去解决问题。

Q　你考虑过从事工程管理工作吗？如果是的话，你最终又是怎样决定选择“主管 +”工程师的职业道路的？

A　我记得我早在 2016 年就和我的经理讨论过选择技术方向还是管理方向这个问题。当时，我觉得自己的职业生涯还刚刚起步，因此决定继续强化自己的核心技术经验。

我每年都会重新评估这个决策，最终也还是得出同样的结论——我在技术方面还没有达到预期的目标。在那段时间里，我所做的大部分工作是为公司员工打造开发体验。这些努力最终促使我晋升为主管工程师，我很自然地从中取得了进步。

Q　你从哪些渠道（例如书籍、博客、个人等）学到过有益的东西？在这个领域，你的偶像是谁？

A　我比较喜欢那些可以用通俗易懂的语言讨论复杂话题的文学作品，包括小说和非小说类作品。

我还记得读过一篇关于作家村上春树的文章，他用英语写了一部小说，然后把它翻译成日语，以此来塑造他的表达风格。他写道：“我只能用简单、简短的（英语）句子来写作。这意味着，无论我脑子里的想法有多么复杂而众多，我也无法在它们出现时就将它们记下来。语言必须简单，我的想法要以易于理解的方式得到表达。”

编写软件是一个和写小说完全不同的领域，但我觉得以上这种沟通的原则是一致的，即在头脑中形成理解只成功了一半，能够将这种理解有效地表达出来同样困难而有价值。

我喜欢阅读那些在技术方面很有深度的博文和论文。这些年，我经常翻看的几篇文章包括：

- 鲍勃·奈斯特罗姆（Bob Nystrom）关于编程语言的帖子。
- 维亚切斯拉夫·埃戈罗夫（Vyacheslav Egorov）关于编译器和V8内部构件（Chrome浏览器的JS引擎）的博文。
- 布兰杜（Brandur）关于各种系统主题的博文。
- 纳尔逊·埃尔哈格的博客“不经意的二次方”（Accidentally Quadratic）。
- 维基·普福（Vicki Pfau）关于开发一个任天堂GBA游戏模拟器的博客。
- fail0verflow介绍控制台架构和漏洞的博客和讨论。
- 邦吉（Bungie）关于创建和制作初版《光环》（*Halo*）游戏的论文。

下面给大家讲一件趣事。在我职业生涯的早期阶段，我对编程语言的内部结构产生了兴趣，于是我选了一本编译器教科书［就是被称为“龙书”的《编译原理》（*Compilers*）[①]］来学习。这本书很难读懂，也许跟一位教授和几个同学一起读完这本书还是有可能的，但我自己一个人真的很难从阅读中获得一个有效的抽象模型。后来，我找到了鲍勃·奈斯特罗姆的《手

①《编译原理》被称作“龙书”，主要是因为封面上的龙元素。——编者注

工解释器教程》(*Crafting Interpreters*)，这本书讲的方法更为实用，让人感觉就像呼吸了一口新鲜空气。

我也非常喜欢阅读代码库。在我职业生涯的早期阶段，我记得曾经调试一个很棘手的 React 问题，其中一些回调没有按我预期的顺序发生。我试着读文档，没什么帮助，调试语句也还是不能解决问题。这时，我的导师让我读一些源代码，以便更好地理解发生了什么。说实话，这让我有点震惊，但它确实起了作用，我修复了一个漏洞，同时也对 React 的工作原理有了更深入的理解。

从此以后，我能够快速深入并穿越那些不熟悉的代码，我就像是拥有了一种超能力，我的脑海中有一个针对不同软件设计方法的大型模式匹配库。我最近喜欢阅读 esbuild 的设计和代码，这是一个超快速的 Javascript 绑定程序。

我近几年最喜欢的一些非小说类读物是《BART 公司的历史》(*The History of BART*)、《施乐帕克研究中心的历史》(*The History of Xerox PARC*)，以及《现代日本文化概述》(*An Overview of Modern Japanese Culture*)。我发现，那些在特定场景下的、由看似微小而独立的事件和决策所影响的、令人着迷的历史和背景最终决定了当今世界的运行方式。

STAFF
ENGINEER
结 语

向上支持，向下赞助

当一群“主管 +”工程师坐下来聊天时，他们经常会花不少时间对行业里技术领导地位下滑这一现象表示感慨。这是真的，技术领导的地位确实在走下坡路，但这并非不可避免。这一行业中关于技术领导的很多观点，是对那些已经从事、渴望从事或正在适应“主管 +”工程师角色的人们日常活动的总结。通过改变习惯和方法，我们可以改变这个行业。

通过自我提升，我们可以让这个行业变得更好。你可以制定计划去赞助公司里的其他人；可以在策略文件中融入更多人的想法，花些时间让大家感到自己的想法得到了认真对待；还可以建立一个同行的人际关系网络，并邀请更多的人加入这个网络。当你做这些工作时，你的工程团队也会从你身上学到东西。

你的经理和管理层也将从你身上学到东西。很多经理从未与高效的“主管 +”工程师共事过，因此他们可能会先入为主地从之前糟糕的经历出发来看待这个角色。你应该主动与他们合作，了解他们的优先事项和关注点，并与他们的目标保持一致。与你的经理一起应对他们面临的压力，积极协助你的经理们解决他们担心的问题，让他们为事情得到有效解决而感到振奋。

如果我们说“主管 +”工程师的角色让人害怕，是不是让你感到很奇怪？在一些人的印象中，“主管 +”工程师确实让人害怕，而且这种印象是不可避免的。在多数公司中，一个阻碍引进有影响力的“主管 +”工程师的主要原因，是人们担心会招来一个专制的架构师，而这种恐惧来源于他们之前与那些能力差且不善于管理的技术领导糟糕的共事经历。只有我们共同树立起“主管 +”工程师的优秀榜样，才能消除人们的这种担忧。

我希望本书能为你的“主管 +”工程师职业生涯指明正确的方向，希望它能激励你走好自己选定的道路。软件技术行业现在仍处于起步阶段，这个行业未来的发展完全掌握在我们手中。

致 谢

这本书是由很多人共同撰写的，而且大部分的工作都集中在 2020 年这混乱的一年。我要感谢的人实在太多了，不知从何开始，下面首先感谢那些分享他们故事的人。

感谢米歇尔·布、拉斯·卡萨·威廉姆斯、基薇·麦克明、伯特·范、凯蒂·西尔-米勒、丽图·文森特、里克·布恩、纳尔逊·埃尔哈格、戴安娜·波贾尔、丹·纳、乔伊·埃伯茨、达米安·申克尔曼、德米特里·范和斯蒂芬·彼得拉什科。虽然这本书中没有采用 staffeng.com 网站的故事素材，但我同样要感谢那些在网站里分享他们故事的人，每个故事都独一无二、值得一读。

塔尼娅·莱利为这本书写的推荐序令人惊叹，我急切地期待她出版比这本书更好的其他主管工程类作品。卢西安娜·格拉（Luciana Guerra）为本书英文版创作的封面图让人想起古老的航海地图，水手们在“主管 +”工程师这个定义模糊的未知路线中航行。TechWriters Discord 的格雷格拉斯负责调整本书英文版的字体和格式。在本书的创作过程中，TechWriters Discord 团体给了我很多建议和支持，在此要特别感谢盖伊、肖恩和乌玛。劳雷尔对整本书进行了行文编辑，如果你没有因某两章文字的大小写不一致而把本书扔进壁炉，那就得感谢劳雷尔。

我要特别感谢希德、加里、帕特、盖伊、皮特和汤米对本书的审阅。我还要感谢每一位给此书写简介的人和 20 多位给予过我帮助的人。

未来，属于终身学习者

我们正在亲历前所未有的变革——互联网改变了信息传递的方式，指数级技术快速发展并颠覆商业世界，人工智能正在侵占越来越多的人类领地。

面对这些变化，我们需要问自己：未来需要什么样的人才？

答案是，成为终身学习者。终身学习意味着永不停歇地追求全面的知识结构、强大的逻辑思考能力和敏锐的感知力。这是一种能够在不断变化中随时重建、更新认知体系的能力。阅读，无疑是帮助我们提高这种能力的最佳途径。

在充满不确定性的时代，答案并不总是简单地出现在书本之中。“读万卷书”不仅要亲自阅读、广泛阅读，也需要我们深入探索好书的内部世界，让知识不再局限于书本之中。

湛庐阅读 App：与最聪明的人共同进化

我们现在推出全新的湛庐阅读 App，它将成为您在书本之外，践行终身学习的场所。

- 不用考虑“读什么”。这里汇集了湛庐所有纸质书、电子书、有声书和各种阅读服务。
- 可以学习“怎么读”。我们提供包括课程、精读班和讲书在内的全方位阅读解决方案。
- 谁来领读？您能最先了解到作者、译者、专家等大咖的前沿洞见，他们是高质量思想的源泉。
- 与谁共读？您将加入优秀的读者和终身学习者的行列，他们对阅读和学习具有持久的热情和源源不断的动力。

在湛庐阅读 App 首页，编辑为您精选了经典书目和优质音视频内容，每天早、中、晚更新，满足您不间断的阅读需求。

【特别专题】【主题书单】【人物特写】等原创专栏，提供专业、深度的解读和选书参考，回应社会议题，是您了解湛庐近千位重要作者思想的独家渠道。

在每本图书的详情页，您将通过深度导读栏目【专家视点】【深度访谈】和【书评】读懂、读透一本好书。

通过这个不设限的学习平台，您在任何时间、任何地点都能获得有价值的思想，并通过阅读实现终身学习。我们邀您共建一个与最聪明的人共同进化的社区，使其成为先进思想交汇的聚集地，这正是我们的使命和价值所在。

图书在版编目（CIP）数据

浙江省版权局
著作权合同登记号
图字:11-2023-171号

技术领导力的要素 / (美) 威尔·拉森著 ; 王统祥, 李梦阳, 张鸿译. -- 杭州 : 浙江教育出版社, 2024.1
ISBN 978-7-5722-6563-1

Ⅰ. ①技… Ⅱ. ①威… ②王… ③李… ④张… Ⅲ. ①企业管理－技术管理－研究 Ⅳ. ①F273.1

中国国家版本馆CIP数据核字(2023)第194138号

上架指导：管理 / 工程师思维

技术领导力的要素

JISHU LINGDAOLI DE YAOSU

[美] 威尔·拉森（Will Larson） 著

王统祥　李梦阳　张鸿　译

责任编辑：刘姗姗　陈　煜
美术编辑：韩　波
责任校对：胡凯莉
责任印务：陈　沁
封面设计：ablackcover.com

出版发行：浙江教育出版社（杭州市天目山路 40 号）
印　　刷：唐山富达印务有限公司
开　　本：720mm ×965mm 1/16
印　　张：20.25　　**字　　数**：289 千字
版　　次：2024 年 1 月第 1 版　　**印　　次**：2024 年 1 月第 1 次印刷
书　　号：ISBN 978-7-5722-6563-1　　**定　　价**：109.90 元